五百年来一大千

黄天才 著

商务印书馆
The Commercial Press

2016·北京

上将于今数老张,飞扬世界不寻常;
龙兴大海凤鸣岗。
作画真能为世重,题诗更是发天香;
一池砚水太平洋。
　　——于右任·浣溪纱
　　寿张大千先生六十

自序 / ADMISSION

如果"随俗",这本书也许应该题名为"我所知道的张大千",或"张大千与我"。只是,这样的书名,太平凡,也太托大,表达不出我对大千先生的认识、印象与敬意。思之再三,我把书名定为《五百年来一大千》。

大家都知道,"五百年来一大千"是六十多年前,徐悲鸿推许张大千绘画的一句话。可是,六十年后的今天,在我们的了解中,张大千岂止在绘画上可称五百年来第一人而已!其他如对古书画的鉴赏辨识、对历代名家名迹的临摹仿造,以及对文物收藏的聚散处理、对身外财物生前死后的妥善安排等,都已做到来去分明,玉洁冰清。八十五载人生道上潇洒走一回而一尘不染,哪一样不足以称为五百年来第一人呢!

我生也晚,未能更早与大千先生结识,直到他离开大陆,寄迹海外之后,才有机会接近他。不过,我仍然十分珍惜这份迟来的福缘。有时,我甚至认为,宁可在他后半生浪迹海外的这段岁月里和他结缘,似乎比那些早年和他朝夕相处,而和他后半生却完全隔绝的人要幸运得多。因为大千先生的艺术生涯,如果从他弱冠之年算起,到他八十五岁逝世,长达六十五年;这六十五年,三十一年在大陆,三十四年在海外。我想,谁都会同意,大千先生在海外度过的后半生,无论是尘世生活或艺术生活,其多彩多姿,其光辉灿烂,会比前半生逊色么?

我是一名新闻记者，但从没有以记者身份访问过大千先生。我和先生相识于日本，相聚相处最多的时间也是在日本。我驻日本二十多年，而日本正是大千先生移居南美后每次东来所必游之地。大千先生在日本，不再是热门新闻人物，新闻记者不会来烦扰他，平时簇拥他的门生故旧也不在身边，他的行动自由多了，可以无拘无束地聊天，海阔天空地摆"龙门阵"。

大千先生见多识广，记忆力强，风趣而健谈。每次相晤，无论是为他办事，或陪他闲坐聊天，或结伴出游，都有谈不完的话题，说不完的故事。后来，故友谢家孝兄有意将他原来所撰著的《张大千的世界》一书扩充为更完备的《张大千传》，经常托我就便代向大千先生探询某段故事或某次事件的细节详情，这就逼着我对大千先生的艺术生活做较深入的探究，增加了我和大千先生谈话的题材。

我曾奉劝家孝兄放弃写《张大千传》的念头，因为大千先生一生内涵太丰富了，不是一本传记可以包括得了的。我建议家孝兄就大千先生一生事迹中比较重要者，以专题做详细研究及记录，诸如大千在敦煌面壁三年的前因后果、《大风堂名迹》的聚散沧桑、大千赝作古画的功过检讨，以及大千对中国古书画的鉴定功力等等，几乎每一个专题都可以写成一本专书。家孝兄颇以为然，并提议我与他合作，我也言及我们二人可以分头朝这个方向去努力，尽量向大千先生探询第一手资料，等到资料搜集得差不多时，再看由谁执笔或如何执笔吧！此后，家孝兄行踪不定，而我又长居日本，我和他之间的联络也中断了。

及至大千先生于一九七八年回台定居，家孝兄当时在香港，他曾专程来过台湾两三次，希望能对大千进行采访，以完成他对《张大千的世界》一书扩大为《张大千传》的夙愿。可是，听说他的采访进行得颇不顺利，一再受阻于大千身边的一些亲友，他只好做了一些间接采访，并广为搜集一些现成的资料，终于撰成了他准备多年的《张大千传》。但他书成之时，大千先生已过世多年了。更遗憾的是，家孝兄后来回到台北，在公共电视工作，还和我谈及为大千先生一生事迹做一部电视专题纪录片。据闻，已在开始制作，不幸未及完成就因心脏病发而猝逝于工作台上。

今为大千先生百龄冥诞，先生的一些老朋友和好些位热爱大千艺术的企业界人士，为大千先生举办一次"张大千的世界——百年纪念大展"，大家力促我把自己所知道的大千先生写一专书出版，这就是这本书的缘起吧！

谨以此书献给大千先生及当年和我一起陪随大千先生同游同聚的故友们。

1998年于台湾

目录 / CONTENTS

一　张大千的日本情结　　　　　　　　| 001
二　宇宙难容一大千　　　　　　　　　| 039
三　髯翁胸次有庐山　　　　　　　　　| 059
四　空余涕泪对梅丘　　　　　　　　　| 103
五　少年狡狯惹是非　　　　　　　　　| 127
六　且安笔砚写敦煌　　　　　　　　　| 155
七　大风堂名迹沧桑　　　　　　　　　| 185
八　几件名作的故事　　　　　　　　　| 211
九　恨不相逢未娶时　　　　　　　　　| 237
十　张大千自写尘埃貌　　　　　　　　| 255
十一　张大千奇才异能　　　　　　　　| 301

一

张大千的日本情结

初识经过
晨曦赏荷
东瀛红粉
对梅独钟
游览名胜
文物恩怨
购藏书画

朝鲜春红
国宝失落
重见宝物
富可敌国
装裱大师
国际闻名

初识经过

二十多年在东京从事新闻采访工作,让我有机会接触或结识好些国际政经显要或各方名流及杰出人士。在这十分难得的人事结缘中,令我引为平生最大福缘的,是我有幸得以接近中国两位"大师级"的人物,一位是威震日本棋坛数十年,被日本人尊奉为"棋界天人"的吴清源;另一位是被中国艺术界推崇为"五百年来一大千"的张大千。

吴清源十三四岁就到日本,在日本侨居六十余年,平生志业也是在日本所缔建完成。我即长驻日本,自有很多机会与吴接近,加以他的入室弟子林海峰接承了他的衣钵,在日本棋坛大展雄风,海峰当年是中、日两国棋界锋头最健的新闻人物,吴清源遂亦成为我的重要采访对象,长年频繁接触,我与吴大师结缘是极

大千先生与徐雯波夫人同游日本"三景"之一——宫岛时摄影。

其自然的。

至于张大千，虽然久闻他的大名，但知他远居南美巴西，自是无从接近。在二十世纪五十年代我去日本之前的那些年里，张大千虽亦曾数度来台小游，但在他那些短暂停留中，随时都有亲友门生们簇拥包围，陌生人哪有机会接近！我从来没有想到会在日本和大千先生结缘。记得在一九六二年春夏之交，我从台北到日本之后不久，一天，在"横滨领事馆"服务的丁策（经章）兄给我电话，说张大千先生到日本旅游，住在横滨，由京（东京）滨（横滨）一带的朋友们轮流陪伴他老人家出游，丁兄问我，在未来三五个星期中，能否匀出一点时间，参与他们这个"陪游团"，每周轮流一两天去陪伴大千先生。丁兄在电话中特别说明，这是个"不情之请"，等于是征召"义工"；唯因京滨一带朋友，有的忙于上班，有的忙于做生意，匀不出多少空闲时间，只好多找些熟朋友共同分担一点，希望我能"见义勇为"。

丁经章此一"征召义工"的电话，真让我喜出望外。我原已听说张大千从香港到了日本；也曾一度起意，想去访问他。但想到他在台北被"包围"得密不透风的情形，我唯恐遭受闭门羹，遂打消了访问计划。真没想到居然会被"征召"去陪伴他老人家，天下果有这等求之不得的事！

丁经章是日本通，日本语文造诣精深，日本风土人情熟悉；最难得的是他中国古书也读得好，诗词文章在朋辈中首屈一指，是张大千旅游日本的最佳陪伴人选。经章兄原在横滨"总领事馆"服务，后来又调到东京"大使馆"，负责文书工作。他的这个工作身份，也使他成为张大千在日本的最佳联络人。最初，我因为自己刚到日本不久，日本话不行，日本情形也不熟悉，实在不够格做大千先生的"导游"，但因不愿失去这个结识大千先生的机会，所以毫不犹豫地就答应下来。不料，在经过经章兄的引见，我随同活动"见习"几天之后，才发觉这是一桩不吃力却容易讨好的工作。

原来，大千先生和日本渊源甚深，早年十七八岁时就曾游学日本，在京都学染织；后因他对这门工艺技术缺乏兴趣，遂辍学回到上海，拜在曾农髯、清道人门下学习书法，专心致志于书画艺术上求发展。及至他成了书画名家，又曾多次重游日本，与日本艺术界及收藏界都有相当频繁的往来。一九五〇年以后，他离开大陆，曾先后在香港等地，以及印度、阿根廷、巴西等国停驻。他每年都要到日本一游，短则三五星期，住旅社；长则三五个月，干脆赁屋居住。他到日本的主要目的不外采购书画用品、收购中国古书画、或赏花及游山玩水。因此，大千先生对日本是相当熟悉了解的，并不需要导游，丁经章兄及我们这一伙京滨友好，如乐恕人兄（《新闻天地》驻日代表）、卢冠群兄（《香港时报》驻日特派员）及庄禹灵兄（东京"四川饭店"店东之一）等，严格讲来，都只是"陪游"罢了。

记得我第一次陪游，是陪他老人家到东京上野公园的"不忍池"看荷花。当时我还在"见习"阶段，对大千先生及他这个"旅游团"的内情所知不多，以致吃了很大苦头，却并没有帮上多少忙。

当时，大千先生住在横滨近郊矶子海滨的"偕乐园"。这个高雅别致的"料亭"旅馆，值得特别介绍描述一番。最好的比喻，可以说这是一座红楼梦"大观园"式的大旅馆，占地辽阔，园里是彼此隔离甚远的一幢幢日式传统木造宅院，各处植满各式四季花卉，最受大千先生欣赏的是园里的梅花。偕乐园中的宅院当然不及大观园里的怡红院或潇湘馆那般豪华，但偕乐园也有大观园所不能相及之处。它滨海设园，一望无涯的海洋远景，壮观姑且不说，单是那海上

大千先生与作者合影于摩耶精舍庭园。

日出日落的艳丽云彩，就令人百看不厌。大千先生是偕乐园的常客，有诗有画志其盛景。可惜的是这么精美高雅的园林旅馆，在二十世纪七十年代初期，因为矶子海滨新生地的整体开发工程，竟被铲为平地了。

晨曦赏荷

再说那年时值初夏，某日中午，一伙人陪着大千先生一行，在横滨侨领李海天所经营的"重庆饭店"午餐。餐桌上，大千先生提及，正值荷花初放季节，打算次日到上野不忍池看荷花，不知哪一位有雅兴同游否？我见大千先生问了两次，都无人回应，遂自告奋勇说："久闻上野不忍池荷花盛名，我还没有去看过，明天我奉陪。"

大千先生似乎很高兴有了同好的雅人，转头望着我说：

"哦，你还从未看过？值得一看，值得一看。"

"明天我到旅馆来接您几位，一道去？"我问。

"不必了，你住东京，何必再到横滨来。"大千先生说，"我们在不忍池边碰头好了。"

我想想也对，他们从偕乐园雇出租汽车直驶东京上野，不必我来接了。

"几点钟碰头呢？"我问。

"越早越好。"说着，大千先生看了看坐在身旁的张师母，似乎征求张师母的意见，张师母未答话，大千先生接着说："现在天亮得早，五点钟前后吧！"

我吓了一跳，怀疑我听错了话，急声问道："早上五点钟？看荷花？"

"对呀！赏荷一定要天亮以前，露水没有干，还可以闻到荷香。"大千先生似乎很奇怪我连赏荷的最佳时刻都不知道。

我看看同桌诸人，大家都默不出声。我只好硬着头皮说："好，明天早上五点，我一定到！"

第二天，天未亮我就起身，摸黑赶到东京市区环城火车"山手线"车站搭车，五点钟不到，就到了上野。我急步赶到不忍池畔，晨光曦微中，大千先生夫妇和那位几乎寸步不离他们身旁的日本小姐，已经在默默欣赏绽放的荷花，并静静享受那幽幽荷香了。对我来说，第一次"陪游"，就无异上了一课：学会了看荷花应在天亮以前，露水未干的时候。

这一次陪游，也让我领略到了大千先生多彩多姿生活的另一面。原来，在此之前十年左右，大千先生曾在不忍池附近住过一阵子，一度曾是凌晨到池畔赏荷的常客。据说，那位和我们一起赶早到池边赏花的日本小姐，也是当年他住在这附近的时候，和他订下这份不了情缘的。

想当年，二十世纪五十年代初期，大千离开大陆移居海外的时候，日本也曾是他考虑过的定居地之一，他曾数度亲自到日本了解情况。就在五十年代初期的多次访日旅游中，一次，大千计划做稍长时间的逗留，所以未住旅社，而由他所熟悉的一家专卖画具颜料的店家"喜屋"，在二楼为他布置安排了住处。"喜屋"位于东京上野公园附近，不忍池就在旁边。"喜屋"老板更为大千先生延雇了两位日本小姐来伺候起居。这两位小姐中的一位，山田（日语念作"雅玛达"）女士，面貌姣好，聪明伶俐，颇得大千欢心，相处一段时日之后，两情相悦，她就成了大千先生在日本的红粉知己。大千和山田的相好关系，一直维持了多年。我初识大千先生时所见的那位跟随在大千夫妇身旁的日本佳丽，就是这位山田小姐。

东瀛红粉

大千这个多情种子和山田小姐"定情"之初，想必十分喜悦惬意，心情既好，

一九五五年，在日本东京壶中居的张大千展览会中，大千先生、山田小姐与大千老友王之一先生。

画兴亦高。这期间，他画过一本册页，寄给在台北的老友台静农，册页的最后一幅，画的就是山田的倩影，明眉皓齿，楚楚动人。应是大千的一件得意作品。大千和山田的这一段"情史"，不是秘密；大千的朋友们都知道，张师母徐雯波也知道。我因参加大千"陪游团"较迟，所以直到初次"陪游"不忍池赏荷花时，才发觉这位日本小姐的身份有点奇怪，不像是女侍，不像是门生，更不像是情妇（因为每次都和张师母同游）。那么，她到底是谁？到底是什么身份？在好奇心的驱使下，我向丁经章探询，丁兄详细告诉我原委后，并说："那天大千先生忽然提出要去不忍池看荷花，我们推想是由于雅玛达的怂恿，必须半夜就起床，所以我们无人响应。原以为会让大千先生打消提议的，没想到你却自告奋勇要陪去，结果累得自己起了一个大早。不过，也好，不忍池的荷花的确是值得一看的，尤其是凌晨去闻荷香，要不是大千先生'邀'你，你一辈子也不会半夜起床去不忍池看荷花吧！"

丁经章把山田的身份和她与大千先生的关系告诉我之后，曾嘱咐了一句："知道就好了，不必大惊小怪。"只是，就我从旁观察，大千夫妇和山田之间的关系，实在微妙万分。大千和山田的关系似乎一直维持了好些年，但这些年来，山田并无名分，也从未跟大千一起去过外国。大千不在日本的时候，她就回娘家去过日子；大千每到日本，她就一定来陪侍，即使大千是由张师母陪来同游，山田仍是一样跟来陪侍。大千此次住在偕乐园，他们三人就共住在同一幢宅院里。据说，张师母每星期总有一两天要把大千先生"赶"出她的卧室，逼着大千夜里去陪伴山田。

山田也不失为一位十分有"性格"而精明干练的女子。她虽然身份不明，却是大大方方地跟在大千身边照应一切。她很富幽默感。（如果没有一点幽默感，这样的日子怎么过得下去！）记得，我认识她后不久，一次，跟她谈到我的日本话和她的中国话，我夸说她的中国话比我的日本话高明，她连声否认说："不，不，听说你的日本话是在长沼日语中心学的，是正规的日本话，我说的却是大风堂的中国话呀！"

大千初离大陆，投荒南美洲的那十多年间，日本是他每年必游之地。山田在日本照顾大千的生活起居，并帮忙料理大千在日本的一般杂务等，甚获大千的欢心及信赖。大千每次东来，多以日本为"行营"，再到台湾、香港等地走走。

在日本逗留的时间，短则三两星期，长则经月半载。短期则住日式高级旅馆，东京上野的帆台庄、横滨矶子的偕乐园，都是他喜爱的落脚处；较长期逗留时，则干脆租屋住下来。东京新宿区下落合的一座独门独院大宅，大千就曾租下来住过好些时候。大千每次到日本，不论徐雯波师母是否同来，山田是必然赶来陪侍的。

大千一直和她保持关系，大千不在日本时，也经常给她汇寄生活费来。直到后来听说山田应大陆某艺文社团的邀请去大陆访问，大千担心她会借名招摇，才和她断绝了联络。

大千在艺文界的老友，当年曾到过日本的，如溥心畬、黄君璧、张目寒、庄严、董作宾等，都曾和山田见过面。记忆中，似乎只有台静农未去过日本。因此，大千一九五四年夏间在东京绘赠台老那本册页的最后一页，就是山田的画像，大千并题记："画成，既题署，侍儿谓尚余一页，兴已阑，手亦倦，无暇构思，即对影为此，是耶？非耶？静农何从而知之耶？"当时，同在台北的溥心畬听说大千寄来册页，遂向台老索观。台老将册页带去，溥心老逐页翻阅，边看边赞赏，翻到最后空页，未待台老相请，溥老拿起笔来就题："凝阴覆合，云行雨施，神龙隐见，不知为龙抑为云也？东坡泛舟赤壁，赋水之月，不知其为水月，为东坡也。大千诗画如其人，人如其画与诗，是耶？非耶？谁得而知之耶？"

山田小女子，得"南张"为之画像，"北溥"为之题识，复得一代文豪妥为珍藏，旷世机缘，还有更甚于此的吗？是耶？非耶？小女子得而知之耶？

对梅独钟

前面说过，赏花及游山玩水是大千访游日本的主要目的之一，从我与他初识即陪伴他到东京上野不忍池赏荷之行开始，以后每次他到东京，我们都免不了要陪他四处赏花。日本虽是岛国，幅员不大，但在气候上却是春夏秋冬四季分明。大千先生赏花的种类很广，常年四季，他随时来，都有花可赏，初春的梅，盛夏的荷、海棠，冬天的水仙、早梅等，这些常见于他的画幅或诗词之中的花卉，都是他不惜从千里迢迢的南北美洲专程来日本求取赏心悦目之乐的对象。几次伴游之后，我很惊讶地发觉，大千先生对于各种花卉的最佳赏花处所了如指掌，如不忍池的荷花最好，贤崇寺的红梅最艳，某处的几株紫藤花串垂长三尺有余，某处的牡丹花姚黄魏紫最是一绝等，使人对他赏花心意之真诚与博闻强记的功夫，不得不由衷佩服。

在百花争妍的群芳谱中，大千先生在画作上最擅长、最独到，而又最受人喜爱的是他的画荷。但他内心所最爱的花种却是梅花。他之所以对梅花情有独钟，并不是因为梅花之美与艳，而是因为梅花所象征的那种高洁孤傲的情操。这可以从他画梅的题画诗中看得最清楚。尤其在他离开大陆浪迹海外的三十多年岁月中，所做的题梅诗句，最能表现他爱国思乡的无奈情怀。试看他脍炙人口的一些题梅诗句：

> 百本栽梅亦自嗟，看花堕泪倍思家；
> 眼中多少顽无耻，不认梅花是国花。

> 梅花落尽杏成围，二月春风燕子飞，
> 半世江南图画里，而今能画不能归。

> 十年流荡海西涯，结个茅堂不是家，
> 不是不归归自好，只愁移不得梅花。

> 缀玉苔枝乞百根，横斜看到长成村，
> 殷勤说与儿孙辈，识得梅花是国魂。

从这些充满爱国思乡情怀的诗句，可以看出大千对梅花之情有独钟，固然与他怀念故乡而又欲归不得的无奈心情有关，甚至，他经常访游日本的对日情结，也可能是受了他此种爱国思乡情怀的影响。日本的梅花很有名，"梅园"几乎各处都有。大千初离大陆的那几年，几乎每年都要到日本赏梅。他自许与梅花有约，每年必来相会。他题在横滨偕乐园墙壁上的名诗句："饱饮酸香又一回，年年何事苦相猜，从今不用要盟誓，开了梅花我便来。"亦可见他"痴梅"的程度了。

大千是一位典型的在中华传统历史文化培育下成长起来的艺术家，他对中华文化理念的坚持与中国传统生活方式的执着,处处可见,而且历久不移。巴西的"八德园",美国加州的"可以居"与"环荜庵",都是他极力要在西方社会环境中,勉强营造一个差可容身的中华文化的小天地。这个小天地,尽管营造得惟妙惟肖,也只不过是方寸范围,在面积上与实际生态上都难与日本相比。日本虽然比不上中国,但中日两国毕竟同文同种,同在东方,而且位于毗邻,较之中国与西方文化之南辕北辙,却又强得多了。张大千之访游日本,虽然仍是身在异国,但总比身在欧美等地要靠近一些,诸多生态环境也都比较接近。

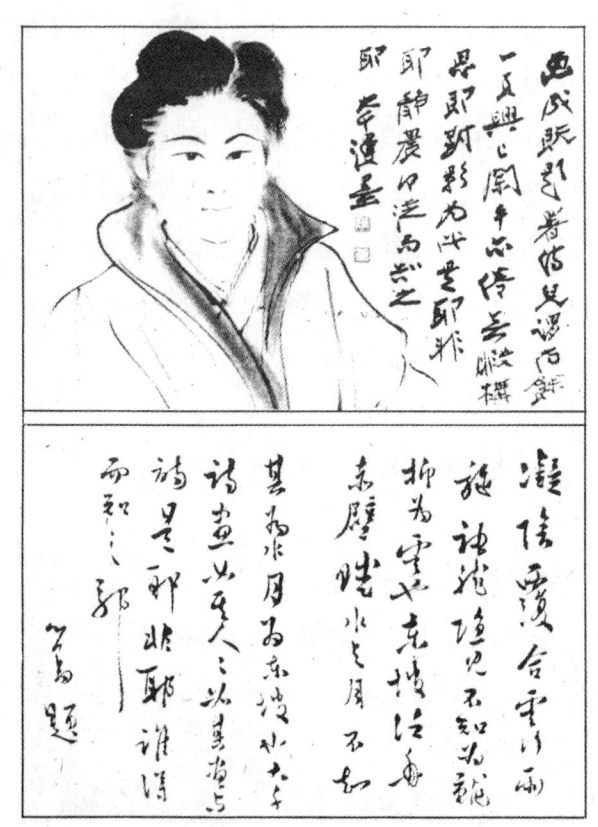

(上)大千为山田小姐画像。
(下)溥心畬为大千册页题识。

大千此种执于东方文化而鄙夷西方文化的价值观,也可以从他的一些赏花诗句中看出来。他在寄居巴西时所做的一幅《菊花图》上,题诗:"南山山色有尘埃,那得东篱择地栽,花到夷方无气节,看人颜色四时开。"此诗原注是:"此邦四时有菊,写此慨然。"

其实,诗人画家所感慨的,不一定是菊花之"无气节"而"四时开",他不过是借此而慨叹西方文化文明之不合于东方时宜而已。"四时有菊"的情形,在日本不会有。因此,在诗人画家眼中,日本的菊花,是和中国菊花一样蕴含"气节"的。

张大千一方面对日本有浓厚情结，但另一方面却并不喜欢日本，他的此种矛盾心态，在他的花卉诗画中也时有表现，而表现得最突出的，是他对日本奉为"国花"的樱花的态度。张大千是一位全能画家，山水、花卉、人物、草虫，无一不精。花卉之中，梅、兰、菊、竹、荷花、牡丹、芍药、紫藤、水仙等，他都有画有诗，极尽浓描淡写颂扬赞美之能事。只有樱花，他从未着笔。诗词中，对樱花向无嘉许，甚至还予冷嘲热讽。试看下面的诗句：

《重写横滨偕乐园》

隔岁重来别有情，花花叶叶竞相迎，
老夫爱尚与人异，万卉中无一本樱。

《宿玄妙庵洗心亭》

一夜涛声枕上听，觉来身在洗心亭，
垂帘默念樱花近，何似青松四序清。

《贤崇寺赏梅》

贤崇寺梅花复瓣特大，
每被误为八重樱
如此风标绝世无，认桃辨杏忍相诬，
从君去作樱花看，信是胡儿只识酥。

张大千不喜欢樱花，想来，也并不是因为樱花不美、不艳或不雅，只因樱花不够端庄稳重，不合于中国文化精神罢了。

游览名胜

至于日本的山水名胜，对曾经游遍中国名山大川的张大千来说，实在看不上眼。当然，东京近郊的箱根、日光等观光胜地，他都曾去过。但箱根之游，似乎一直无画无诗，日光全景可以入画的，似乎只有"华严瀑布"。"日本三景"的宫岛、松岛及天桥立，大千均曾分别去过，都曾有画有诗，但也只限于小幅写生，似乎是仅为在日本举行画展而作。大千对"日本三景"的评语是，宫岛与天桥立，都嫌人工斧凿太多；松岛是一群滨海小岛，各岛上不乏奇松，适于摄影。大千曾邀老友郎静山同游松岛，郎老大展身手，拍了不少照片。在相机镜头的有限视野内，松岛奇松颇有可观，可是，大千与郎老却说：松岛奇松如果跟中国黄山的松树比较起来，那真是小巫见大巫了。大千曾有《戏题松岛》一诗，结尾两句是："此特天公余兴耳，移松附石作盆栽。"把松岛喻为天公余兴之作，小松小石，有如盆栽。真是十分传神却有欠厚道的描写。

对于日本山水，大千更有一忌——富士山。大千画遍世界各国的名山胜景，却从未画过富士山，更没有歌咏富士山的诗词。日本人奉富士山为"圣山"，推崇其"庄严壮丽"的四季不同景色为"天下绝美"。大千听到这类赞美，往往不置一词。记得，

张大千作日本江之岛风景图。

在一九七五年前后，大千的入室弟子匡仲英初游东京，当时，我适有事回台北，仲英托我携带他在日本所作的一幅富士山景送呈大千先生问候。大千展开，未及细看即冲口而出的说道："他画富士山干什么？"其实，富士山造型突出，为典型的圆锥形火山，耸立于东海道上，山麓四周并有"富士五湖"为其衬景，自亦有其雄美可观之处。我想，大千先生之排斥富士山景，恐怕仍与他对日本那种"看似有情却无情"的矛盾心态有关吧！

日本的山水名胜，获得大千先生极度赞美的唯一所在，是九州岛熊本温泉一带的崇山峻岭。九州岛在日本列岛的西南端，一九六八年三月间，大千先生携师母徐雯波到九州岛福冈去鉴赏一批中国书画文物，由丁经章和我陪同前往。

这是一次具有历史意义的重要旅行，当时正值大陆"文化大革命"闹得天翻地覆之际，红卫兵在全国各地抄家劫舍，没收民间书香门第大户收藏的古董书画文物，大批贱价抛售到国外换取外汇；日本福冈一位书道会会长以四五十万美金向大陆购买了数以万计的中国古书画文物古董。蒋介石得悉此事，极表关注，曾通过张群、王世杰两氏嘱托大千先生趁旅游日本之便，顺道到福冈去观赏查鉴这批文物，借以了解"文化大革命"实况。

大千先生专程去福冈逗留了两天，回东京后，曾有专函向张群、王世杰两氏陈述所见所闻，我也曾在"中央日报"上撰写专文报道此行经过。

文物恩怨

收购中国古书画，是张大千访游日本的另一个重要目的。其实，大千先生在第二次世界大战后重游日本，去得太迟，日本老辈收藏家们因战后生活困苦而将所庋藏的中国古书画精品拿出来求售时，大千都未及买到。据说，苏东坡的《寒食帖》，战后由日本收藏家菊池惺堂的家人持出求售，大千不在日本，辗转得知消息，急电日本友人去洽购时，已为王世杰（雪艇）捷足先登。此件后由王雪艇家属转让给台北故宫博物院，现藏于斯。当时，同时出现求售的还有米南宫书法精品《乐兄帖》一件，大千亦曾托人洽购，但已被商震将军所得，此件亦于三十年后由商氏后人来台北求售，现归台北"馥记建设公司"董事长陈启斌珍藏。大千战后首次重游日本大约是二十世纪五十年代初，此时二战结束已好几年，购画未免迟了一些。幸而因大千在书画收藏界朋友多，他又出手大方，眼光精准，所以也还收进不少宋元书画名迹。

购藏书画

大千在日本收购古书画，除了经由书画界的熟朋友介绍之外，他也常常去逛古董文物店或旧书店。东京神田神保町一带是他常去的地方，他也常到神田邻近的"汤岛圣堂"流连，那是东京"孔庙"，里面设有一个"书籍文物流通会"，不时有一些线装古书珍本发售，书画古董亦多。

大千在古董文物界的名声传开之后，除了一些特别珍贵的书画他会亲自前往鉴赏之外，对于一般书画文物店家，他不克一一走访，就只好要求店家带了东西来让他过目选购。大千讲究排场，他每次到了东京，居停安顿妥当，就订于某月某日几点钟在某旅社某号房看画。届时，与他经常交往的店家，各自把一些可能获得大千青睐的古书画带去，让大千逐件审阅。这样的看画场面很好玩，各路店家掌柜提着日式方形包巾包好的书画文物来"赶集"，大伙坐在旅社套房的外间静静地等着，活像前来求诊的病家在等着叫号看病，有的还带有年轻伙计做助手，或夫妻同来。大千看画很快，无论是卷轴或整本的册页，他稍一展阅，就可判定画件的身价，不中意的，马上卷回或合上退给店家。有时，有的卷轴只展开到一半就被卷回了，一眼看去可以入目的，他会稍加留意，多看几眼，通常也不过费时三两分钟，满意的就回卷好轻轻放置一边。

大千看中的书画，不多问价，也不和店家讨价还价。经常和他有往来的店家，知道他是好主顾，卖东西给他，可以卖到"好价钱"，但也不敢漫天喊价。因为买主是行家，你要是狮子大开口，惹恼了他，成了他的拒绝往来户，那就得不偿失了。大千不会亏待任何携件来求售的店家，凡是没有画件被选上者（通常，多数店家都不会被选上），大千一律各发给日币一千元作交通费。二十世纪五六十年代，日币一千元可不是一个小数目。

我曾多次陪大千看画，见他看画如此快速，难免会觉得他"太马虎"，不够精细。有时，他拿起一支卷轴，开展不到三分之一，凑近一瞄，马上就回卷淘汰，似乎很难令人心服。一次，我从日本回台湾，见到叶公超先生，谈到这个问题，不想被公超先生抢白了一顿。记得，公超先生瞪眼望着我说："你认为大千看画太马虎，不够精细，那是因为你功力不够！我给你打个比喻：你在外边打电话回家，告诉你太太今天事忙，不回家吃饭，对方拿起电话，喂——一声，你就知道是你太太了吧，马上就会告诉她，你不回家吃饭的事。我不相信你还会盘问对方：'你真是我太太吗？你娘家姓什么？我们是哪一年结婚的？……'你该不会闹这样的笑话吧？大千看画是何等眼力！行家看画，先看气韵，那是一眼就可以看出来的，气韵不错的，才值得细看，气韵不行，管他画家是谁，就不必浪费精神了。"大千先生连续多年在日本收购古书画，凭他的眼力、财力，的确颇有斩获，并且在日本收藏界及古董文物界留下许多逸事美谈，但同时也让他遭遇过一些痛心甚或伤心的事，加深了他对日本好恶难分的情结。

在书画收藏上最让大千痛心的，是他千辛万苦、花费巨金在香港收购的两件国宝级书画，竟然在日本被人以卑劣手段先后剽窃而去。尽管大千晚年对自己早年"富可敌国"的书画藏品之集散，云淡风轻，看得十分洒脱，但对于这两次在日本的"失宝事件",提起来始终耿耿于怀,大叹人心不古。

一次,大概在一九五五或一九五六年间,大千做客东京,被人骗去了他花费巨金甫买到手的清朝大画家吴历(渔山)所绘的一轴手卷《白傅湓浦图》。

这件曾见诸收藏界著录的名迹,早先为清末民初江苏名收藏家邵松年所珍藏。据邵所著的《古缘萃录》记载:这个手卷是"纸本、设色……枫树盈坡,芦花映水,一舟斜泊,小舫傍之,舱中三客,一妇抱琵琶,更有书童舟子……岸上匹马四人,逡巡其际,江天秋冷,波月双圆,数点归鸦,群飞撩乱,墨并画中逸而神者也。"画页之后,又有清季收藏名家吴大澂等的题跋。邵松年过世后,此图辗转为香港收藏家高燕如所珍藏。

此画后来如何归由大千收藏,大千又如何在日本失去此画,其详细经过,我并不清楚。只是多年后,一次偶然听大千谈起失画的事,经我再向丁经章打听,才知道其大概。后来又经大千的老友朱省斋在香港报纸上撰文谈及,我才知道其详情。据说,大千一九五五年旅游到了东京,旅途中听说香港高燕如有意将此图出让,大千急电香港,以重金把图卷买下,并嘱人交旅运公司托交泛美航空公司班机带来东京。

泛美班机抵达后,电话通知旅运公司派人去提取。旅运公司派了一个职员去提货。不料,提货员回抵公司后,检点货品时,单单就少了这一件画作,据说是遗忘在营业汽车中了,结果遍寻不着。一件国宝级的画作,就这么糊里糊涂地丢失了,一直未找回来。

要是说大千的这个吴渔山手卷丢失得荒唐而冤枉,那么,大千的另一件旷世奇珍,黄山谷《经伏波神祠诗卷》被剽窃的经过,那就更是离奇、曲折而几乎令人难以置信了。

这两件名迹,虽说它们同属"国宝级",然而,在艺术价值上,吴历的《白傅湓浦图》手卷是不能和黄山谷这个书卷相提并论的。在年代上,黄山谷是宋朝,吴渔山是清朝,两人相差五六百年;在艺术造诣及名气上,黄山谷更要比吴渔山强得多。

黄山谷书卷失落的故事，我是在大千失宝多年之后，于一九七〇年夏秋之交，在东京听大千亲口讲述的。听他讲过这一番曲折经过以后，这些年来，此事竟还陆续有些有趣发展。

黄山谷是我国宋朝享有大名的书画家，他手书的这个纸本《经伏波神祠诗卷》，八百多年来，经过历代名家珍藏鉴赏，是一件早经公认的稀世文物。书卷很大，据书画著录所载，此卷高一尺一寸二分，长两丈三尺三寸，精装精裱，状况极佳；全卷共一百七十一个字，字大如拳，笔酣墨饱，经明、清两朝及近代书画名家如沈石田、文徵明、刘石庵、康有为、叶恭绰等一致推许，为黄山谷传世的神品之作。书卷首末两端的裱绫或裱纸上，有历代名家的题识及收藏印记等。清乾隆时曾收入内府珍藏，后由乾隆皇帝赐给恭亲王，入民国后，才辗转流入民间。

大千在抗战之前，曾在叶恭绰（叶公超的叔父）手中见过此件国宝，为之钦慕倾心不已。抗战胜利后，大千重游上海平津，听说叶恭绰在抗战期间困居沦陷

大千伉俪在庆州石窟寺前。

区上海，生活困窘，已将这书卷让人了。书卷一度下落不明。

及至一九五〇年初，大千携眷避居香港，忽然听说粤籍名收藏家谭敬因为车祸打官司，需用现款，有意将他收藏的黄山谷这个手卷出售，大千连忙与谭接洽，买下了这个"二十年来梦寐以求的"国宝级文物。

大千获得此手卷后，高兴异常。随后，他携家带小移民阿根廷，又从阿根廷转往巴西定居。在巴西住定后，一次，在他东游日本时，将此手卷带在身边，打算将手卷在日本复制一百卷，精裱精装，分送亲友同好，以资共赏。

大千在日本有一位经营中国书画文物的老朋友江藤涛雄，他们在抗战以前就已经相识，而且交往很密。早年，两人曾经联袂到日本统治下的朝鲜游览，大千在朝鲜所演出的那一段哀艳动人的风流韵事，就是江藤所导演的。

朝鲜春红

在此，容我将大千早年在朝鲜那段韵事略加记述，以见大千与江藤交情之非比寻常。

当年（一九二七年），大千在江藤引导陪伴下旅游朝鲜，二十九岁的大千，在中国书画界已崭露头角。

当时，朝鲜归日本统治，江藤和大千到了那儿，受到日本某大商社的隆重接待，两人在旅社住了好几个月，大千画兴大发，在旅社布置画桌，每天游罢归来，即伏案作画。江藤为大千雇来一位原为"伎生"（艺伎）的朝鲜少女伺候笔砚，大千为她取名春红。据大千多年后描述：春红楚楚可人，情窦初开，而且心思灵巧，两人语言不通，但春红善解人意，相处不久，双方竟都动了真情。

在异国少女的爱情培育下，大千创作欲旺盛，这段时间，作了不少诗与画。

在大千保留下来的诗稿中，不难看出大千当年对春红的浓情蜜意：

《赠春红》二首

盈盈十五最风流，一朵如花露未收。

只恐重来春事了，绿荫结子似湖州。

闲舒皓腕似柔翰，发叶抽芽取次看。

前辈风流谁可比，金陵唯有马香兰。

《再赠春红》

韩女春娘日来旅邸侍笔砚，语或不能通达，即以画示意，会心处相与哑然笑，戏为二绝句赠之。

夷蔡蛮荒语未工，又从异国诉孤衷，

最难猜透寻常话，笔底轻描意已通。

新来上国语初谙，欲笑佯羞亦太憨，

砚角眉纹微蓄愠，厌他俗客乱清谈。

多情种子张大千和情窦初开的春红，朝夕缠绵缱绻，难舍难分。不觉已过了三个多月，岁暮必须回国了，大千实在舍不得离开春红，竟然有了"纳宠"的念头。（此时，大千在国内已有两位夫人，大夫人曾庆蓉，二夫人黄凝素。）一天，他带了春红，到朝鲜京城街头一家照相馆，两人拍了一张合照。大千动笔写了两首"陈情诗"，连同合影照片一起寄回国内给他的二夫人黄凝素，试探夫人能否同意他异域纳宠。这两首诗写得十分坦率，真情流露，是大千很得意的两首早年诗作。谨录志于此：

《与春红合影，寄内子凝素》

依依惜别痴儿女，写入图中未是狂；

欲向天孙问消息，银河可许小星藏。

触讳踌躇怕寄书，异乡花草合欢图；

不逢薄怒还应笑，我见犹怜况老奴。

（上列有关韩女春红的这些诗作，均见台北故宫博物院所辑《张大千先生诗文集》卷三第42页、第43页）

"陈情诗"寄出之后，碰了钉子，黄夫人不但不同意大千纳宠，还转来曾太夫人严命大千即时回国的消息。大千事母至孝，不敢违抗母命，遂匆匆整装回国了。

痴情的春红在大千与江藤离去之时，仍然山盟海誓要等待大千再来。大千十分不忍，留下很大一笔钱给她，让她在京城开了一家汉药店，以维生计。大千在朝鲜半岛上的这段婚外情，最初艺文界的朋友们以为他不过是逢场作戏而已，及至他回到上海，朋友们见到他带回来的诗稿，才知道这位多情才子在国外又动了真情。

偏偏春红也是一位痴情女子，大千离开后，春红不再做"伎生"了。用大千留下的钱，开了药材店，等着大千再来相聚。如此痴痴等了一年，春红听说大千因事到了东京，连忙用日文写了一封情意缠绵的长函，寄给江藤，托江交大千。当时，大千正因重感冒卧病在东京银座闹区京桥的中岛医院里，大千阅信后，感动万分，遂在病榻前以中国古体诗长句格式，把春红的情书翻译出来，名之为"春娘曲"，借以抒发对春红的无限相思。

《春娘曲》

戊辰（一九二八年）十一月十日，日本东京京桥中岛病院，春娘书来，凄婉欲绝，予因隐其辞，译为长句都十二韵，仍名之曰《春娘曲》。

朝出辽阳城，暮过信州府，奔东轳辘断人肠，载郎一日行千里。渡海难禁破风浪，黄月照人薄如纸。生小不更别离难，凄厉何为至如此。灯昏无焰写满笺，下笔竟从何说起。相思相望空复情，顺时自保千金体。与君未别讳言愁，一别撩人愁乃尔。红泪汪汪不敢垂，归得空房啼不止。望断蓬山几万重，隔来东海一泓水。敢怨萧郎爱远游，母书迟不谅人止。柳丝早许结同心，嘉木生来自连理。愿共朝云侍长公，犹堪几案供驱使。旧事凄凉不可论，妾身本是良家子，金刚山下泣年年，铜雀悲生亡国妓，舞腰无力媚东皇，倩影惊回春梦里。攀折从君弃从君，妾心甘为阿郎死。泪点斑斑纸上看，梦魂夜夜君怀倚。私语喁喁恨未通，裙开半解空传喜。镜台已毁旧时妆，脂粉消残瘦谁似？问郎何日得归来，寄我平安一双鲤。

（见台北故宫博物院辑《张大千先生诗文集》卷三第 1 页）

当年，大千病愈后，即由江藤陪同，去朝鲜看望春红。此后，大千和春红一直保持联络，大千并曾去探望过好几次，直到一九三七年中日战争爆发，大千和春红及江藤才断绝了音讯。

大千先生对于他和春红的这一段艳事，并不隐讳，直到晚年，偶或触景伤情，还会絮絮谈起。他赠别春红的那几首诗，以及他寄给二夫人黄凝素探求同意纳宠的那两首诗与《春娘曲》，均收录在他的诗文集中。二十世纪七十年代中期，大陆"文化大革命"闹得如火如荼之际，大批中国书香人家收藏的书画文物流散到日本，我曾在一位日本藏家处，见到大千早年在北平所画的一幅朝鲜装饰的仕女图，题识中写明是画的春红女娘，并录了他当年赠别春红的一首诗。这画的上款署题"迪琮大兄"，显然是大千画赠给他的同乡好友、著名四川词人向迪琮的，我曾力求日本藏家割爱，未获首肯。后来我回台北，向大千谈及此事，引起老人一阵欷歔。我趁便问起在战后有无春红的消息，大千先生以他沙哑低沉的语调说：战后，他和日本老友江藤联络上了，江藤告诉他，春红在战争期间被一个日本军官看中，逼她成婚，春红不从，自杀死了。大千得悉春红噩耗，悲痛万分，立刻亲笔写了"池凤君之墓"的一纸碑文，交给江藤带去韩国，为春红修坟立碑。大千也说过，希望有机会能到韩国为春红上坟。他的这个心愿，没想到在三十多年后，果然达成了。一九七八年，大千应邀到汉城（今首尔）举行画展，轰动一时，春红的一位哥哥看到报纸上的消息，特地到大千夫妇下榻的旅社找大千，大千要求去春红坟前上香，遂由春红哥哥带路，大千夫妇专程去上香致祭。

上面所述韩女春红这一段故事，只是想借以说明日本古董商江藤涛雄和大千交情不比寻常，战前就是非常接近的朋友。及至战争发生，音讯隔绝，但战后不久，就有了联络，恢复了密切交往。战后初期，日本人生活困苦，大收藏家们的珍贵藏品纷纷出笼求售，大千曾委托江藤代为收进不少中国书画名迹。

国宝失落

再说大千当年既决定将黄山谷书《经伏波神祠诗卷》交付复制，遂委请江藤洽托京都专门精制复制品的老字号"便利堂"，以珂罗版精印精装复制本。由于印制需要一段时间，大千把诗卷原件留给老友江藤后，即离开日本，继续到欧美各地旅游。不料，行抵纽约时，忽然听说江藤在京都一家旅社突发心脏病猝逝。大千大惊，震悼之余，立刻电汇了两千美金的奠仪给江藤家属，并尽速亲自赶到日本。

大千到江藤家致唁，并婉转向江藤家人探问黄山谷书诗卷。不想江藤遗孀答说对此事毫不知情，并说在整理江藤遗物时，亦未见到此一诗卷。大千非常惊愕失望，却也无可奈何。只有暗地托人四处查访，打听诗卷下落。虽经多方努力，却一直杳如黄鹤。这样一件国宝级的旷世文物，就这么糊里糊涂地丢失了。

大千失宝的这则故事，我是在一九七〇年夏秋之交，大千从美国到台北参加"中国古画讨论会"后，归途在日本小憩，一天晚间在他旅社房间内和三五友好聊天时，听大千亲口讲述的。大千对事故发生的时间，并未明确交代，但对事故细节，却描述详尽而生动。记得，我曾打断他的话问他："这样一件无价国宝交

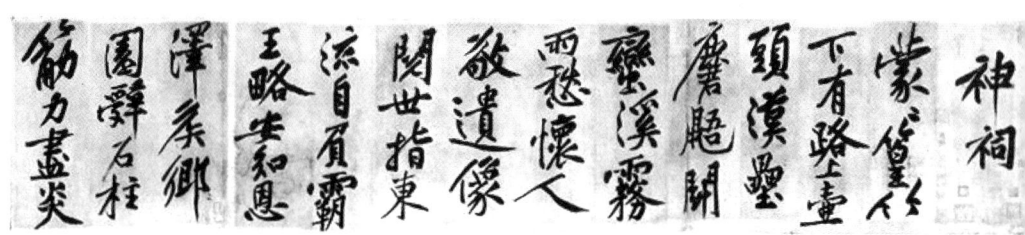

北宋黄山谷书《经伏波神祠诗卷》。

给江藤,难道连一纸收据都没有吗?"大千瞪了我一眼,说道:"我和江藤是几十年的老朋友,托人家办事,还索取收据吗?"

大千此种"托物请人办事不取收据"的待人处世方式,后来我也亲身体验过,那是在"江藤事件"后二十来年,大千的好友丁策(经章)兄在横滨病逝,大千写信给我,说他有几件古画放在丁策兄处,原是托丁兄代为送去整修装裱的,大千嘱我向丁大嫂探询,丁大嫂答说不知道这事,在丁兄遗物中亦未找到这些画件。但丁大嫂告诉我,丁策兄在东京"大使馆"办公室中有一个保险柜,可能保存在柜中;于是由我约同亦为大千好友的"大使馆"一等秘书吴子丹兄,一起去报告钮乃圣"公使",经钮"公使"核可,由"大使馆"事务人员打开了丁策兄办公室中的保险柜。果然,大千所开清单上的几件古画,全部在内,一件不缺。遂由吴子丹兄代为领出寄还给大千,大千当时也特别表明他并未持有任何收据,甚至那一纸清单,也是大千事后追想才开列出来的。

黄山谷手卷被人吞没了,但故事尚未结束,大千接着讲述更精彩的一段遭遇——

大约过了两三年,大千重游日本。一天,日本收藏界享盛名的细川护立侯爵来访大千,说他最近收进一个黄山谷法书手卷,不知真伪如何,但书卷上钤有大千的收藏印章多枚,想必是大风堂旧藏文物,能否请大千先生代为鉴评一下。细川侯爵和大千本来就有交情,大千战后在日本举行的几次大规模书画展,细川都以"日本文化财保护委员会"委员长身份名列首位赞助人。何况,大千听说是黄

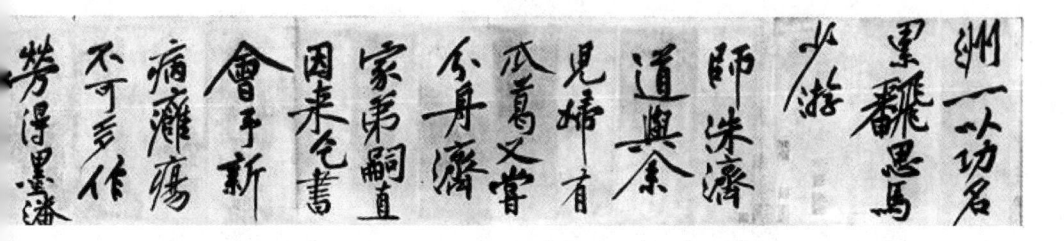

山谷书诗卷有了下落，自是喜出望外，马上答应受邀前往一观究竟。

说起这位细川侯爵，可真是日本政界、文化界及文物收藏界一位鼎鼎有名的人物，他这"侯爵"称号，是战前日本天皇赐封的爵位，战后，贵族均已除爵，但社会上仍多沿用战前的爵位来称呼这些遗老贵族。细川家道富有，为人博雅好古，精于收藏，曾任日本"国宝保存会"及"美术振兴调查会"会长。细川家是熊本的望族，其政治实力不仅掌控当地政坛，且逐渐扩展到全国，问鼎中央政权。一九九二年，推翻了执政三十八年的自民党政府，以"日本新党"党魁身份，联合八个小党派组织政府而出任日本首相的细川护熙，就是这位细川护立侯爵的孙子。

重见宝物

再说大千接受了细川护立侯爵的餐叙邀约，去到细川寓邸，细川在雅室接待，小心翼翼地捧出书卷供大千鉴赏。大千一眼就认出果真是自己心爱的旧藏。郑重展阅之下，宝物风貌依然，这个历时九百年的书法长卷，本体部分及历代名家题跋的精美绝伦，姑且不论，单是历代收藏家的鉴赏印章，大大小小一百余方，就够洋洋大观。大千的收藏印信，如"大风堂珍藏印""三千大千""大千居士""张爰印信"等，钤盖在书卷前后裱纸上的，不下十余方，亦可见大千对此卷的珍爱程度。

大千手抚旧藏宝物，感触万端，一面向细川侯爵指说书件确为山谷真迹神品，一面率直说出书卷被骗失之经过。细川听后大为惊愕，口中念念有词，对大千的失宝表示无限憾意及同情，但却丝毫没有"物归原主"的意思，大千不便多言，只有徒呼负负了。

不料，细川在大千对书卷仔细鉴赏赞叹一过之后，竟然要求大千为他在书件上题跋一段。大千还真未料到细川有此一著，但他看出细川求题的意思很诚挚，遂答说愿作题跋，但他要把书件被骗失的经过写出来，不知细川愿意否？细川见大千应允题跋，十分高兴，连说："先生想怎么题就怎么题，就请大笔一挥吧！"

于是，大千当场提笔濡墨，在书卷后端的空白裱纸上，洋洋洒洒，写下他的题辞："此大风堂旧物也，前此不幸遭人剽窃……"

大千这段题词很长，听来十分感性，应是一篇文情并茂之作；而且，大千当时情绪激动，随意挥洒，书法想必也十分精绝美妙。细川是行家，在有幸得此千年宝物之余，又得大千为他锦上添花作此题跋，自是高兴异常，遂千谢万谢地拜领下来。

大千此一则题跋原迹，我并未见过，开首那两句，是我听大千口述时默默记下的。大千讲述此事经过时，神情很激动，口里在说，手势在比，他摆出当年当场挥毫的架势，口里念着"此大风堂旧物也，前此不幸遭人剽窃……"。他大概背念了三、四句，可惜我只能默记下这两句来。他说他题了很长一段话，痛快发挥了一番，并说他题得很满意，细川也很高兴云云。

当年，在听了大千讲述他这段失宝经过之后，我曾千方百计想要一睹这件国宝名迹的真面目，却一直未能如愿。经辗转打听，只知道细川护立侯爵在二十世纪六十年代末期过世了，这个书卷由护立的儿子细川护贞送交他们家族设置的"东京永青文库"保存，并不公开陈列展览，一般人已无缘见到。我也曾多方打听是否有复制本行世，一直无消息。一度听说日本京都大学人文科学研究所曾以"东方文化刊行会"名义，将此书卷照原来尺寸复制传世，我四处探求，未能购得。其后，又由日本"二玄社"收入"书迹名品丛刊"复制发行，我才买到一册，印制得还不错。（现在台北坊间也有此复制本发售，不知是否在台北"再复印"的，印刷比我多年前在东京购得的那个复制本差多了。）细阅"二玄社"的这个复印本，卷前卷后的题签（文徵明题）、引首、题识、跋文等不下数十则。书卷前端、拖尾及裱绫裱纸接缝处所钤盖的历朝历代收藏家、鉴赏家等的印章，包括清室皇帝"乾隆御览之宝"等印章在内，共有一百多枚，其中也有大千的收藏印及名号印十余枚，却未见到大千这段跋文，不知是复制者未将大千的跋文纳入复制品中，抑或是细川父子家人以大千跋文指明此卷是大风堂遭"剽窃"的"失物"，细川得之，实在不很"光彩"，遂而将大千跋文裁除销毁了？复制本的版权页上，已印着"原本——细川护立藏本"字样。此后过了大约两三年，我在一九八一年十二月二十七日的台北"中央日报"的《晨钟副刊》上，看到当时台北故宫博物院院长蒋复璁一篇《访日观感》，其中记有：……余于永青文库，除访书外，又获见黄山谷书刘宾客《经伏波神祠》真迹，有张孝祥、范成大、文徵明等跋，文衡山称：雄伟绝伦，真得折钗屋漏之妙。晚年之作，较故宫珍藏之《松风阁》为狂放，较林季存先生寄存故宫之《发愿文》为不拘执，本张大千先生之旧物也。"蒋复璁此文提到张孝祥、范成大、文徵明的跋文，却未提到大千先生的跋识，想来，大千的跋文已不存在了，蒋复璁文内虽提到书卷"本张大千先生之旧物"，但那可能是根据书卷上有大千的十多枚收藏印及名号印而说的，并不表示蒋曾看到过大千先生的跋文。

本来，大千丢失黄山谷书诗卷的事，多年前仿佛就听人说过，只是语焉不详，当然不及大千自己现身说法来得动听，所以我听得很入神。但我当时以为这已是人所共知的老故事了，所以也未想到要求大千讲得更详细一些。直到若干年后一次我从东京回台北看台静农先生，闲谈中，谈起这件事，不想台老大感意外，说他们只知道大千的这件珍藏名迹被一个日本人骗去了，下落不明，根本不知这宝物已落入细川之手，更不知道细川还请大千在诗卷上题跋的事。台老催着我把这段故事写出来，并说："这是中国书画文物史上的一段重要掌故呀！"

富可敌国

又过了若干年，我已从东京奉调回台北，一九九一年三月间，台北故宫博物院院长秦孝仪邀请细川护贞夫妇访问。三月九日，秦院长设宴欢迎细川夫妇，我亦奉邀作陪。在宴席上，我曾向细川探问此一诗卷送交"永青文库"后，一般人是否可以申请拜观，细川当时已年近八十，老态毕露，唯唯否否地未作肯定答复。我继问他是否知道张大千当年应他老父之请在诗卷上题跋的那一段往事，他则表情茫然地答说他对此事毫无印象了。大千先生的古书画收藏又精又多，"富可敌国"，但这个黄山谷书诗卷无疑是他最心爱的藏品之一，竟然这样糊里糊涂地就丢失了，自然令他痛心万分；失宝之后，又让他有机会与故物重逢，还让他有缘在诗卷上题识自己失宝的经过。这是上天顾念他失宝之痛，遂而安排他与故物重逢，让他重亲芳泽，以稍慰他的失宝情怀呢？还是上天刻意折磨他，让他再一次体会"别时容易见时难"（大千的一方收藏印上的诗句）的锥心苦楚呢？这可要看大千自己如何体会这番奇遇了。

记得大千向我们讲述这则故事时，曾反复慨叹："我在纽约听到江藤猝逝的消息，马上电汇两千美金奠仪到他家，就是希望他的家人不要贪小利而侵吞我的那件宝贝呀!"接着,谈到细川辗转购得诗卷的经过时,大千又说:"听说他们当时卖出这个手卷时,只索价两百多万日元,其实,他们要是向我索取两三千万日元,我也会心甘情愿照付的。"言下不胜憾惜感叹,可见豁达洒脱如张大千者,对这件旷世文物的失落,尽管时隔多年,仍是耿耿于怀的。大千为搜求古书画而与日本文物收藏界及古董字画商家们所结下的恩恩怨怨的故事很多,前面所述"黄山谷书诗卷"的故事,只是一个比较突出的例子罢了。

大千访游日本的另一个目的,是采购或定制他所需的书画用品,以及修整装裱他所收藏的古书画。

在这方面,和大千交往最多的有两位人物:一位是东京上野画材店"喜屋"的老板松下大二郎;一位是装裱专家东京"黄鹤堂"主人目黑三次。"喜屋"老板虽然有名有姓,但是,记忆中,我们似乎从没有提名道姓地称呼过他,不管是当面或背后,都称呼他"kiya sang"(喜屋老板的意思)。此人高瘦个子,人很随和;做生意买卖不如他太太精明能干。夫妇两人和大千认识得很早,也相处得极好。在日本随侍大千一二十年的山田小姐,就是"喜屋"老板夫妇给他介绍的。

"喜屋"店面不大,但名气很大,专门经营各种画材画具,尤其以绘画颜料为最完全。大千先生对画材及颜料用量甚大,购置时又喜欢整批整批地大量买,是"喜屋"的最好主顾。同时,由于大千先生经常不断地为"喜屋"吹嘘,所以,"喜屋"在海外,尤其是台、港两地,名气也很大。很多中国画家到了东京,都特别要我带他们去"喜屋"参观或采购。大千所用的画笔、画纸及颜料等,在大陆时期,当然都在大陆各地的著名店家采购。离开大陆后,台、港等地的这类产品,都比不上日本,大千的这些用品,遂都向日本采购了。其实,日本文房四宝,各有专门店家,大千买笔或定制画笔,大多找"玉川堂"。大千当年在英国以高价买了几磅牛耳毛,带到东京,制成中国式的画笔,这批名贵画笔,大千为它们命名为"艺坛主盟",雕刻在每支笔杆上。(这个名字取得真好,"主盟"也就是"执牛耳"的意思,牛耳毛制的画笔,不就是"艺坛主盟"么!语意双关又文雅适切,大千的巧思真是高人一筹。）这批"艺坛主盟"，就是在"玉川堂"定制的。

至于画纸，大千喜欢大量购买或特别定制，也都找专门纸店。只是，大千有时为了省事，哪怕是向其他专门店家买东西，也常委托"喜屋"代办。于是，"喜屋"几乎成了大千在日本采购书画用品的经纪人。记得，大千旅居巴西期间，一次，他到了东京，要我陪他去到"喜屋"，他交给喜屋老板一份代购物品单，叮嘱买妥之后，并代为交付海运送到巴西；采购物品中，除了书画用品之外，并有雨伞、木屐等物，我曾问大千先生，雨伞、木屐为什么也要托喜屋代购？大千笑说："不托他还托谁？反正要他代买一大堆书画用品，雨伞、雨鞋也就一起托他好了，他可以一起送交海运。"

当然，一些比较细致的事情，托交"喜屋"代办，大概不放心，大千就会专函嘱托我们这些中国朋友去办。他曾在"玉川堂"定制了一批长锋山马笔，存放在"玉川堂"，他要送人或是自己需用时，再依照他的指示刻字。一次，他听说王季迁先生要到日本旅游，遂飞函嘱我去"玉川堂"索取两套长锋山马笔，每套大、中、小三支。一套刻字"大千特制，季迁试用"，另一套只刻"大千特制"字样。送王季迁的那一套笔，也是我代送到王先生的旅社去的。

"喜屋"对大千先生托办的事情，都会办得妥妥帖帖，令大千满意。同时，"喜屋"毕竟在这一行业中有了相当历史及相当名气，一些比较特别的东西，一般人无法找到者，他都能想办法找到。看来，大千视"喜屋"为他在日本采购书画用品的"总经纪人"，应算是所托得人的。

装裱画件，也是大千常到日本的目的之一。喜屋并不裱画，但大千有时也将一些比较普通的画件交给喜屋，"喜屋老板"就交给他弟弟去装裱。

装裱大师

大千所收藏的古书画，以及他所精心仿作的古代名家书画，就得交给他一手调教的"黄鹤堂"主人目黑三次去慢工干细活了。大千对裱画师匠非常重视，选择十分严格。早年在大陆时期，平津、苏州、上海等地，著名装裱店家林立，大千更是常年雇有专属裱画师，为他服务，大风堂的画作及藏品，装裱都是第一流的。及至离开大陆之后，最初，港、台等地都没有适当的裱画师，大千遂只好在日本"就地取材"。大千初遇目黑于二十世纪五十年代初期，当时，目黑不过是一个三十来岁的小伙子。此人从小就对裱画有兴趣，也有慧根。目黑一九一八年出生于本州岛中部靠日本海滨的新潟市，十四岁就到当地一家裱画店当学徒，启蒙老师是一位裱中国水墨画的老师傅。成年出师之后，他辗转到东京求发展。张大千离开大陆定居南美洲后，到日本旅游，并物色手艺高明的裱画师。目黑经人介绍，见到了大千。

目黑的基本功不错，年纪轻，肯学习，大千认为"孺子可教"，遂指引他专门着力于古书画的维护修复。刚开始的时候，大千不厌其详地在整修技术及古画规格等方面加以解说指导，每交给他一件待修的古画，大千必然会对这幅画的年代、背景、内容等，耐心地解说清楚，叮咛他在整理修补时，注意"保持及恢复"藏品的内涵精神及艺术生命，尤其要中规中矩，保持传统风貌。甚至在揭裱技术上，大千也会提示若干要诀。有时，还会提供他一些整修古书画时不可或缺的古

日本裱画名家、黄鹤堂主人目黑三次。

老纸张等用材。（目黑遵照大千的教导，将古旧书画拆卸下来的零碎纸张、裱缎、裱布、垫层或轴头等，一概保存下来，以备将来用在整补其他古画上。目黑曾让我看过他的一个大木箱，里面分门别类保存着一些古旧碎纸碎布；另一盒子里，保存着一些古旧书画轴上的旧题签等。）

大千对目黑所整修的书画，要求非常高，几近挑剔的程度。因此，目黑对大千所叮咛的事项，都当场笔记下来，作为操作的指针，事后再细心钻研。

目黑肯用心，对大千的指导教诲，举一反三，又能从实际工作中不断获取经验，精炼技术，不用几年工夫，遂成为颇有名气的古画整修专家了。大千照顾他不少生意。其他，收藏古书画丰富的国立东京博物馆、日本MOA美术馆，以及美国纽约的大都会博物馆等，都是他的长年主顾。

目黑的堂号是"黄鹤堂"，却没有店面。黄鹤堂位于东京麻布住宅区内，日式住家宅院，木造平房，大门是毫不起眼的普通人家木门，经常关着，访客必须叩门才能进入，大门口屋檐下挂着一块小小木牌，上书"黄鹤堂"三字，这就算是招牌了。屋内倒还宽敞，不像住家，厅堂里悬着几块特大型裱画板，是一个颇具规模的装裱工作室。通常，屋里静悄悄的，似乎只有他一个人工作，没有助手，没有徒弟。一次，我问他：为什么不收徒弟？他说工作太忙，没有时间教人；又说他儿子正在跟他学艺。我问他儿子学到什么程度了，是否可以为他分劳，他一本正经地答说："还差得远哪，现在还在学做糨糊。"

说到糨糊，目黑非常认真，他认为这是修补古画的所有材料中，最不可以马虎的一项。其他如裱绫、底绢、托纸、轴干、轴头等，均属次要，这些东西如果弄错，还可以重新换过，可是，如果糨糊不佳或用糊不当，对画件所造成的伤害，是无可弥补的。

我第一次发现目黑是一位肯上进的"有心人"，是在一九七〇年夏天，台北故宫博物院主办"国际中国古画研讨会"，大千受邀参加；大千从巴西专程回台，路过东京，曾稍作停留休息。目黑听说大千到了东京，特地赶到旅馆拜访，并说他想"自费"到台北去"列席"此项讨论会，他自知不够资格参加"讨论"，他只是想趁此机会去拜识一下中国古画装裱的规格等等。大千同意带他同行，目黑自是高兴万分。当晚，目黑辞出之后，大千对我们说："这一次应邀到台北开会的中外人士有数十位，都是中国艺术史或中国书画专家。可是，能够注意到中国古画装裱规格及装裱艺术的，恐怕只有目黑这一位专家了。"

大千对目黑的手艺是赞不绝口的，常常说目黑的手艺已经不比大陆的老师傅差，并说目黑有些活儿做得比一些老师傅还细致。起初，我并未十分注意目黑的真正能耐，有时甚或怀疑大千先生的赞辞未免言过其实；直到一九八二年秋间，我有机会由目黑领着仔细观赏他的一些成品，并听他现身说法，讲解他整修这些名迹的经过时，我才由心底发出赞叹，不禁对他刮目相看了。

那是一九八二年十月上旬，美国纳尔逊博物馆及克利夫兰博物馆联合主办的中国书画"八代遗珍展"巡回到东京展出的时候。这个展览，搜集了中国周、汉、唐、北宋、南宋、元、明、清八代书画真迹二百八十多件，堪称洋洋大观，在美国展出时即曾轰动一时。到了日本，由国立东京博物馆负责接办，盛大展出。

在开展前约一个星期，我到黄鹤堂去找目黑，托他为我整修一些小书画。在闲谈中，目黑问我是否知道"八代遗珍展"的事，我说："知道，东京博物馆通过外国记者俱乐部通知我们去参观采访。"

"您会去参加揭幕典礼吧？"目黑问我。

"我会去，十月五日上午。"我说。

"我也会去，我也收到了请帖。希望那天能在那儿见面。"目黑说。

目黑的声音很低，我没有完全听清楚，似乎听到他说收到了请帖，遂提高嗓音问他：

"有请帖吗？"

"是呀！"

说着，目黑从座后小几上的一个长方形木盒里，郑重其事地拿出一个印制精美的大信封来。我一眼看去，不禁大吃一惊，那精致的特制白色大信封上，印着"国立东京博物馆"的头衔，收件人是毛笔楷书端端正正的"目黑三次样"字样。信封里的请帖上，印着揭幕典礼的时间、地点等。我半信半疑地惊声说道：

"你这是贵宾请帖呀！他们怎么这么隆重？"

目黑听了我的问话，他那淳朴诚厚的面孔上，也不禁泛起一丝得意神色，他又转身从座后的小几上，拿过来一厚本的展览目录，右手轻按在目录上，慢条斯里地说：

"这次展出的两百八十多件古画中，有十件是经过我整修的，修复得很让他们满意。"我又是大吃一惊，迫不及待地翻开那一厚册目录，催着他说：

"哦！快告诉我是哪十件？"

目黑一面翻着画册目录，一面如数家珍地说着：

"三十四号的南宋绢本《早秋夜泊图》，三十五号的南宋绢本《百子图》，三十八号南宋绢本《喜鹊野兔图》，四十五号南宋绢本马远《举杯邀月图》，九十一号元代任仁发《九马图卷》，一五二号明代《晶玉葡萄图》……"

十月五日那天，在上野公园国立东京博物馆举行的画展揭幕仪式上，目黑夫妇身穿和式礼服，在贵宾席上正襟危坐。仪式结束后，目黑陪着我入场参观，我特别请他带我到他所整修的每一件画作前细看，并请他简单说明整修过程。那几幅经他整修过的绢本宋画，虽然已是千年以上古物，但墨彩灿然，古朴中透出优雅灵气。名匠身手，果然不凡，难怪他会受到"贵宾"礼遇了。

国际闻名

黄鹤堂虽然没有门面，但因目黑名气大，世界各大美术馆及私人收藏家抱了藏品来叩门求诊的很多，他手上经常有着做不完的生意。加以他的工作态度是"慢工干细活"，他绝不赶工，"轻而易举"的活儿并不愿接，他喜欢接受疑难杂症的挑战。

我为了深入了解他的经营作业方式，曾有好几次带了我的一些藏品去叩门求诊，结果都因他索价太高而未成事。一次，我买到一幅彭玉麟（清朝咸丰、同治时代的名将）画的梅花大中堂，破损得很厉害，一般裱画店是绝对没办法修复完整的，我专程带了画件去黄鹤堂。目黑把画钉挂在壁上端详了一阵，又取下来透光检视了半天，很慎重地对我说：

"画面虽然破损得厉害，但没有伤害到笔墨，画的'真面目'可以保住。原画用的是乾隆纸，幸好我存有这种纸，可以修复到原来模样。"

通常，假如这件画是大千先生嘱我代为送去的，在听了目黑这一番"诊断"说明之后，就会把画留下，请他尽力而为，然后就由他进行修复工作；整修完善之后，电话通知我去取件，再照他的索价付款，从来没有先问修理费额的。好在我这次拿去的彭玉麟梅花中堂，先已说明是我自己的东西，我不会像大千那样不问价就托交给他修裱。我试探着问道：

"这样弄弄，要多少钱？"

他显然不习惯这样的交易方式，面有难色地答说：

"这还算不出来，我不知道要费多少时间。"这时，我和他已经很熟，但并不知道他是按时计酬的。我催着说："大概估计一下呢？"而他果然很认真地心算了一阵，说道："大概要六十万元。"

当时，我要是不知道目黑素性淳朴厚道，准会大骂一声："莫名其妙！"这是在二十多年前的事，索价六十万日元修裱一幅画，还不够"荒唐"么？

我捺住性子，苦笑着说："这可比这幅画还贵上十倍不止哪！"

不想他却一本正经地解释说：

"我不懂画，我也不知道这幅画值多少钱，这些都与我无关。我是按照我所用的材料，与我所费的时间与工夫来计酬。这幅画，要把它整修到恢复原来面目，必须把画面整幅揭裱开来，再贴裱到一整张乾隆纸上去。乾隆纸多名贵，整幅揭裱及重贴多费工夫？我并没有乱要钱呀！"

听他讲得也有道理，但六十万日元毕竟不是小数目，连目黑也劝我："如果不是一件非常名贵的古画，就不必花这么高的整修费了！"我只好作罢。

还有一次，我有幸收得一柄原是梅兰芳的老秘书许姬传收藏的明朝金笺折扇，画家是明朝末期享有盛名的王建章，两面画的都是山水。笔墨老练，意境超逸，唯因年代太久（距今已将近四百年），扇面已两处断裂，成为三截，残破不堪了。我以明朝"成扇"极为难得，（书画界术语，称完整带扇骨的折扇为"成扇"。）不忍心将其拆下裱为镜片，遂携扇遍访台、港两地裱画店家，希望能将断裂的扇面接合，保留下一柄明朝扇子。不想台、港装裱专家们均摇头拒接这笔生意，都认为年代太久，金笺扇面容易碎裂，不敢轻碰。在多处碰壁之后，我只好求助于目黑。目黑仔细检视了一番，对我表示，他从没有整修过中国折扇，但极愿接受此一新挑战，他并无把握将断裂的扇面在扇骨上完整接合，但极愿一试。不过，他可保证，纵使接合不成，他会把断裂的扇面拆裱成两个完整镜片给我。我重托给他，三个月后，他电话通知我去取件。展阅之下，我几乎不敢置信，眼前所见的，竟是一柄丝毫看不出裂痕或破损的完美洒金折扇！目黑手艺之精巧，着实令人心折！

目黑多次向我谈及他不懂中国书画。起初，我并不相信，我总以为他这样一位整修古书画的高手，怎么可能不懂书画呢？一次，我去他工作室（也是他的寓所）聊天，看到壁上挂了一幅中国古画，仔细一看，竟是我国明朝大画家仇英画的一幅工笔人物大中堂。我问是谁拿来整修的，目黑说："前几天，有人持此画来求售，我不懂画，但看看这幅画的纸张、笔、墨及印泥等，都是四五百年前的旧东西，也许不一定是仇英所画，但至少是一幅古画，画面也很美，价钱不贵，我就买下来了。总还是一幅明朝画呀！"

看来，目黑虽然不懂画，但是，裱画多年，经验丰富，对古画鉴识也有他的一套理论基础。大千先生一九八三年过世之后，我再未去找过目黑。大约在一九九〇年前后，我在一本日本艺术杂志上看到目黑去世的消息，推算他的年龄，逝世时应是七十三四岁。目黑以修整古书画这一门"雕虫小技"而扬名于国际美术界，张大千调教指点之功，实不可没。我在大千生前曾向他抱怨过，费了这么多精神及金钱，为日本调教出一个目黑三次来，让他扬名世界，实在太便宜日本了。一向豁达洒脱的大千笑着说："我帮忙调教出一个目黑三次，对中国也是有好处的，许多中国古书画文物，都靠目黑的高明整修手艺而得以保存下来，对中国文化也有贡献呀！"

大千这一段话，也许可作为他的日本情结的一个注脚吧！

二
宇宙难容一大千

仓皇离乡
迁居印度
投荒南美
亲情难舍
进军欧洲
功亏一篑

仓皇离乡

张大千的艺术生涯,从弱冠之年算起,到他八十五岁逝世,约六十五年。这六十五年,分为两个阶段:三十一年在大陆(大千于一九四九年底,五十一岁时离开大陆),三十四年在海外。因此,他当年在成都易手前夕仓皇出走的一幕,不仅是他个人生命史上一次影响重大的行动,也是他艺术创作生涯中一次关键性的行动。

话说当年,一九四九年,是国内局势变动最大的一年。

大千眼见局势不妙,必须赶快筹措逃难费用及安家费用。秋间,他只身带了一批近作及画具,到香港和台湾举行画展。

十一月,他在台北的画展刚结束,听说国民党的许多军政大员均已撤退到台湾,他的老友于右任也已到了台北。他去拜会于右任,原想打听时局,右老听说大千只身在台举行画展,大惊失色,连忙警告他赶快回成都接眷逃离,说成都很快就会撤守,

溥心畬先生题张大千像片,有"宇宙难容一大千"句。

再迟就来不及了。

大千获知情况如此危急，焦灼万分，但当时台湾与大陆之间的交通已经断绝，根本无法回成都了。正在走投无路之际，大千忽然接到时任"东南军政长官"陈诚邀约餐叙的一份请帖。大千当时已经没有兴致参加这类应酬活动，本拟谢绝，幸而他的好友高岭梅提醒他，陈诚是当地最高军政首长，也许可以帮他安排交通工具回成都。大千怀着一线希望去赴宴，到了陈诚官邸，才发现那天的客人还有"旧王孙"溥心畬、台籍水彩画大师蓝荫鼎等。宴席间，陈诚询及大千为何只身在台，大千告以实情，并说现在急着回成都接眷却回不去了。陈诚立刻表示可以代为安排搭乘军机去成都，并当场指示"省府秘书长"浦薛凤向空军联络。

第二天，大千即搭乘空军飞机回成都。抵达之后，才发觉成都已是危城，机场上、街道上，拥挤着逃难的人群。大千匆匆回家去了一趟，立即赶往成都军校去看他的老友张群，张群当时是"西南军政长官"，正随侍国民党总裁蒋中正先生住在军校里。大千要求张群为他设法安排逃离的交通工具，张群遂为他在撤退人员乘用的军机上找到三个座位，让他携带一位太太及一个孩子同行。（当时，大千的四位太太及十多名子女都在成都。）大千特别提及他收藏的一些古书画名迹也得带走，张群又吩咐在机票上写明"特准携带行李八十公斤"。

大千回到家里，匆忙整理所收藏的精品书画，发觉超出张群所给他的行李重量太多。于是，大千再去请张群设法，张群表示撤退军机已不能再多带了，只好分别托请蒋总裁的机要秘书曹圣芬及空军武官夏功权，当作他们的行李，搭乘蒋总裁的专机载运。结果，曹、夏两人各为张大千带了一大包古书画从成都撤退到台湾。

这批古书画，后来在张大千寄迹海外的三十多年里，对张大千帮了大忙，大千携同家人逃难、旅行、安家、建园及生活费等，卖他自己的画不够支应时，就卖所藏古书画挹注。一九七五年，蒋介石在台北逝世，张大千从美国赶回祭吊，在蒋介石灵前，大千向新闻记者谈及当年从成都出走的经过，曾说幸得蒋介石协

大千先生与随同他从成都逃出的徐雯波夫人合影。

助,他的古画珍藏能安全运出成都。大千说:"我能活到今天,还有饭吃,都是蒋介石所赐。"(见一九七六年一月三十一日台北"中央日报")

大千携带夫人徐雯波、小女儿心沛,到台湾后不久,国民政府就全面搬迁来台。此时,大千想到,他如果在台湾住下去,将会有许多不便。因为,他有一大家子人在大陆,将来他的家人如果有机会离开大陆,就很难到台湾来找他了。当时,雯波夫人心里也有同样考量,她随大千从成都出走时,匆匆忙忙,又限于军机座位,她的一对亲生子女,女儿心碧三岁多、儿子心健不足两岁,都未能带出来,跟着她出来的是二夫人黄凝素所生的女儿心沛。雯波夫人想到自己一对小儿女,父母都不在身边,她当然心疼不已,总希望有一天能把一对小儿女接出来,甚或由她自己去把儿女带出来。因此,雯波夫人也希望能住到香港去,也许还可能和大陆通通消息。（结果，雯波夫人再未和她这一对小儿女见过面，多年之后，她才辗转得知：女儿心碧活不了几岁就病死了，儿子心健活到二十一岁，在"文化大革命"中被整死了。雯波夫人多年后向友人谈及这段往事，仍是伤心欲绝。）①

再说大千当年为了与留在大陆的家人保持联系，遂于一九四九年底，从台北携同妻女移居香港。

迁居印度

大千到香港借住在友人家，顺便观察了大陆及香港当地情势，发觉香港也不是可以久居之地，恐怕还得另找地方安家。他早就有意去印度观摩佛教壁画，当时台湾方面驻印度"大使"罗家伦原是大千老友，经联络后，由罗家伦安排大千到印度新德里举办画展，并游历印度古迹名胜。大千特地到我国神话小说《西游记》唐僧取经的地方阿旃陀去观摩壁画，证实了印度壁画与我国敦煌石窟的佛教壁画并不一样，敦煌壁画应该说是以中国传统方法来表现的佛教艺术，并不是印度佛教艺术的翻版。

大千在印度各地游历时，到了印北的大吉岭，发现当地风景秀美，民风朴实，且有八九十位华侨，有如世外桃源一般。大千经历了几个月来的流离奔波，立刻爱上了这一片清幽乐土，遂租屋定居下来。

最初两三个月，大千每天游山玩水，作画吟诗，倒也自得其乐。但大千是喜欢热闹的人，自从出道以来，无论在上海、北平、苏州、成都、香港各处，身边从没有少过人，即使是在敦煌石窟面壁的那三年，也还有一二十名家人、子弟、门生及青海喇嘛为伴，而且每天有临摹壁画的工作在做，所以丝毫不感到寂寞。

① 见谢家孝著《张大千传》第 474 页。

现在只有一妻一幼女在身边，画了好画，无人共赏；做了好诗，无人唱和，甚至连"摆龙门阵"的对象都没有，这份孤寂无聊，绝不是大千忍受得了的。

在孤寂中，大千怀旧思乡的情绪特别浓重，他最难忘的是留在成都的一大家子人，于是，吟诗遣怀成了他每日的功课。试看他怀乡念旧的两首题画诗：

浓绿堆寰尚嫩寒，春来何处强为欢，
故乡无数佳山水，写与阿谁着意看。

故山猿鹤苦相猜，甘作江湖一废材，
亭上黄茅吹已尽，饱风饱雨未归来。

怀念家人，他总盼望得到家书，但家书总是草草几句闲话，更增加了他的忧心。他的一首《收家信》诗句，充分表达了他的情怀：

万重山隔衡阳远，南望边天雁字难，
总说平安是家信，信来从未说平安。

在大吉岭期间，另一件让他困扰不安的事是"穷"。大千常说，他一辈子从没有"富"过，可是，却从来不愁没有钱花。像在大吉岭这样"卖画卖不掉，借钱无处借"的苦日子，倒是从未有过。尤其有一次他爬山伤了腿，行动不便，卧床数月，入夜不寐，赋诗自嘲：

小屋如笼鸡并栖，老风老雨总凄凄；
苦吟拥被山妻起，认是饥猿作夜啼。

在大吉岭住了一年，大千后来对人说：他在这一年里，画了不少好画，作了不少好诗，但精神生活、物质生活都很苦，简直到了非走不可的程度。如是，他从印度迁回香港，另觅栖身之处。

有朋友劝他"一劳永逸"，干脆迁远一点；南美阿根廷远在南半球，欢迎外国移民，应是可以定居之地。

　　此时，大千的爱侄心德，和他的三儿葆萝，带了两个弟弟，从大陆出来，到香港找到大千。大千身边多了这四名年轻的生力军，雄心顿起。看看亚洲附近再也找不到理想的安家立命之处，索性慎重考虑"投荒南美"的计划吧！

　　他先随朋友到阿根廷去旅游了一趟，看看果然很合理想。回到香港后，又特地到台湾一游，还去了日本，征询几位老朋友的意见。在众多友好的祝福下，大千回到香港，积极筹备迁居南美的行动。

一九五〇年，张大千印度新德里画展目录封面。

　　所谓"筹备迁居行动"，最重要的就是筹钱，而且是"筹大钱"，绝不是卖几幅张大千自己的作品，或者向几位朋友"周转周转"就可以筹齐的。大千知道必须"割爱"几件国宝级的顶尖藏品才行。这就是大千最心爱的所谓"南北西东只有相随无别离"的两件唐代名迹，顾闳中《韩熙载夜宴图》与董源《潇湘图》不得不转让出手的原因。

有关《韩熙载夜宴图》《潇湘图》二图转让经过的传说很多，据谢家孝在《张大千传》中记述，张葆萝曾告诉他：一九五二年，大千为筹措迁居阿根廷的旅费及安家费，只好将《韩熙载夜宴图》与《潇湘图》卖给香港古董商陈仁涛，获价五万美金。葆萝说当时在香港有一位有财力的外国古董商人麦士泰，也多次向大千先生买过石涛的画，他可以出较高的价，但大千在出售这两幅珍品时，仍有其原则，宁肯让售给中国人，不让国宝级的名画流入西洋人手中。后来，这两幅名作，经陈仁涛之手由大陆收购。①

投荒南美

筹足了旅费，大千率领妻儿，带了近百箱的行李与一大群猿猫骏犬等宠物，浩浩荡荡，"投荒南美"，到阿根廷去了。初到之时，非常开心，大千以为他这才找到真正的世外桃源了。他择居在风景优美的门多萨，租了一处极具园林之胜的花园洋房，并为洋房题名为"昵燕楼"。大千在门多萨稍事安定之后，即细心绘制了一幅《移居图》，寄给在台北的盟弟张目寒，并题了一首诗：

且喜移家深复深，
长松拂日柳垂荫。
四时山色青宜画，
三叠泉声淡入琴。
客至正当新酿熟，
花开笑倩老妻簪，

---

① 见《张大千传》第 464 页。

近来稚子还多事，

黯绿篇章学苦吟。

张目寒收到大千寄来的《移居图》后，拿去给大千老友"旧王孙"溥心畲看，溥老细细欣赏之余，想到大千从成都仓皇出走以来，先后在台湾、香港，以及印度等地落脚，竟然找不到一处安身立命之处，最后只得远走南美，一代艺坛奇才，流离失所，时耶？命耶？自引起溥老许多感慨，于是，援笔题下他的感怀诗：

莽莽中原乱不休，道穷桴海尚遂游，

夷歌卉服非君事，何地堪容昵燕楼？

大千在门多萨租屋住定之后，即开始办理长期居留手续，决意在此定居了。不想，事情大出意料，居留手续竟然久久办不出来。起初，大千尚以为是所托非人，所以遭遇留难。可是，换人再试，仍然未获通过。大千最后得到消息，他的居留不可能获准。至此，不是大千愿否在此长期定居，而是阿根廷政府是否同意他在此定居了。阿根廷既迟迟不核准他的居留申请，他只好又整装上道，另觅栖身之地。

大千在阿根廷住了一年，再经友人介绍，举家迁往巴西。

这一次，他学乖了，先办妥了移民手续，并打听清楚可以在巴西购地建园定居，一切稳稳当当，才从阿根廷迁巴西。

巴西政府对张大千果然竭诚欢迎，在购地、建园等定居安排上，尽量给予方便及通融，大千也就真心诚意地在圣保罗城近郊的摩诘山下，投下庞大的资金，竭尽无比的心力，全部按照自己的规划及设计，在南美洲建造了一座完全中国式的庄园"八德园"。

在八德园的建造过程中，他每年例必到东方来赏梅避暑。（巴西在南半球，气候与北半球正相反，东方的赏梅季节，正是巴西的盛夏。）

一九五五年秋，大千到日本，正遇上溥心畲从韩国访问后回台，路经东京，

张大千及其盆栽。

两位老友意外相逢于异国，免不了一场翰墨畅叙，溥心畬想起上次在台北曾为大千初抵阿根廷时的《移居图》题诗，曾几何时，怎么又搬到巴西了？这位旧王孙感触万端，提笔在大千的一张近照上题下他那首脍炙人口的诗句：

　　滔滔四海风尘日，宇宙难容一大千，
　　　却似少陵天宝后，吟诗空忆李青莲。

张大千早年常自己号称四海为家的"江湖客"，曾烦请曾绍杰作篆"家在西南常作东南别"印章以自况，至今想想自己原是北半球人，现在竟然迁到南半球定居，倒是应该另刻一方"家在北半球，竟来南半居"的印章以纪实了。何怪乎溥心畬有"宇宙难容一大千"之叹呢！张大千自从成都出走离国，屡次搬迁，而且越迁越远。这些年来，大千的老友谢稚柳、于非闇、叶浅予等，都曾写过信或撰写文章劝他回大陆，大千始终未为所动。老友们对他也多能体谅了解。谢稚柳说得最为透彻，谢说：他虽然也曾写过信劝大千回国，其实，他是不赞成大千回去的。他认为：大千过惯了那种养尊处优的生活方式，还是让他在海外过那"小资产阶级"的生活吧。

亲情难舍

大陆方面对大千的亲情攻势，一直是连绵不断，大千最感难以应付的也正在此。他本是极重亲情的人，离家出走时却只带走一妻一女，留下一大家子人，叫他如何割舍得下？每次接获家信或听到家人消息，他总要难过好几天，有时甚至会老泪纵横。

最激情的一次是一九六三年夏天，大陆的统战部门派出大千最喜欢的女儿心瑞，带了她活泼伶俐的小女莲莲，到香港探望六十五岁的老父。当时，大千已在巴西建园定居，听说心瑞和莲莲要来"探望"，高兴异常，亲自从巴西专程赶到香港，接了心瑞母女一同回巴西八德园享受天伦之乐。

心瑞母女在八德园住了将近十个月，大千这段时间心情非常好，创作兴致特高，由心瑞随侍笔砚，大千画了不少好画；心瑞也喜欢画事，大千细心加以指点，并在心瑞的一些习作上亲加题识。大千曾在心瑞所画的一幅荷花上题字："瑞女初学画荷，颇有韵致，喜为点缀数笔。爱翁。"又在心瑞所临的一幅《岁朝图》上题："小女心瑞，自蜀远来省侍，温渍之余，闲效老夫墨戏，颇窥堂奥。此临近作岁朝图，喜为润色。爱翁识。癸卯秋日。"心瑞又曾在八德园度过她的

张大千舍饴弄孙图

三十六岁生日，大千特别将年前所作的巨幅山水《八德园一角》相赠以作纪念。

这段时间，大千给心瑞母女画了不少画，并曾应心瑞之请，画了许多精彩画作分别寄赠重庆市委统战部、宣传部与四川美术学院。

父女经常深夜长谈，心瑞费尽口舌，促劝老父回国；大千坚决拒其所请，反而尽力劝说心瑞母女留下来。

父女两人互相劝说，结果总是谁也说服不了谁。大千极力"笼络"心瑞，据说心瑞好几次动心，想留下来，但终因丈夫及幼儿均在大陆，使得她不得不婉拒老父的恳切挽留。

大千见留不住心瑞，遂改而要求心瑞让六岁的莲莲留下来，由外公、外婆抚养，别让这聪明可爱的小女孩再回去。可是，心瑞舍不得女儿，坚持要将小女儿带走。

大千说不动心瑞，又改而对小外孙女直接进行说服，希望小莲莲能够"自作主张"留下来。莲莲夹在慈祥外公与亲生慈母之间，犹豫不决，不知如何是好。一天，大千在万般无奈的心情下，提起画笔，以八大笔法，画了一只犹豫不决的小鸟，伫立在一方巨石上，神情落寞地望着远方。画成，大千随以泣血笔触，题下至情至性的几句话："送一半，留一半，莲莲，莲莲，你看看，到底你要那一半？爱翁。"最后，大千不忍让小莲莲母女分离，只好同意小莲莲带了这幅《送一半，留一半》的小鸟图，跟着心瑞回大陆去了。

张大千画赠莲莲的《送半留半图》。

心瑞母女在巴西八德园住了将近十个月,从一九六三年五月住到一九六四年三月中旬。她们辞别时,大千又亲自从巴西送她们到香港,依依不舍地望着她们离开。

大千在心瑞母女离开八德园前夕,拣出他的一幅新作山水《摩诘山园图》相赠并在画幅上作一长题:"此予新得,盘礴泉石之胜,当为摩诘冠。闲日径游,外孙女肖韶(大千为莲莲新取的名字)辄相随,憨跳其间。顷将还蜀,治乱不常,重来知复何日?言念及此,能无怅恨!俾以此图,永以为念!身其康强,子孙其逢吉,祝汝,亦自况也。甲辰三月,爰翁。"

进军欧洲

再说大千在巴西完成建园,安定居住下来之后,即开始筹备向欧洲发展的计划。

一九五六年四月,大千结束了在东京由日本"朝日新闻社"主办的"张大千临摹敦煌石窟壁画展览"。于五月间,偕同夫人徐雯波去欧洲,从意大利转往法国巴黎,住在表亲郭有守(子杰)家里,[1] 准备举行画展。

大千是认真地要实践他向西方艺坛进军的宏愿了[2]。

这是大千第一次到欧洲,更是第一次在欧洲办画展。他认准了巴黎是西方艺术之都,他的第一次展览就选在巴黎东方博物馆[3]举行,他以三十七幅色彩鲜艳的临摹敦煌壁画的巨作,作为进军法国艺坛的叩门砖,并配合展出了六十幅大风堂所收藏的古画名迹。紧接着,大千又在法国巴黎近代美术馆举行"张大千近作展"。两次展览密集在巴黎的一流博物馆展出,张大千在巴黎艺坛的第一炮打响了。

大千雄心勃勃,趁着在巴黎艺坛打响了知名度,执意要去会见毕加索。据说,当时连赵无极、郭有守与萨尔馆长等,都认为毕加索脾气古怪,以张大千在中国画坛的盛名,万一被毕加索拒见,那怎么下台?但张大千相信毕加索既然是大艺术家,想必也听说过张大千其人,应该乐意与东方的艺术家相晤。如是,径自聘了一位翻译,和毕加索联络。

---

[1] 郭有守,四川人,大千的表亲;早期留法,获经济学博士学位后,曾任四川省教育厅长;国民党政府搬迁来台后,曾任"驻法大使馆文化参事",后任"驻联合国教科文组织代表"。

[2] 据谢家孝著《张大千传》第211页,大千先生在远迁南美之前,曾经要他的宗弟张目寒去香港与他小聚,那是一九五二年的夏天,他谈起决定移居海外的理由说:"远去异国,一来可以避免不必要的应酬烦嚣,能于寂寞之乡,经营深思,多作几幅可以传世的画,再者,我可以将中国画介绍到西方。中国画的深奥,西方人极不易了解,而近来偶有中国画的展览,多嫌肤浅,并不能给外人留下深刻的印象,更谈不上震惊西方人的观感!"

[3] 法国巴黎的赛努奇博物馆(MUSÉE CERNUSCHI)为音译,即本书所称之法国巴黎东方美术博物馆。

张大千与郭有守合影于巴西八德园。

果然,毕加索表示非常乐意会晤张大千,并邀约大千夫妇共餐。

当代东、西两大艺术家,历史性的会见就这样实现了,并自此订交。

张大千第一次欧洲行的成果如此丰硕,连他自己都感到意外。随后数年,他多次访问欧洲,巴黎一直是他的活动中心,郭有守是他的联络站,他投注了不少心力,来经营他新开辟的"欧洲战场"。

此时,年届六十的张大千,深受糖尿病及眼疾困扰,工笔细画已不能画,只能大笔挥洒。他从水墨迷濛中悟出破墨泼墨,又从青山绿水中悟出泼彩。泼墨技法来自中国传统,泼彩及墨彩融合泼洒却是大千首创。二十世纪六十年代中期,大千的泼彩画法达到成熟完美境界,这与西方抽象画不谋而合的巨幅重彩画作,将是张大千进军西方艺坛的"重武器"。他在巴西"八德园"中埋头作画,大泼大洒地完成了不少彩墨混融的巨构,准备在欧洲艺坛作一鸣惊人的出击。

可是,非常不幸的,当张大千万事齐备,正要大举进军西方艺坛时,晴天霹雳，他在欧洲的联络活动中心人物郭有守出事了！

起初，郭有守出了什么事？怎么样出事？为什么出事？……统统不清楚。郭原为台湾驻巴黎"大使馆"文化参事，法国和中国建交之后，郭移居比利时，在台北驻联合国教科文组织"代表处"任职；他仍持有台北公务护照，在国际上亦具有"准外交人员"身份。出事之当时，他的办公室同事因他连日未上班，住处或朋友处亦找不到人，正惊讶于郭何以"神秘失踪"之际，突然，瑞士日内瓦警方宣布逮捕了在瑞士"从事间谍活动"的郭有守，而且，诡谲莫测的是，瑞士警方宣称，与郭同时被捕的，还有北京驻巴黎大使馆的一位三等秘书。

郭有守突遭逮捕又神秘消失的消息，经瑞士及法国新闻媒体报道之后，欧陆各界为之震惊。大千在巴西得知郭有守"出事"的消息，惊骇莫名，立刻派遣儿子葆萝飞往法国及比利时探问究竟。葆萝去到当地，并未探听到什么。葆萝经过有关人士同意，取回了大千留在郭有守处的一些书画物品。大千这些年赠给郭有守不少画件，只要上面题有郭有守上款的，一概由台北方面派去的人搜集整理，运回台湾，交由台北历史博物馆收存了。

郭有守出事，带给大千很大刺激，既惊骇，又感伤。

功亏一篑

失去郭有守，大千在惊骇之余，放弃了进军欧洲艺坛的全部计划。而且，从此未再去欧洲。

欧洲计划成了泡影，大千身心都颇受挫折。本来，满怀雄心壮志的张大千，首创泼墨泼彩技法成功之后，他很得意地请王壮为刻了一方"辟浑沌手"的印章，钤盖在巨幅泼墨山水画上。更奇特的，他为一九六五年刻了一方以公元纪年和民

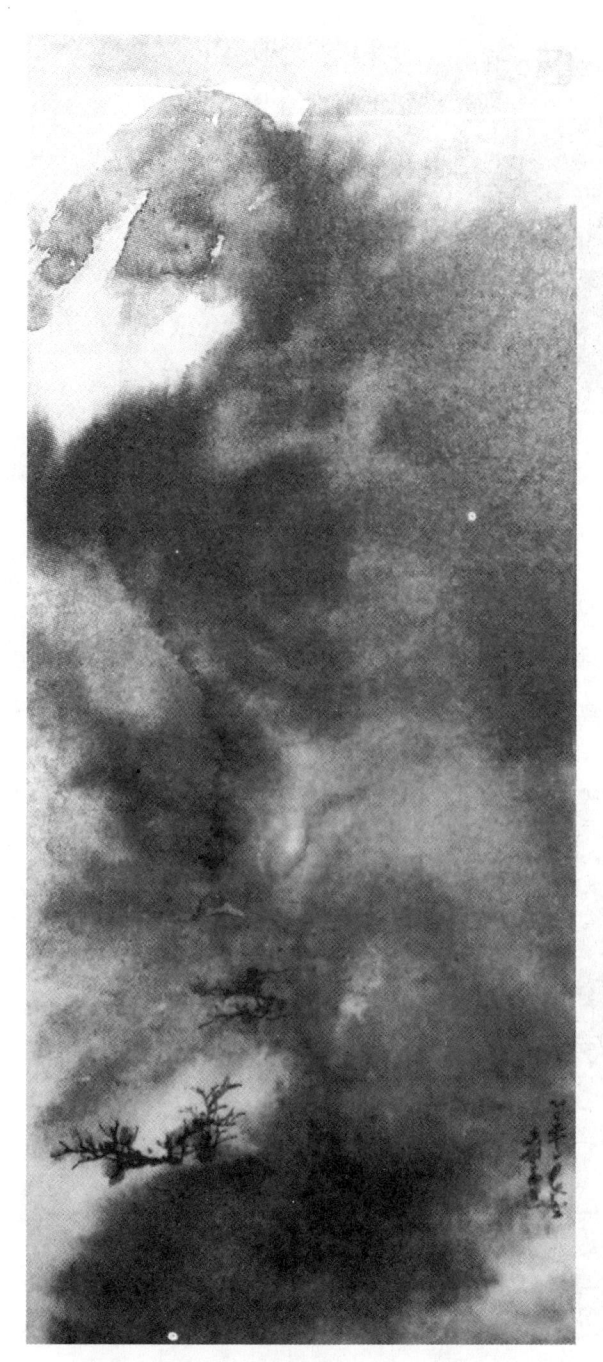

二　宇宙难容一大千　055

张大千钤于泼墨泼彩巨作印——
"辟浑沌手"（王壮为刻）。

仅此一见的张大千"公元"纪年印。

张大千在《春云晓霭图》上钤公元纪年印。

国年代并列的纪年印，而且公元纪年是刻的罗马数字。葆萝告诉我：这方印，是大千亲自设计，交由一位门生奏刀，再经大千亲自修饰过的。显然，这是准备钤盖在进军国际艺坛或国际市场的作品上的。这方印，只在一幅《春云晓霭》等少数画作上出现过。以后，随着欧洲计划的放弃，这方印就弃置不用了。

张大千从巴西迁美，所购新屋"可以居"。

此后一年多，忽然传出巴西为建造水坝，大千苦心经营十多年的八德园将全部淹没于湖底，巴西政府虽然愿意补偿一切损失，并鼓励大千在巴西另行觅地建园安家，但大千经过二十年的流离折腾，终于发觉南美亦非世外桃源，巴西既已

张大千之子张心智（右）、张葆萝（左）在环荜庵。

远眺摩耶精舍。

不容安居，还是迁地为良吧。

　　他选定了华人朋友较多、物质文化最先进的美国西岸。经朋友介绍，他在美西滨海地区的卡米尔（Carmel）买了一所不算宽敞的住宅，并为新宅命名为"可以居"。

　　一九六九年秋间，大千率同夫人徐雯波及儿子葆萝、幼女心声及孙女等，离开居住了十七年的巴西八德园，移居到美西的卡米尔。

　　"可以居"这个名字，虽然在画史上有其来历，但是，大千借用这个名字以额其新居，难免是有"勉强可以暂住"的意思。因为，这房舍对大千一家老小来说，实在太小了。

　　果然，在此住不过一年多，大千就在邻近的"十七哩海岸"（Pebble Beach, Seventeen Miles Drive）公园住宅区购得一处庭园很大的住宅，大千为之命名为"环荜庵"。

园地够大，大千辟园、种树、建亭、立碑的兴致又起。他在园地上植梅百株，并从海滨购来一块巨大碑石，就是后来的"梅丘"巨碑，又从巴西运来"笔冢"石座，看来，他已决意在此长住久居了。"聊可亭"的命名，可以看出他对环荜庵是相当满意的。

可是，连他自己最初也未想到，在环荜庵住了将近七年之后，八十岁老人忽然动了落叶归根之念。

即使不能回大陆，他也要搬到跟大陆最近的地方去。他决心迁回台北，在市郊外双溪

张大千夫妇摄于摩耶精舍前。

找到一块理想地皮，平地建新居，盖了一座四合院式的"摩耶精舍"。

他吩咐儿子葆萝，一定要把"梅丘"巨碑运来台湾，安置在"摩耶精舍"园子里。

园子建造完成，他嘱咐在日本的朋友为他买海棠、紫藤等花卉或盆栽，并数度派葆萝专程到日本买梅树、松树。一再叮咛，花卉一定要即时即季开花的。"隔年开花，恐怕我就看不到了！"豁达的老人毫不忌讳地说他要看马上开的花，要看开得鲜艳的花。

老人最满意的，是园子里的花在开，鸟在歌，猿在啼，人在笑，一片自然生机。老人不是早就说过"余生余事无余憾，死作梅花树下魂"么！

三

髯翁胸次有庐山

回国定居 低调开笔
台北求画 抱病赶工
大绢难求 画室惊艳
京都订货 风雨成灾
不画三峡 庐山图竣工
故国神游 庐山图余音
好事多磨 最后归宿

回国定居

张大千八十五年的尘世生涯，最后五年是在台湾度过的。当时，他以八十高龄，浪迹海外三十年之后，毅然束装回国定居，这当然不是突然的决定，是经过深思熟虑的。促成他做此决定的动机，不止一端，但基本上，应该还是"落叶归根"的缘故。耄耋之年，来日无多，颠沛流离了大半辈子，他最向往的，无疑是一个安安稳稳、热热闹闹的快乐晚年。国外生活，离群索居，宁静有余，却人情味不足；壮年时候身体好，可以到处旅行，哪怕是远居南美也无所谓，现在年纪

张大千亲自指点造园。

张大千与友人摄于摩耶精舍庭园。

大了,出远门不便,真不如住到老朋友较多的地方去,不致晚景孤寂。

半辈子"四海为家"的张大千,终于在台北外双溪觅到了他可以永远享有的一片安乐土。生前,他快快活活地住在摩耶精舍;死后,他安安静静地长眠在精舍庭院中的"梅丘"碑下。他亲手设计的庭园,他自己题写的墓碑,一切安排得妥妥帖帖,正如他创作的每一幅精心巨画一样,处处凸显着大风堂独特的墨彩遗风。

一九七八年七月,大千迁入他亲自督工建造的"摩耶精舍"。自从住进精舍之后,大千的生活过得丰满充实,多彩多姿。他忙于作画,摩耶精舍购地及建造费用等,都靠他这支笔;住定之后,日常生活的一应开支,也几乎把他压得透不过气;有人为他屈指算过,在摩耶精舍的这几年,每个月向他领取薪金的"聘雇人员"竟达十一二人之多(计秘书一人、特别护士三人,另加司机、厨师、园丁等),他全家人的生活费用以及代他总管精舍内杂物的门生、故旧等的酬劳费用等，尚不在内。为了维持开支，他只得多产画作。由于多产遭忌，当时台、港各地的确有人恶意地散布谣言说，他的画作"粗制滥造"或"有人代笔"。这两个传说，都令他气愤不已。一生逞强好胜的张大千，心想自己在六七十年的艺术生涯中，不断挑战古人，超越自己，现在竟被人中伤成如此"窝囊"，他实在忍不下这口气。于是，他痛下决心，要找机会来一次显示实力的强势出击。早年，他曾以仿造古画打响了知名度；壮年，他远去敦煌临摹壁画，为自己艺事另创高峰；而今，蜗居台湾一隅，像这样的机会已不再有了，即使是善于造势扬威的张大千，至此也一筹莫展，壮士暮年，免不了时不我与的极度郁卒。

就在这郁闷绝望之中，突然从海外传来佳音：侨居日本横滨的老友李海天，在横滨"中国城"（中华街）新建的豪华假日大饭店即将竣工，一楼大厅一片高一米六、宽幅将近九米的墙壁，李海天有意请大千画一幅大画镶嵌在壁上，作为镇店之宝。

最初，李海天考虑到大千的高龄及健康，对此计划不敢贸然进行，曾找我商量此事的可行性。（当时我正于役东京，担任台北"中央日报"驻日本特派员。）我认为此事完全要看大千的态度如何，如果大千答应做，那自然表示他健康没有问题；如果大千表示无兴趣，则一切都不必谈了。我建议不妨先托台北的熟朋友从侧面试探大千的意愿。海天遂托我给台北羊汝德兄打电话。汝德时任台北"国语日报"社社长，和大千极为接近，应该很快就可探问明白。当时，远在日本的李海天和我，都听说大千先生心情不好，却不知道原因为何，我们原以为他会婉拒海天的要求的。

出乎意料的是，大千先生反应热烈，他嘱羊汝德给日本回复电话，催海天和我到台北共商大计。

起程赴台北之前，我曾向海天探问，他希望大千先生画什么。这大概是一九八〇年春夏之交，大千先生定居台北两年左右。

河北省籍的李海天，从小在长城脚下长大，一九四九年到台湾，随即转赴日本，在横滨落脚。夫妇二人徒手创业，从餐饮业开始，逐年扩张到房地产、旅游、海运，而到现今横滨"中国城"最新豪华大饭店的兴建，事业如日中天。回想少小离家，如今事业有成，不禁对河北故乡景物怀念不已，他想请大千先生画一幅万里长城图，张挂于壁间以慰乡愁。

台北求画

我提醒海天，向大千求画，最多只能表示一点原则性的愿望，比如请画山水、花卉或人物等。如果具体指明请画某处山水，万一引起他老人家的不快，反而会弄僵，不如只表示请画山水，看看反应，要是反应不错，最好提议画长江三峡或峨眉金顶等他所熟悉的题材，以免老人家多费心神；甚或不必请画一整幅大画，能画四条屏的四季山水也行，那就省事多了……海天接受了我的意见，同意一切到台北见机行事，总以大千先生的意向为主。

到了台北，我们约了羊汝德兄一起造访摩耶精舍。记得那天是午后三四点钟，老人睡过午觉起来，精神兴致都很好，我们抵达时，老人已坐在客厅等候。寒暄过后，老人关切地问到新旅馆兴工的情形，海天答说已快要竣工了，不过，内部装设等还得费相当时间，海天趁势向老人说：

"将来开幕的时候，请先生去为我剪彩。"

老人愉快地纵声大笑，随即主动问道：

"你这新大厦完成，我该送你什么礼物呢？"

我见老人既已主动问及，机会不可错过，遂抢着代海天发言："大厦一楼大厅有一面大墙壁，海天兄想请您赐一张大画……"

不等我说完，老人即问道：

"墙壁有多大？"

我知道老人是讲中国尺码的，遂把预先折算好的中国尺码讲出：

"五尺多高，横幅三丈七八。"

老人"嗯、嗯"两声，沉吟了一阵。海天一看老人表情，以为老人要知难而退了，连忙接口为老人找下台阶：

"我想请先生画四条连幅山水，或是四条屏的山水，随先生的意思。"

不料老人大眼一睁，问道：

"为什么不画整幅一张呢？"

海天摸不清楚老人的真意，接着说：

"这样大，不好画呀！先生这么高龄，身体也不比从前……"

不想，海天这两句话正刺着老人的痛处，但见老人腰杆一挺，瞪大了眼睛，扬声向着大家说：

"你们都以为我老了，画不动了，是不是？好！我就画给你们看看，就画整幅一大张！让大家看看我张大千到底老不老！"

大千先生这一顿发作，我和海天根本听不懂他的用意何在，正不知如何搭腔，但见汝德向着我们使眼色，似是关照我们不要答话。接着，汝德以轻松口吻，打破沉寂，微笑着对海天说：

"海天兄，你们回去把尺寸量准，大家再好好计划一下吧。"

大千好像赌气似的承允作此大画，我和海天一时也不知道老人是不是认真说的，当时也不便多问。不过，至少他老人家是同意作画了。至于是画整幅一大张，还是四条连幅或四条屏，那就看老人家高兴吧！

大千经过那一阵激情表现之后，情绪很快就恢复了正常，谈笑风生，却不再提画画的事。当天，蒙大千留饭，我趁隙把汝德拉过一旁，向他探询大千刚才为什么会那样发作一番，经汝德加以说明，我们才明白大千愤愤不平的原委。我曾问汝德：大千自告奋勇要画整幅大画，是不是认真的？汝德答说不一定，老人家好强，不肯认输，但毕竟已八十多岁了，心脏一直不好，右眼已完全失明，这样大的画，身体恐怕吃不消的。

饭后，大家回到客厅用茶，大千先生忽然把我带到一边，十分郑重地叮咛我，要我回日本后马上探求最大幅度的绢质画布，东京如果找不到，可以到京都去找。并说：据他所知，京都有一两家老店制造这类宽幅绢材，一定要找到整幅的，不能缝接。老人态度如此认真，颇令我感到意外，我曾故意诿说在日本二十多年从没有见过这么大幅的绢材，从前也许有，但近年已经没有人再画这样大的画了。我极力婉转劝说老人放弃整幅大画的构想，老人却执意不肯接受。最后，老人竟怒声对我说：

"大概连你们都以为我老了，画不动了，劝我少画，所以才引起外边的人说我的画有人代笔。想必是你们也都认为我现在的画不行了，所以外边的人说我在粗制滥造！我就要趁此机会给大家看看，也让你们看看。这样一张画，就会难倒我张大千么！你给我去把绢买来！这张画我是非画不可的了！你买不到，我会再派人去买！万一真买不到，几块绢缝接起来我也要画！谁也挡不住我！"

看着老人动了真怒，我不敢再违拗他，遂向老人保证：

"我一定会找到大尺寸的绢布来交差，如果市上买不到，就是定做我也要做一幅大绢带来！"

大千先生兴致勃勃地同意画这张大画，大伙儿都很为海天兄高兴。不料，大千却把搜求如此大幅绢材的任务交了给我。当场，他除了对绢布的规格如"要整幅，不能缝接；织面粗细要注意；一定要向厂商讲明是水墨画用的……"等，殷殷叮嘱之外，最后，又当众说了几句：

"这张大画，画得成，画不成，就要看天才兄找不找得到这样大的绢了。"

大绢难求

我怀着任重道远的紧张心情回到东京。据我所知，这样大幅的绢布绝不好找，试想，有多少人会用这样大幅绢布来作画？通常，这样的大画，几张大宣纸贴接在一块就行了，大千先生自己也曾画过连幅荷花或山水通景，都是几张大宣纸接贴而画的，这次为什么指明要整幅大绢？后来我才知道，老先生指明要整幅大绢是有道理的，他在接受画大画的挑战时，就已打好"腹稿"，要画一幅青绿泼彩大山水，宣纸吸墨浸彩的韵味远不及绢材，要是真找不到整幅大绢，只好用宣纸贴接或小幅绢布缝接来代替，那样，大千就不会画青绿泼彩山水，也许就画连屏荷花或其他景色。则惊天动地的《庐山图》就没有了。

当年找大绢的确找得很辛苦。我先向东京、横滨几家熟悉的画材店探询，毫无所获；又分别托请他们代为搜求或探问，亦无结果。有时老店东告诉我说从未见过这种尺幅的绢布，有的好心人建议我何妨改用水彩画纸，最后大家都认为京（东京）、滨（横滨）方面绝无此种绢材，关西京都方面或许有可能。如是，我托人在京都探求，我自己也找来一本京都地区的商家电话簿，向京都画材店逐一打电话，仍是不得要领。

在我几乎要放弃的时候，忽然，脑海中灵光一闪，何不去请教一下目黑三次。这位专修古书画的大师级裱画师傅，他每以大风堂门人自居，自谓他的一身裱褙功夫全是大千先生调教出来的，他的"黄鹤堂"并不经营画材画具，但他名气大，人头熟，也许比一般画材店还要灵通一些。

果然，目黑听说大千先生要找如此尺码的大绢，竟是气定神闲地频频点头，等我把话讲完，并问他可否找到如此尺码的大绢，他却答非所问地向我问道："张先生又要画大画了？"

"是的，横滨李海天先生请他画的，画好后，一定会拿回日本，届时，还要麻烦你装裱呢！"我说。

他一副当仁不让的模样，点着头说："没有问题！我有全日本最大的裱画案！我一定会把它裱得妥妥帖帖。"

（可惜，后来《庐山图》画到还剩最后几笔时，为了赶在台北历史博物馆展出，未及装裱，只在背面稍微"托衬"了一下就送去展览。台北展后，又送到中、南部及澎湖展出。此时，大千先生已经过世，此图归属问题节外生枝，原求画人李海天并未获得此图，而由大千先生的治丧会"裁定"交由大千家属保有，随后因美国华盛顿沙可乐美术馆举办规模盛大的"张大千回顾展"，《庐山图》经大千家属同意借予参展，遂在台北匆匆付裱后，送往美国。因之，此图虽曾多次公开展览，且曾漂洋过海到美国展出，却始终未到日本去过。当年自以为大千此一最后杰作之装裱工作非他莫属的目黑三次，终其有生之年，竟与《庐山图》缘悭一面。可见缘分之说，冥冥中自有主宰，不是人力所能逆料的。这些都是后话，暂且搁下不表。）

且说我听到目黑在夸耀他家的大画案，不禁失声笑了出来，随即问道：

"只是，哪儿能找到这么大的绢布呢？"

"我来想办法，我来想办法。今晚我跟关西那边朋友联络，明天给你回话。"目黑说。

我半信半疑地告辞回家。真没想到，第二天居然有了好消息。目黑来电话，说是京都一家厂商可以定做，他们把机器改装"放大"，产品高一百八十公分（比我们所要求的尺码还要高出二十厘米），长度不限。只是，厂家不肯为了十米长的订货而"改装"机器，希望我们至少能订五十米。

我一听，喜出望外，只要有机器可以改装放大，其他条件就好商量。我立刻赶到黄鹤堂，询问交货时间及价钱，经与京都一再电话洽商，据告最迟六个星期可以交货，但定价实在可观（主要是机器改装及复原的费用），至于订货的长度，倒不是严重问题，其所以要求订货至少五十米，是为了减低货品的"单价"。厂商考虑的是：如果由五十米产品来负担机器改装费用，其"单价"自然要比十米减低得多，因为绢质材料费是相差有限的。

我和目黑商量，如果订五十米，每米单价已经是普通尺码绢材的十倍以上了；要是订五十米，那真是成了"天价"。可是，我们需要的只是十米，多订的四十米就很难处理，目黑和厂家都说这样大尺码的绢布不会再有人需用，如果裁小了卖，只能卖回十分之一的成本。我们算来算去，结果，目黑、厂家和我三人都认为还是按需要定做十米为妥。厂家很"同情"我的立场，愿意降低单价，再加上目黑的说项，厂家同意让步到成本价。

事情，就这样决定了。

京都订货

过了一个多月，订货送到，海天兄和我两人喜孜孜地带了这个一百八十厘米高的大卷筒专程回台北，向大千先生报到交卷。大千先生展阅之后，亦是喜形于色。但他俯身凑近一瞧，问道：

"没有要他们上矾水么？"

我从来没听说过"上矾水"这个词儿，根本不知道是怎么回事。经大千简单说明，并说"不上矾水就不能画"，我才知道兹事体大。过了两三天，我和海天只好又带着那个一百八十厘米的大卷筒回东京，好在目黑一听"上矾"二字就懂了，立即在电话中向我致歉，说他忘了提醒我们。经我把大卷筒送还京都，由原厂家"上矾"后，十天左右送还给我，再由我设法送往台北。

我们在台北摩耶精舍谈到必须将绢布带回日本上矾时，我顺便提及，所购绢布是一百八十厘米高，较之海天兄新建旅社的墙壁尺寸高出二十厘米，是否趁此次带回日本之便，就请原厂商裁掉二十厘米，以免到台北后裁剪麻烦。大千先生听后未置可否。此时不知是谁提议说不必先裁掉，让绢布上下留点余幅，将来画好后由裱画师傅再裁好了。不料，海天兄灵机一动，忽然插话说：

"绢布既是一百八十厘米，裁掉可惜；我的旅馆工程已快完工，先生的画还未开笔，我想，旅馆墙壁我另外设法装饰，这张大画，就请先生按绢布的尺寸画满，不知先生以为如何？"

大千先生听了海天的话后，不假思索，就连声说"好"，并说：

"绢布既有这么大，裁掉当然可惜！还是海天兄的说法对，就以绢布的尺码画，不必裁了！"

这是一个不大不小的更动，照墙壁尺寸作画的原议已被打消，画作的尺码也从原议的一百六十厘米高，增加为一百八十厘米。这应算是此一名画创作过程中的一个小掌故。

再说大千趁着我们把绢布带返日本去"上矾"的这段空档，也开始在台北摩耶精舍大张旗鼓地展开了做大画的准备工作。

首先，他派人把建造摩耶精舍的木匠工头找来，要马上动工，把一楼那间一半是画室、一半是客厅的房间，改造为一间大画室，所有沙发桌椅及那张已不算小的画案全部移出，另外定做一张比大画绢布尺码稍微宽广的大画案。

老先生做事，一向独断独行，不大和家人商量，家人一向也不敢多问。此时，忽然听说要改装画室，并且要订造这么一张巨大画案，大家都吓了一跳，因为，即使要做大画，尽可铺在地板上或是分段在原来的画案上动笔就够了，为何要这么大费手脚？家人不敢劝阻，倒是木匠提出了难题：这样巨大画案，室内中间两根柱子碍着，摆不下，恐怕只能将就原有画案动笔了。老先生一听，大不高兴，向着木匠高声抢白说道：

"不能把两根柱子拿掉么？"

木匠苦着脸说：

"那可是大工程呀，拿掉这两根柱子，室内要加横梁，外边要添衬柱，够费

为绘制《庐山图》而改装的大画室及巨大画案。

事的……"

"所以才叫你来呀！"

老先生不等木匠把话说完，就抢着说出他的决定：

"你去准备一下，尽快动工，不要啰唆了。"

木匠知道老先生是急性子，说一不二，他既吩咐动工，木匠就只好照办。其实，木匠倒不是顾虑工程难做，他所预见的是工程费太高，不能不先提醒老先生注意。不料，老先生根本未加理会，也不要看估价单就吩咐动工。木匠知道老先生不在乎花钱，但求工程满意，只是，为了一张画而要如此大兴土木，值得吗？木匠不敢造次，还是仔仔细细地做了一份估价单，送来请老先生过目。果然，工程费不低，竟高达新台币八十万元！

当时，八十万不是一个小数字，大千购买摩耶精舍那么一块大地皮，总价也不过五百万元，如今，改装一间画室，就要八十万元，是够惊人的了。

大千先生拿过估价单，看也未看，只是催着赶快动工。起初，我们也都怀疑如此大兴土木改装画室，定做特大画案，是否有必要？后来我们才发觉，大千在检视过那一大幅绢布之后，即已决定要画一幅泼彩泼墨的青绿山水。这样的作品，把画布钉在墙壁上着笔固然不行，分段铺在较小画案上也不便施展。定造特大画案，实在是不可或缺的一件大道具。

当我们把"上矾"后的绢布再带到台北时，画室改装工程仍在赶工，摩耶精舍中一片忙乱。大千先生展开绢布又细细看了一遍，不断点头称好。

接着，大千提出"画什么"的问题。

不画三峡

我们都以为大千已经胸有成竹，所以均未发言。海天原有意请画万里长城，却被我早就否决掉了，我觉得长城景色太单调。此时，见大千问及"画什么"却无人答话，我遂搭讪说：

"随先生的意思吧，你想画什么好？"大千仍是沉吟不语，我只好试探说：

"这样大的画面，还是长江三峡最好吧？"

我提长江三峡，倒是经过慎重考虑的，主要原因是大千对三峡景色熟悉，画起来比较省力气。不想大千不以为然，似乎怪我以为他只会画三峡山水，他转头向着我说：

"不要画三峡了，让我考虑考虑。"

两三天后，大千约我们去看即将竣工的画室。午餐前，大千忽然宣布，他要画庐山。记忆中，以往从未看他画过庐山，也未听他谈过游览庐山的情景，怎么会想到要画庐山？大千显然也已看出在场诸人脸上的纳闷表情，停顿了片刻，又说：

"我从未到过庐山！"

按理说，此时就应该有人发问：既未去过庐山，为什么要画庐山？可是，在大千先生跟前，向来很少有人如此"放肆"。他的家人或门生固然不可随便开口，即使像我们这些蒙他抬举视为"朋友"的后辈，对一些颇感好奇的问题，想问也不便多问。有时是怕提的问题太浅近，被他暗笑为"外行、肤浅"；有时是怕不明底细，问到老人不高兴的事情，破坏了谈话气氛。总之，那天听到大千要画他从未去过的庐山，大家都感到奇怪，却没有一个人问他原因。倒是大家听说他已决定了大画题材，人人都感到轻松不少，不必再看他为大画题材而烦心了。

当时我心里想，来日方长，将来必有机会向他问个明白的。可是，此后一直没有机会问他。如是，游踪足迹曾踏遍世界名山大川的张大千，他的最后一幅精心巨构，为何要选画从未去过的庐山，遂成了一个谜，一个永远得不到解答的谜。

这些年来，许许多多艺术界人士都在探求这个谜的谜底。我也曾在这谜底探求上费过不少工夫。我留心检阅我所接触过的大千画件及画册，迄今为止，未曾发现过一张他所画的庐山风景。可是，据一些数据显示，他虽未到过庐山，但对庐山山水却并非毫无所知，他在一九六一年六十三岁时所作的一幅瑞士山水图的题识里，写有"瑞士瓦浪湖，峰峦奇丽，大似我国庐山，春间与子杰同游，既还三巴，始成此幅"等几句话，可见他对庐山峰峦的"奇丽"甚为熟知，否则，何以知道瓦浪湖山水与庐山相似？

说来不知道是否巧合，当代另一位大画家，同时也是张大千好友的吴湖帆，一生也未到过庐山，但却喜欢画庐山山水，迄今传世的有好多件。（据一九九四年版《吴湖帆画集》，朱季海所作序言中提及：……综观湖帆五十以后之作……六十五有《庐山五老峰》《庐山小景》《大龙湫》《九芝呈瑞》，此皆晚笔……其未到庐山，而屡画庐山，又当与大千绝笔，并为艺林佳话耳。）大千、湖帆均为才气极高、功力深厚的名画家，是否均因受了苏东坡身在庐山而仍"不识庐山真面目"诗句的影响，所以，干脆不去游庐山却要大画特画庐山的"真面目"呢？

故国神游

一九八三年一月间，大千《庐山图》在台北历史博物馆首次展出时，我曾在台北"中央日报"副刊上写过一篇专文，谈论大千画庐山的问题，其中有一段文字，似乎颇有参考价值：

"……直到今天，许多人仍不明了大千先生为什么在他这幅旷世巨构中，偏偏要画他从未到过的庐山。大千对此从未做过详细解释，我曾婉转问过他，他总是轻描淡写地带过去了。不过，我们可以确信，

故国神游（王壮为刻）。

大千的这个选择，是郑重其事的，是含有深远意义的。我综合他的零星谈论，侧面观察他的心意情怀，我的看法是这样的：大千一生，读万卷书，行万里路，游遍天下名山大川，在他笔下也留下了难以数计的各处名山胜景。但是，说来简直令人难以相信，鼎鼎大名的庐山，大千竟然没有到过，原因何在，我们也不必去追究它了，在大千居士的眼里看来，这是佛家所谓的'无缘'，没有到过庐山，这对于'自诩名山足此生'（大千诗句）的大千来说，真是平生最大憾事。而且，按今天两岸大局情势，大千以高龄寄迹海外，这个遗憾将是永难弥补的了。此次的大画，是大千晚年的精心巨构，他当然要选一处他最怀念而又最有纪念意义的山水来作题材；于是，从中国到外国，从东方到西方，名山胜景，一一在心幕上出现，但其中最突出、最令他神往的，却是他从未去过的庐山。终于，老人以沉重心情，选定了庐山作题材，这儿'横看成岭侧成峰'（东坡游庐山诗句）的山山水水，尽管从未有过他的足迹，却是他近年来神游次数最多的地方，是他晚年回思故国最怀念的地方。庐山本来就是这么一处似真似幻的神秘所在，苏东坡身在其中，也弄不清庐山真面目，谁又能说张大千在海外所描绘的庐山形象不够逼真呢？诗人、画家，仙山、灵水，千年万世，时空一体，这是大师晚年悟禅之作，我们不能以俗眼去求真求幻。我相信，东坡的诗、大千的画、庐山的虚实仙境，都将随宇宙之绵延而流传千古的。"

记得，大千在着手绘制《庐山图》时，他的诗友"无象翁"刘太希托请王壮

为刻了一方印章送给大千，印文刻的是苏东坡诗句中"故国神游"四字，这也许正暗示着大千选择庐山为大画题材的原因。而庐山适为刘太希之家乡也。

其实，我在当时和朋友们谈论到大千画庐山的问题时，总是不忘提醒大家：大千一生行事，常常布置一些玄虚来让人揣测，也许是要考验一下友好们的智慧。正如他早年所伪作的一些古画那样，画面惟妙惟肖，足可乱真，但他却故意在题识或署款上留些破绽。如是，真真假假，逼引得专家们议论纷纷，他最后再出来招认那是他"少年狡狯"。《庐山图》题材的选择，可能也是他故意给世人留下一点"玄虚"，也许他准备在最后大家谈够了的时候，再挺身出来揭穿谜底，却因时不我与，他刚收妥画笔还来不及题款就过世了。这一点玄虚，就永远保留了下来。

故友高阳在他那本近似张大千外传的名著《梅丘生死摩耶梦》书中，谈到《庐山图》的题材问题时，也曾引述了我上面的那段文字，高阳并加"按语"说："黄天才解释为张大千晚年悟禅之作。这些话说得很好，但我相信黄天才还有更深的了解，而当时不便说出来。张大千选择庐山作画，这种自我挑战，是负气，也是示威，张大千心里有句话：'哼！你们看我老了，莫得用了，是不是？老子偏拿点本事让你们看看……'"

擅写历史小说的高阳，这段话，他说是"黄天才对张大千选择庐山作画一事的更深了解"，其实，又何尝不是高阳他自己对大千此事的"更深了解"。高阳很客气，有意让我"掠美"了。

再说，当时大幅绢布买到，画室扩建工程开工，大千非常高兴，工作情绪昂扬，摩拳擦掌地恨不得马上开笔。

此时，摩耶精舍大兴土木扩建画室准备画大画的消息逐渐传了出去，新闻记者们闻风而专程到外双溪现场采访的大有其人。一时之间，报纸上刊登得十分热闹。

平心而论，我们实在不能责备当时的报章如此"渲染"其事。此一艺坛盛事，的确具有很高的传奇性及新闻性。试想，天下竟有如此"好大喜功"而又拥有足够财力的"张迷"，愿意拿出这么一笔钱向张大千"订购"一定尺码的这么一幅大画；而年届八十二岁高龄的张大千，竟然老当益壮地慨然接受挑战，而且不惜工本，雇工扩建画室，造大画案，单是此一大手笔作为，就非他人所能及。甚至，连这一幅特大绢布，也来历不凡，是专人千辛万苦，从日本京都定制而得，京都厂商为了织造这幅绢布，特别把机械改装放大，造成此幅绢布后，又立即将机械复原，不再制造如此大幅的绢布了。

（此说并未"夸大"，两年后《庐山图》已略具面目时，菲律宾首都银行董事长郑乔志见画大为心折，愿照同样条件"定制"巨幅山水，据说亦获大千先生允诺，郑先生托我的一位友人李君在日本搜求此大幅绢不得，李君向我问计，我即偕李君向京都厂商洽订，厂商坚决不肯再做，据告，因上次机械改造放大后再复原时，功能大损，费时许久才勉强修复，机械实已不堪再受"折腾"了。最后，郑先生只好买了一米高、十米长的"次大幅"绢，送到摩耶精舍。不料，《庐山图》竟是大千绝笔，郑先生送去的绢布迄未动手。这些都是后话了。）

当时，由于种种传奇性条件的配合，竟使得《庐山图》真是"未开笔，先轰动"。大千是喜欢热闹的，这样的轰动，使他大为开心。（也许，这场轰动，一部分是由于大千致力所造成。这就是故友高阳所指的大千最擅长的"造势求名"的举动了。）

大千兴致勃勃地宣布：大画的开笔"大典"将郑重举行，选好黄道吉日，他将通知李海天和我回国参加，并邀请艺文界友好及大众传播媒体记者来观礼及采访。当然，我们都知道，大千是要借此向社会宣示：张大千宝刀未老，不仅不要人捉刀代笔，他还要在耄耋之年，追求自我超越及突破！

好事多磨

西谚有言：好的开始是成功的一半。

《庐山图》从起意到具体策划进行，直到于今万事齐备，只待择吉开笔，一路行来，堪称一帆风顺，海天兄和我笃笃定定在日本等着通知回台北参加开笔大典。

中国古谚：好事多磨。《庐山图》当然是好事，好事必然多磨。好的开始，虽然成功了一半，却没想到后一半竟是如此多磨。

第一"磨"就发生在万事齐备，只待开笔的一九八〇年底。某一天，在台北艺文界一项公开活动场合，大千先生应邀出席，那一阵正是摩耶精舍锋头正盛的时候，大千先生出现，很自然地成为新闻记者们包围采访的中心人物。当时，记者们最好奇而想知道的是这幅大画的"价码"。起初，大千含糊其词，说是好朋友新旅馆大厦落成的贺礼，哪里能谈钱。记者们不肯放过，七嘴八舌地设法套问老先生谜底。爱"摆龙门阵"的大千那一阵子最喜欢谈《庐山图》，记者们围着他问长问短，他也很高兴，但对价码问题，他始终吞吞吐吐，不肯作答。

（其实，价码多少，大千也真不知道。前文说过，刚开始时，由羊汝德兄代表大千出面，和我及海天兄谈妥了一个价码，但是在大千先生大手笔作风扩建画室及特制画案之后，这个原来谈妥的价码就被"推翻"了，我也曾提醒过出资人李海天兄，海天兄也已有此共识。只是，价码如何调整，却未决定。大千当时真不知道价码是多少。）

最后有一位记者挤到大千身边，凑近他耳朵悄声问道："是不是一千万台币？是吧？"据说，大千曾唯唯否否回应着。

第二天报纸上，刊出了《庐山图》价码一千万元新台币的新闻。当年，一千万元的确是一个惊人数字。此讯一经公开发表，引起社会注意是必然的。

价码一千万元消息见报之后，立刻就有人"关心"如此巨额收入的所得税问题。据说，也有新闻记者去向税务机关探询，税务官员答说："照章应该纳税。"

记者们又询及："订画的人是旅日华侨，如果画款在国外以外币支付，我们的税务机关将如何征税？"……种种假设情况，说法不一，报纸上竟然对《庐山图》画款的征税问题，热烈谈论起来。

大千先生看到报纸，非常不高兴，他说他绝对没有提到"一千万元"这个数字，他更不知道这数字从何而来，他认为是有人"造谣"。最让他不高兴的是：现在，画都还没有开笔，酬金也未谈妥，大家就对画款的纳税问题纷纷议论起来，这未免太匪夷所思了。老先生一气之下，遂用他的名义，由秘书写了一封信给刊登此一消息的报社，要求更正。大千素来不愿意和新闻界朋友交恶，这次大概是真令他生气了，所以才会"公事公办"地写信去要求更正。

结果，更正函似乎并未刊出，此事最后仍是不了了之。

但是，老人经此刺激，情绪大坏。对《庐山图》的事，很久闭口不提。他不提，别人也不敢催问。同时，我们大家也都觉得，税的问题好不容易才平息下去，开笔的事，还是让它冷一冷吧！

没想到，这一冷，就冷了半年多。

甚至，一九八一年七月七日正式开笔的"大典"，也都改为"低调"进行，我们事先都不知道，也未受邀参加。老人说：尽量少惊动人，以免引起无谓的风波。

但《庐山图》开笔，毕竟是一件大事。老人还是邀约了他们经常见面的"三张一王转转会"成员及部分家属到场观礼。（"三张一王"是张学良、张群、张大千及王新衡，四位老友轮流做东，每月聚餐一次，称为"转转会"。）原来计划邀约的李海天兄和我，以及台北传播界记者们均未奉邀。

当时我在东京接到台北电话，才知道《庐山图》已经开笔。过了一阵，才又收到一些开笔的照片。

（照片是王新衡先生的公子王一方兄拍摄的。不幸的是一方兄在新衡先生病逝后一两年，竟在台北一处公共场所的火灾中遇难，令人无限悼念。）

开笔的情况，是张岳军先生及大千先生夫人等向我讲述的，听岳军先生讲得眉飞色舞，我真遗憾未能在场目睹。

低调开笔

据张岳公等人的描述：开笔的那天，大千把大画的道具全部摆列出来，大笔、排笔、大盆、大碗……十分壮观。大千由张夫人亲任助手陪侍出场。偌大的画室已被那张特大画案几乎占满了，大千先把画布全部打湿，然后拿起一支有如拖把的大笔，由夫人扶着站在一张矮脚凳上，先把笔头往墨盆里一搅一滚，然后双手

《庐山图》开笔——雯波夫人随侍；大千老友张群（左）、王新衡（左三）、张学良（右）。

抬起大笔，往画布上大拖大拉一顿，经过一番忙碌，放下"拖把笔"，大千把长衫袖口一卷，拿起一只盛满墨汁的瓷钵，在绢布的另一部分小心翼翼地连泼带洒，接着又拿起排笔，一面引导墨汁慢慢流浸，一面把排笔蘸上些许青绿颜料点点染染……开笔第一天，用了不少水，也用了不少浓淡墨汁及

张大千大笔泼墨《庐山图》。

颜料，大千更是聚精会神忙了几个钟头，但画布上却看不出什么，只是一片水渍，一摊浓淡墨，一块块青绿颜料而已。在场诸人看了之后，才真正体会到这幅大画的绘制不简单，要心智，要技术，更要体力。在场观礼的张岳公等人，对大千昂然接受此一挑战的豪情与勇气惊叹不已。

开笔那天，除了画布全部打湿那一部分工作有一两位女眷帮忙外，其他泼洒浓淡墨汁及点涂青绿颜料等，都是大千亲自动手，看他似乎随手泼泼洒洒、点点抹抹，其实，何处是山峦沟壑，何处是树丛林木，何处飞云彩，何处有流溪，他都已有了腹稿，并不含糊。原来，大千在开笔前的几个月，做了不少准备功夫，香港的沈苇窗兄（香港《大成》杂志社社长，大千老友，惜于年前在港以喉癌病逝。）为大千在港搜集资料，查阅《庐山志》及各家游记，写成长卷，并以红、绿、黑三色笔，注明各处地势地形，大千细阅数据，设计图稿时，已把庐山全景默记于心，层次分明，是真所谓"胸次有庐山"的。

张夫人扶着大千站在矮凳上作画。

（画成后的《庐山图》，大千曾谦称是他"凭空捏造"，其实，庐山名胜的五老峰、黄龙潭、青玉峡、好汉坡，以及鄱阳湖内的大孤山、小孤山等，均依稀可寻，绝不是随意挥毫的。）

开笔之后，先从绢布下方的近景开始，这部分比较容易着笔；但是，逐渐随着景象往上推移，着笔的难度就愈来愈高了。从开笔那天所摄的一些照片上可以看出，个头不到一米六的大千，站在矮脚凳上，手持拖把大笔，也只能达到画布的中间部分，画布上端的景色，大千必须让人抬上画案，然后跪伏在画案上俯身作画。试想，八十三四岁的老人，右眼失明，单靠一只左眼，跪伏俯身握笔，这个姿势就是够辛苦。而且，老人心脏不佳，这个姿势对心脏压迫太紧，增加心脏及体力负担，对老人健康自是非常不利。在如此不舒服的情况下作画，又何怪老人有一阵子视画室画案为畏途，不愿去碰！加以画面如此广阔，有时，忙着画了大半夜，但画面上看不出些许进展。对画家来说，似乎毫无成就感，提笔的兴趣也就愈来愈淡。这是开笔以后，只见老人天天在赶工，但进展却极慢的原因。

《庐山图》从一九八一年七月七日开笔，到一九八三年一月二十日"大致完成"，送交台北历史博物馆展出，费时一年半，以大千一向下笔如飞的速度来说，进程应算是很慢很慢的了。就大千盛年时期作画的速度来看，尽管此图幅员广阔，困难度高，但全力从事，最多三十个工作日应可竣事。其所以如此慢滞，实在是因为中途的"干扰"太多。

综计在这一年半期间内，干扰大千作画的"俗事"可分作三方面：一是他的健康；二是他为维持家计而不得不另接一些临时"活儿"以赚取生活费；三是推辞不掉的交际应酬活动。大千健康状况并不好，浑身上下，大小毛病很多，困扰他最甚的是心脏及糖尿病。糖尿病已害得他右眼失明，作画单靠左眼，当然倍觉辛苦。心脏病更是随时可能来袭，防不胜防。《庐山图》开笔以后，由于工作加重，心理压力骤增，加以八十三四岁高龄，体力及耐力均告明显衰退，不堪再像盛年时期那般劳累了。这一年半的时间内，他曾住院三次，两次是心脏病突发，一次是劳累过度而致精神萎靡。每次住院，前前后后总有一两个月时间不能动笔，画事自然就延误了。

在他赶绘大画这一段期间，大画的笔润未拿，而家中一应生活开支要照样给付。如是，每隔一段时间，他不得不把大画工作暂时搁置，分神去赶作一些临时"活儿"以应付日常家用。

抱病赶工

幸而大千艺事成熟，创作力强，他以赶绘大画的余力而挥毫的这些临时"活儿"，仍不乏杰作精品，如当时应"台湾省主席"邱创焕之请而绘赠韩国总统全斗焕的那幅《峨眉奇峰图》，以及他以泼彩与没骨画法所作的《灵岩山色图》等，均为他晚年功力凝聚的绝妙佳构。他的工作时间，大多在晚间或深夜。白天，他张群劝告大千"节尘劳，慎饮食"的诗句及跋文。

要接待访客以及酬应一些推辞不掉的人情交际。大千喜欢热闹，更喜欢和朋友们海阔天空地"摆龙门阵"。某些应酬活动，对于松弛神经或缓和情绪，或许不无帮助，但体力的耗损却很大。

大千的老乡长张群（岳军）见大千以八十三岁高龄还接下《庐山图》这么一桩艰巨工作，非常为大千的体力及健康担心；同时，对大千在承担如此繁重工作之余，还要分心费神去做人情应酬，极端不以为然。一九八一年深秋，《庐山图》开笔后约四个月，岳军先生郑重其事地做了一首七言律诗，婉转规劝大千"节尘劳，慎饮食"，保养身体，并且亲笔在一幅日本制的金色纸版上录下诗句，附以长跋，亲自带到摩耶精舍去当面送给大千。

谨录志岳公这首情词恳挚的诗句于后：

髯张画笔信无前，脱腕丹青万户传，
寰宇同知一老在，艺文命脉此身肩；
年来时得影形俱，万里东归德未孤，
好节尘劳慎饮食，愿君善保千金躯。

大千贤弟年事已高，声誉更隆，画笔弥勤而重情感，喜交游，不避尘劳，不辞酬酢，凡在友好，均宜节省此老之精力，为国家珍惜一代之大师；而大千弟亦应勉节樽俎过从之烦，重一身之颐养，即所以延艺文之命脉。愿以至交之情谊，进此药石之诤言,远虑深衷,当承采纳也。

一九八一年十月愚兄张群

再说大千那天在摩耶精舍见老乡长岳公来访,并带来老人亲撰亲书的诗文墨宝,起初是喜出望外,及至细读诗句及跋语,对老乡长爱护乡弟的真情挚意,感动得流下泪来。岳公见大千动了真情,遂趁势说了几句非常体己的重话:

"大千,你的生活、习惯和嗜好,需要注意调整,我比你长十岁,因为我注意保养,健康状况比你好;你再不好好地将息,爱护你自己,说不定你比我先走,还要我来为你办丧事……"说至此,岳公语调哽咽,两位八九十岁的老人,相对欷歔不止。

大千在心感之余,立即命人把岳公墨宝装框,挂在客厅画案后方的墙上,奉为朝夕相对的"座右铭"。

上述岳公对大千所说的那几句体己话,是岳公在大千逝世后接受"中央通讯社"记者黄肇珩的访问时,向黄转述的,经黄记录成文,以《画德、画才——张群细话张大千》为题,由"中央社"发稿,曾在台、港各大报刊载。

岳公这番体己话,一语成谶,一年半之

张大千与张群。

后，大千果然比岳公"先走"了。岳公因为曾向大千说过"还要我来为你办丧事"这么一句话，于是，岳公信守"承诺"，在大千逝世时，竟以九十五岁高龄，亲自出任治丧委员会主任委员，为老友治丧。记得，当年我在得悉大千噩耗赶返台北致祭时，曾应岳公召唤往谒，岳公亦曾向我提及："因为我曾向大千当面说过，说不定他比我先走，还要我来为他办丧事，不料竟被我不幸言中。其实，我这么大年纪，好多年没有为朋友办丧事了。陈立夫的父亲过世，我也婉言推卸了治丧的重任……"

在《庐山图》绘制过程中，大千似乎并不欢迎外人参观。据我推想，大千可能是刻意保持此图的一点"神秘感"，等到一旦推出，方能收到"一鸣惊人"的效果。只是，当时外间已有传言，说大千因为健康状况不佳，此图在开笔后就很少受到大千"光顾"，所以迟迟不敢见人。尤其在一九八二年元旦，大千因心脏病突然复发住院，所有预先排好的活动日程，全部取消，甚至连一月十六日在台北"国父纪念馆"盛大举行的"张善孖百年诞辰纪念画展"揭幕式，大千亦未到场参加，如是，大千心脏病严重的传言，更是不胫而走。许多人向我探问实情，我连忙分头找羊汝德、李海天两位商量，我们都认为这些不实传言应该赶快设法纠正，否则，这类谣言传到了大千先生耳中，必然又会刺激他老人家的情绪，引起他的不悦。

刚巧，那年（一九八二）四月中旬，我和海天兄因事回到台北，我们约好到摩耶精舍看大千先生。我随身带了一架超小型的照相机，准备为绘制中的《庐山图》拍照。（其实，我和海天兄也已经好几个月未进大画室了，真也不知道大画已进展到什么程度；假如《庐山图》还是和我们上次所见的那样进展不多，我就不准备拍照了。因为，此时已是《庐山图》开笔后十个月，要是还看不出一点"模样"，又何必将照片示人呢！）

画室惊艳

我们到了摩耶精舍,大千那天很高兴,坐谈不久,他即扶杖起立,主动说:"到画室去看看吧!"大千先生和张师母及一位护士小姐领路,海天兄和我跟着去到大画室。推开画室门,但见眼前一片青绿,真把我震住了!我曾参观过无数次的中外画家展览,更曾观赏过大千数百幅的大小画作,但从来没有像初见《庐山图》那样被画面完全震慑住的。

那天,大千领着我们绕着大画案慢慢欣赏,并不时指指点点,说明某处还要加墨加彩,某处还待细致收拾。我趁着大千高兴,抢先走到画案对侧,照了几张相,又烦请随行的护士小姐,为我也拍了几张照片。当时在我看来,大画已具眉目,整个气势已给表现出来了,基调的郁绿色布满了整幅画布,好几处重要据点,已经点染收拾得有模有样,纵眼看去,但见云雾氤氲,山岚缥缈,真是气象万千。我们走到画幅中部,发现中央山顶上的青峰绿树颜料还未干透,大千指着一片郁

大千先生引导原求画人李海天(右)到画室参观。

绿说：

"这是昨晚画的，还差一个亭子未画，昨晚画不动了，只好下来，以后再上去补。"我看看那个山头，位于画布顶端，站在地上动笔是绝对够不到的，不禁好奇地问道：

"这上边是怎么画的？要爬到画案上去画么？"

大千笑笑说：

"除了上台以外，还有什么办法？我总不能站到那一边去从上往下倒着画呀！"

张师母连忙接着解释：

"画的上头部分，都是家里人把他抬到画桌上去趴着画的。"

听到张师母的解说，我也不敢再追问了。

当晚，我去到"中央日报"编辑部，听报社同仁谈及摩纳哥国王及王妃（美国电影明星格蕾丝·凯莉）预定周内访台，他们预排行程中，要到摩耶精舍参观，

摩纳哥国王（左四）与王妃（左三）由前"驻法大使"陈雄飞陪同到摩耶精舍参观庐山图。

并且希望看看正在绘制中的《庐山图》。报社同仁说：

"据闻'外交部'正在担心，不知《庐山图》画到什么程度了，希望能让贵宾看到一点眉目，不要只看到一片空白画布。"

我马上把当天下午看到的情形告诉报社同仁，请他们转告"外交部"官员放心，《庐山图》虽然还只完工一半，但已经有模有样了。我并拿出当天下午所摄的底片，加速冲洗，以资证明。当晚，我特别写了一则短稿，报道我所看到的《庐山图》面貌。

第二天后，我再到摩耶精舍去，发现大家都很忙碌、兴奋，原来，"外交部"已来联络过，说摩纳哥国王、王妃要到摩耶精舍参观。大千表示欢迎，并且亲自督工，整理庭院，晚上还要进大画室赶画。

由于摩纳哥国王及王妃即将来访，让摩耶精舍全舍上下振奋不已，大千的工作情绪也大为提高。大千知道，陪随国王、王妃来访的，必然有大批中外新闻记者；因此，这也将是《庐山图》的雏貌首次与外界见面。为了凸显《庐山图》的气势与形象，大千在国王、王妃来访前的一个多星期里，日夜赶工。到了来访那天，果然赢得国王、王妃及所有随行人等的赞叹！大千非常高兴，除了引导贵宾看画及游园之外，并当场挥毫，画了一幅墨荷赠送贵宾。

国王、王妃来访后两天，即四月二十四日（农历四月初一），是大千八十四岁诞辰，蒋经国先生亲自颁授"中正勋章"给大千，以大千的艺术造诣超人，"不唯淋漓大笔，蔚为国光，亦且襟袍高华，久为世重……颁给中正勋章，用示奖崇之至意"。

再说张岳公因见《庐山图》在大千日夜赶工之下，进展快速，他很希望大千能够"乘胜追击"，一气呵成，遂于四月底以口头传话通知大千的一应至亲好友，不要请大千吃饭应酬，也不要登门打扰，让大千能够充分休息，安心作画。

风雨成灾

大千被"软禁"了两个多月,休息时间多了,却又闷得发慌,心绪不佳,画事无大进展。到了七月中旬,一场大台风袭台,外双溪洪水暴涨,竟然浸进了摩耶精舍。幸而淹水不深,桌面上的画件文物无损,但地面上的东西却难免遭殃,弄得摩耶精舍一场慌张混乱。大千精神受困扰,体力又劳累,水灾后一个星期,心脏病复发住院。

这是大千半年来心脏病二度发作。

此后,大千不敢太勉强自己,抬上画案跪伏作画的苦工只好停顿下来,张岳公也不敢再逼他赶画了。

在这一阵低迷中,意外地来了一位破解困局的"高人"。蒋经国的三公子孝勇在十月间造访摩耶精舍。孝勇在观赏了画案上的巨幅《庐山图》,并得悉绘制巨幅画布上端景色的困难之后,他绕着大画案端详了半晌,向大千先生建议说:"我给先生设计一个长卷筒,钉缝

大千先生向夫人(右)及幼女心声(左)解说《文会图》真迹。

在画布的底端,只要转动卷筒,画布就可以上下舒卷,先生要画顶端景色的时候,只要将卷筒转动,画布从底端收卷,顶端部分慢慢就收卷到先生跟前,先生端坐在画案前面,就可以提笔作画了。"

第二天,孝勇就带了工匠来勘查现场,计量尺码。一切装置妥当之后,大千试验了几次,大为满意。从此,大千不必在画案上爬上爬下,只要端坐在椅子上就可以绘制画布上的任何部分。有了这个巧妙设计,画事的进展果然加快了许多。

在赶画过程中,大千情绪时好时坏。十一月中旬,突然爆发"伪作《文会图》在港公开拍卖"风波。大千因见苏富比拍卖公司的拍卖目录封面竟是别人冒名伪造他的《文会图》,

张大千画的《文会图》仅此一张。

大为光火，立刻邀约新闻记者到摩耶精舍，宣布苏富比拍卖的《文会图》为伪作，并拿出他所作的真迹让记者们过目。记者们当然要追问他是否知道作伪者为谁，大千虽然答说"不知道"，但他却婉转指出此图是画赠给他的夫人徐雯波的，所以从没有在外边流传过，只是曾被一位弟子借去临摹过一张云云。经他这一"说明"，作伪者已是呼之欲出，大家遂亦不再追问。此事把苏富比这享誉国际的老牌拍卖公司弄得狼狈万状，只好紧急收回已印妥发出的拍卖目录，并向大千及顾客们公开道歉。

此一突发风波，很快就过去，并未影响到大千的工作情绪。但是，从他此次所表现的反应看来，已可知道他因为赶画而赶得心烦意躁，稍有不如意事情发生，就会情绪失控。

十一月底，他又因"胸口闷胀不适"而住进"荣总"。

这是他一年来第三次入院。幸好，这次并无严重病情，在"荣总"小住一个星期就出院了。回到摩耶精舍，正值他一年前派儿子葆萝专程到日本买回来栽植在园里的梅花盛开，大千极为高兴，电话邀约艺术界老友们来舍赏梅。

在梅花盛开的鼓舞下，大千的画笔在绢布上游走得又快又顺，一九八二年底，《庐山图》已接近完工，大千并已写下了题画诗的初稿：

　　题画庐山幛子，予固未尝游兹山也。
　　不师董巨不荆关，泼墨翻盆自笑顽，
　　欲起坡翁横侧看，信知胸次有庐山。

庐山图竣工

此时，台北历史博物馆获知《庐山图》已近完工，力请径交该馆在一九八三

三 髯翁胸次有庐山　091

一九八三年,张大千《庐山图》在台北历史博物馆首次展出之盛况。

年一月二十日盛大展出。大千原则同意,但一再表示"不知道赶不赶得出来"。

张岳公得知史博馆已经宣布了《庐山图》的展示日期,他唯恐大千误事,遂连忙赶到摩耶精舍去看画。他发现大画的确已大致完成,只有几处小地方尚待补景或修饰。岳公遂当场"下令",限大千在一月十五日以前把画赶好,十六日送出装裱,赶在二十日如期展出。岳公这位九十五岁的老乡长,以返老还童的口吻,催促他那八十五岁的老乡弟说:"这几天好好赶工,到期交不出画,要打屁股的哟!"引得在场诸人大笑。大家都已分享到这一对老弟兄对《庐山图》巨构即将大功告成的快慰与喜悦。大千果然日夜赶工,同时把题画诗初稿增修润饰,写成题画绝句二首:

从君侧看与横看,
叠壑层峦杳霭间;

仿佛坡仙开口笑,
汝真胸次有庐山。

远公已远无莲社,
陶令肩舆去不还;
待洗瘴烟横雾尽,
过溪亭坐我看山。

一月十五日,大千把两首题画诗在大画末端左上角空白处题好,后面还留有一块空白,大概是准备作一长题的。

由于时限已到,尚未及署款及钤印,裱画店已派人来取件,十六日一早就将大画取走了。

一月二十日,台北历史博物馆在"国家画廊"举行"张大千书画展",同时

张大千叮嘱本书作者在东京买梅花松树的手笺。

举行"庐山图特展"。展场人山人海，大千先生由夫人及张岳公陪同，神采奕奕地亲临会场。从最初起意，到具体策划、构思、开笔而至大功告成（至少，画的部分已经完成，虽然尚缺署名及钤印），前后为时将近三年，《庐山图》终于在万方企盼中，公开与世人见面了。这是台北一九八三年开春后的一大盛事。

话分两头。且说一九八三年一月二十一日，《庐山图》在台北历史博物馆展出后第二天，深夜时分，羊汝德兄从台北打电话到东京给我，说葆萝兄第二天午后来日本，为大千先生选购花卉。汝德

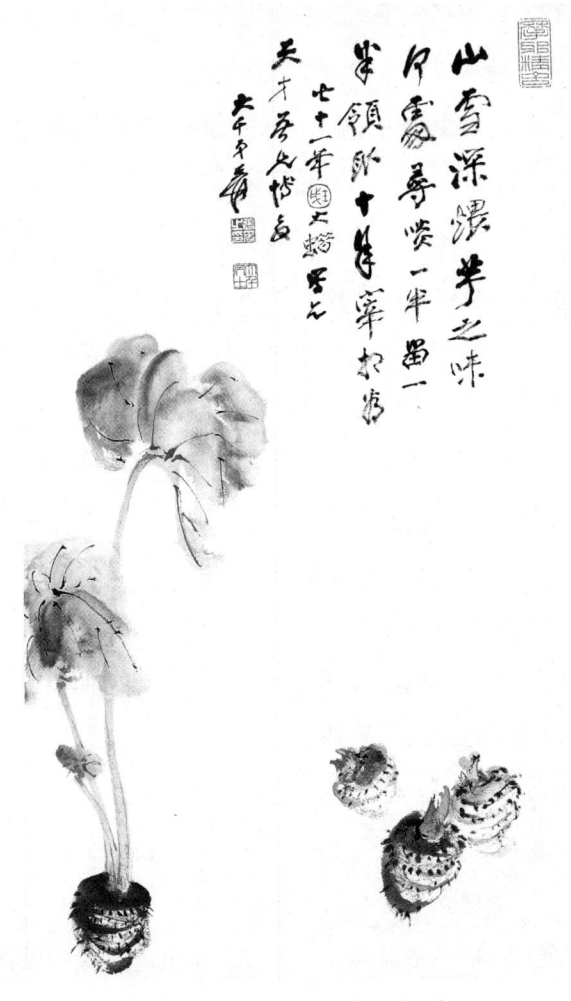

大千先生最后画赠作者的《山芋图》。

兄并特别说明，葆萝兄只带了五千美金现款，这是葆萝自备的零用钱，购花款及空运费用要请李海天兄先垫。我接到电话后立刻想到，大千先生托我们在日本为他购物，从来没有要我们先垫款的，此次特别做此安排，那是表示画已完成，即可交件，所以派人来收取笔润了。我立即将汝德电话的内容，转告了海天兄。

第二天，我和海天一道去羽田机场接机。

葆萝从机场旅客出口处走出来时，令我们吃了一惊，但见他一手提了一只小

行李袋，另一手却拿着一支牛皮纸包好的细长竿儿。我不禁心中纳闷，敢情是有人托他从台北带钓鱼竿儿来吗？

我迎上前去，顺手接过葆萝手持的长竿，十分好奇地问道："这是什么玩意？带来干什么？"葆萝兄笑眯眯地答说："老太爷要我带给你的，两根方竹。"

这一下，真令我大为吃惊了！一时不知讲什么好，只是喃喃低声说："老人家怎么这样认真？还要托你带来。"

"老太爷说，那天在台北，他答应到楼上找出来送你，但找了好久才找到，下楼来时，你已经走了。他说怕你骂他黄牛，所以特地要我带了来。"

葆萝兄说的，是发生在一两个月前的一桩"小事"。当时，我回台北，给大千先生带去一支方竹手杖。

（每次我回台北，到摩耶精舍拜谒，老人家总是留饭或赠送小纪念品，因此，我每次回国，也会物色一些小礼品去送他，我笑说是"抛砖引玉"。日本有粗大的方竹，常被用作笔筒或筷子筒，却没有细竿方竹可做手杖的。我在一次大陆来日本举行的商展看到一支方竹手杖，极为罕见，我想大千一定会喜欢，所以买了带去台北。）

不想，我向大千献上手杖时，他伸手接过，抚弄了片刻，笑着说道：

"这支手杖不错，我已有了一支方竹的了，这支你自己留着吧！现在，方竹在台湾也不是很稀罕了，溪头就有，有人送过我两支长的，我上楼去找出来送给你，你带回日本去找人打磨做成手杖，倒是很稀罕的。"说完，老人家马上起立，由护士小姐扶着上楼找竹竿去了。

我在楼下客厅等，等了二三十分钟，未见老人下楼，我以为老人上楼休息去了，适以另有约会，我遂辞出。次日即离台北回东京。没想到老人到楼上寻竹竿，很久才找到，他下楼，我已离去。老人对我未等候他下楼即径自离去的失礼行为，不仅不见怪，还特地把竹竿交由葆萝兄带到东京来，这真叫我愧急万分并感激莫名了。

当日晚餐后，葆萝兄说明此行购花比较简单，只要梅花三十棵、海棠三棵，都要含苞待放的。葆萝定于二十七日返台，花树要一起带走，希望能赶在农历新年赏花。

我们最关心的是大千先生的健康与心情。据葆萝兄说，最近都很好，尤其是在《庐山图》付展以后。近几天来，老人心情轻松了许多，每天晚上还高高兴兴地作画。

"还要作画？为什么不多休息休息？"我问。

"他心情好的时候，就想画画写写；要是他不愿动笔，那就是心情不好或者身体不舒服了。前两个晚上，他还赶了八幅画，要我带来，送东京的老朋友。"葆萝笑着对我说："有你一张。"

说着，葆萝兄打开行囊，抽出一卷画幅，在桌上摊开。八幅画，都是清雅写意的精品，分别题有上款。送"驻日代表"马树礼的是一幅松竹图，送马晋三老将军的是红裟佛像，送香港时报驻日特派员卢冠群的是山茶花。另外，四川饭店老板陈建民与黄师傅等各有赠画。果然有一幅赠我，画的是初露嫩芽的四球山芋。

八幅画中，最让我意外的是有一幅题赠东京画具颜料店"喜屋"老板。事实上，大千已十多年未来日本，和"喜屋"老板已久无联系。此次，他老人家怎么忽然想起这位"故人"来了？一瞬间，我脑子里闪过一丝不祥之感，他老人家莫非是在向东京老朋友们"赠别"么？可是，在我回到家中，展开大千送我的《山芋图》细细欣赏时，但见三球嫩芽初露的山芋，生机勃勃地散落在画幅右侧，左侧另一球却已长出三支红茎与犹带嫩红的绿叶，春意洋溢，画面充满了活力与生趣；题词大概是金冬心的旧句，字体苍劲有力。仔细欣赏这幅《山芋图》之后，我适才闪过脑际的那一丝不祥之感消失了。老人的画笔下，并没有流露半点残暮气息呀！

但是，真没有想到，我那瞬间的不祥之感，三个月后竟然应验。老人果然是让葆萝兄带画来向八位东京老友"赠别"的。在葆萝兄带着三十棵梅花、三棵海棠回台后不过四十天，老人即因病入院，随即陷入昏迷，三星期后就辞世了。

庐山图余音

《庐山图》的故事，至此算是终结。唯有关此图的曲折太多，朋友们闲谈中时常询及，谨就我所知，综合说明如次：

（一）好些位友好在谈话中提及：大千受托绘制此画时，已是八十二岁高龄，心脏宿疾不时发作，糖尿病一直在勉强控制，右眼又已失明，如此的健康状况，为何还要"怂恿"他承允作此大画，以致把一代艺术大师给"累死了"！

近十余年来，我已经屡屡听到这样的责难之声。其实，当年李海天兄和我，在羊汝德兄陪同下，拜见大千先生求画时，先生豪气干云，坚持要画一幅大画。我曾建议画四联屏花卉或三峡山水，但遭老人一一否决，最后甚至指名要我去

《庐山图》中原有二高士，后被大千愤而涂去，改画石头。

将二高士改成巨石后的《庐山图》同一部分。

日本搜购整幅大绢，并叮咛不能缝接。当天结束谈话时，老人大声宣布："这张大画画不画得成，就看天才兄找不找得到这么大的绢了！"老人的好强与固执，哪里有我们置喙的余地！故友谢家孝兄在他所著《张大千传》一书中，谈到"终笔庐山"一事时曾说："由他自定画题，自决要画整幅巨构而非分屏，张大千十足显示他一生好强的性格，临老弥坚。分析大千先生心态，确实是他给自己的挑战，要想自我超越，晚年再创艺术高峰……对艺术，张大千也可以说得上是求仁得仁……"

此事，我请大家接受谢家孝兄的说明吧！

（二）近年不断有人询及大千这幅巨构，为何不画他所熟知的黄山、华山或长江三峡，却偏偏要选画他从未去过的庐山？

这个问题的答案，老实说，我不知道。我当然后悔当年为什么没有当面问大千先生，不过，我也常想：当年即使问他，他也不会作确切答复。据我推想，应该还是他老人家想要"自我超越"的缘故。既要自我超越，题材就不要炒冷饭，干脆画一处从未去过的地方吧！

据谢家孝兄在《张大千传》一书中记述，他曾和张葆萝兄讨论过这个问题，据葆萝说："我们老人家提是提过，但未深谈；家里也没有人敢深问。他说我画我心目中的庐山好了，去未去过有什么关系？……就连身在庐山中的苏东坡，都不识庐山真面目，画家胸中自有丘壑……我画庐山，自有我的想法……。"（见《张大千传》第434页）

这些年来，我一直相信大千先生从前一定画过庐山，只是，找来找去从未发现。我查阅过许多画册，大陆出版的、台湾出版的、香港出版的，包括新加坡出版的都未见有，说来真是奇缘，在一九九五年初的一次艺术品国际拍卖会上，我意外发现大千所画的一幅《庐山高》，绛色淡彩，是画给刘太希先生祝八十岁诞辰的。刘太希和大千同年，这幅画作于一九七八年，《庐山图》大画开笔前三年，大千也是八十岁。我因机会难得，到期赶往竞标，以志在必得的决心，果然把画标到了手。想想我为《庐山图》，跑过腿，尽过心力，现今，我标购到这幅《庐山高》，经与《庐山图》查对，我的《庐山高》乃是山区入口处不远的一处实景，在大画中依稀可见。对我来说，这也是一件难得的纪念品，也是一份难遇的翰墨缘了。

三、《庐山图》究竟完成了没有？据说在绘制过程中，曾有几次重大修改，确否？

当年，《庐山图》匆匆送去裱褙参展，没有签名，没有钤印，没有署款，没有题识，当然不能算是已经完成。据张葆萝对谢家孝兄说："以我家老太爷的标准来说，《庐山图》实际上是未竟全功，仅完成百分之八十五……"

不过，诚如当年张岳军先生所说：大笔泼洒淋漓的山水画，和细笔人物画不同。山水画的气魄形势已具格局，在画的本身部分就算已经完成了，谁也不能说哪里还差一棵树，或者哪里还该补一块石头；不像人物画那样，少一只眼睛，少

《庐山图》赠画仪式上，秦孝仪（右）、张学良（左）、李海天（左二）。

一撇眉毛都不行。《庐山图》在过去十多年中间，曾经公开展出多次，从来没有人认为画面上还缺什么，而且，大千已在画面上题了两首诗，可见画的本身，是大致完成的。至于张葆萝说的"仅完成百分之八十五"，还差百分之十五未完。如果签名、题款、钤印、题识等均属未完部分，这些工作加在一起也应算百分之五的话，则对画的修饰工夫所剩不到百分之十。因此，《庐山图》在画的部分来说，也已完成百分之九十以上了。

至于《庐山图》在绘制过程中是否曾有过重大修改的问题，据我所知是没有，至少，从画面上看不出任何重大修改的痕迹。

只是，在"记录上"，据大千老友乐恕人兄看到的，有过两次改动，一是题诗部分。大千最初为《庐山图》作的题画诗，是一首七言绝句。大千并曾把这首诗写成一小横幅，送给恕人兄。横幅所写是：

题画庐山幛子，予固未尝游兹山也。
不师董巨不荆关，泼墨翻盆自笑顽，
欲起坡翁横侧看，信知胸次有庐山。

可是，大千最后题在《庐山图》上的却是两首七言诗，诗句也较前诗有所更动。两首诗句是：

从君侧看与横看，叠塾层峦杳霭间，
彷佛坡仙开口笑，汝真胸次有庐山。

远公已远无莲舍，陶令肩舆去不还，
待说瘴烟横雾尽，过溪亭坐我看山。

诗句的改动，大致如上。至于画面的改动，据恕人兄说，大千在画到图的中间部分时，曾在虎溪桥旁画了两位高士对坐的小景，甚美，恕人兄曾将此处摄影，留有照片。可是,几天过后,恕人兄再去摩耶精舍看画时,画面上已经更动,两位高士已不见踪影。据大千说,想到今日庐山已无高士,一气之下,把两位高士涂改成一堆山石了。所谓《庐山图》绘制过程中曾有大改动之说,想必就是指上述二事吧。

最后归宿

《庐山图》由大千家属保管了七八年,在台湾参加了数次展出,并曾先后到美国、韩国展览过。一九九二年冬天,张师母及葆萝决定遵照张岳公(张群)生前的裁定,将《庐山图》送交台北故宫博物院珍藏。

一九九三年四月一日,张大千先生逝世十周年忌辰的前一天,上午十一时,故宫博物院在正馆举行《庐山图》捐赠仪式。秦孝仪院长设想周到,参加仪式的,除了大千先生家属及李海天之外,台北故宫博物院并以请柬邀请大千先生的故旧老友张学良及夫人、张岳公的公子张继正夫妇、王新衡夫人等到场观礼。我也是受到柬邀参加观礼的来宾之一。

归藏故宫博物院仪式简单隆重,秦孝仪的致辞,恳切而极富感性,将《庐山图》的制作缘起及归藏的经过等,做了简单扼要的说明。秦院长致辞中说:

"……张大千先生逝世时,张岳公裁定此一大千先生最后力作,必须归藏故宫,而张府和原来创意请求大千先生经营这一巨幅力作的李海天先生,都毫不踌躇地慨然允诺,让这一巨幅伟构,在十年之后,也就是张岳公升天将近三年的此刻,终于归藏'故宫'。这既要感念大千先生、感念张岳公、感谢张夫人以及张葆萝先生昆仲,也要感谢李海天先生……本院得到这件珍品,丰富了院藏,使我们拥有足以代表当代艺术的伟构。这是我们'故宫'的一件大事,也是一件喜事……谢谢大家同为这一艺坛盛事充当见证。"

当天到场采访此一盛事的新闻记者不少,当天的电视新闻,与第二天的报纸,都有详细报道。

当时我已奉调到"中央通讯社"承乏社务,不再担任采访工作,所以当天未撰发新闻稿。第二天,展阅各报,看到《联合报》记者陈长华小姐的一篇特写稿,那真是最完整也最简明的《庐山图》从开始绘制,到最后归属的坎坷曲折过程的记录。陈长华是大千生前最欣赏的一位资深艺文记者,《庐山图》的原原委委,她知道得很清楚。容我将陈长华特写稿抄录于后,藉为此一艺术巨构留下一篇重要文献:

张大千最后力作《庐山图》昨天入藏"故宫"。对于大千家属徐雯波和张葆萝,对于原始求画人李海天,以及传说纷纭的千万台币购画始末,都有了圆满的收场。

"这样的结局,皆大欢喜。"了解这一幅大画制作前因后果的资深报人黄天才说。

一九八一年,旅日华侨李海天为了布置他在横滨新建的旅馆,向大千求一幅大画。这就是《庐山图》的由来。

当时,李海天预付订金若干;后来又从大千亲近人士口中,传出大千的笔润高达一两千万台币,消息经报纸披露,还曾引起国税局的注意。

一千万元在十几年前是多大数目啊!那时李海天买张大千的《黄山图》也不过一百多万元。摩耶精舍的价值在当年也不过五百多万元。黄天才说,一千万元是误传,如果李海天付了笔润,这画就是他的了。

大千为了绘制《庐山图》,也花费不少本钱,光是锯除他客厅的两根梁柱,就用了八十多万新台币。

"我和大千的交情,不是钱可以概括。"李海天昨天站在《庐山图》画前笑着说。

　　一九八三的四月二日，大千病逝于台北，他在遗嘱中对于各项继承都有明白交代，唯独这一幅尚未收笔的大画不在内。数年后，素为大千家属敬重仰赖的张群，曾经嘱咐大千家属把订金原数退还给李海天，但物价年年波动，退多少好呢？另一方面，李海天也婉拒接受，但他未开口议价购藏之事。《庐山图》既是大千遗物，应是他家属收藏，问题在于由谁来收藏？张群生前做裁定：捐赠"故宫"，"故宫"院长秦孝仪代表接受捐赠，他也做了细腻的安排，同时赠送荣誉奖章给徐雯波、张葆萝和李海天。昨天上午十一点，大千的好友张学良、张群公子张继正夫妇、王新衡夫人等都到"故宫"，参加捐画仪式。大千夫人徐雯波近年来健康状况不佳，当她从秦院长手中接受"故宫"奖章时，强忍泪水，脸上充满了哀伤……

四

空余涕泪对梅丘

买梅花过年　　　　　　　丧礼隆重
脑血管出岔　　　　　　　梅丘埋骨
病发住院　　　　　　　　岳公召见
与世长辞　　　　　　　　大千遗嘱

买梅花过年

张大千经过将近两年的辛苦工作，终于在一九八三年一月中旬，完成了《庐山图》。《庐山图》于一月十六日收笔，交付装裱，四天后（一月二十日）即在台北历史博物馆画廊展出。张大千在《庐山图》收笔后一个半月（三月八日）即病发入院，在医院昏迷了三个多星期，于四月二日过世。

从《庐山图》收笔，到大千过世，前后不过两个半月。因此，必然有人怀疑张大千是被《庐山图》累病的。

究竟张大千的过世与他高龄绘制《庐山图》有无关联，或有多少关联？这是无人能肯定作答的问题，也从没有人对此问题谈论过。我对《庐山图》的制作，从开始就积极参与，因此，对于大千在《庐山图》收笔后两个多月就遽尔逝世的事实，十多年来，一直耿耿于怀。我常常想：假如没有《庐山图》的制作，他老人家在世的最后这几年，是否会过得更轻松愉快一些呢？当年我于役日本，大千赶绘《庐山图》的最后几个月，以及他收笔、付展、入院而至逝世的这一段时间，我都不在台北。但即使远在东京，我也无时不关心着《庐山图》的进展与大千的健康。

尤其得知大千在绘制《庐山图》的一九八二年，一年之内三度心脏病发入院的消息时，我真后悔不该为他买来那么大尺寸的绢布。最后，好不容易焦灼等待而得到《庐山图》收笔的喜讯，接着是葆萝兄衔命到日本买梅花、海棠。我在羽田机场见到葆萝兄时，第一句话就是探问老人的健康，葆萝兄答说"还好，还好"，我就知道不是"很好"。可是，当日晚餐后，葆萝兄拿出大千先生在《庐山图》收笔后所赶绘的八幅送东京老友们的画作，展阅之下，幅幅精彩，每幅画面都是元气充沛,生机勃勃,这才使我放下心来。老人并没有被累倒。葆萝兄在日本只待了六天,把海花、海棠买好后就匆匆赶回台北了。当时已是农历年底,老人叮嘱葆萝快去快回,种下梅花好过年。

农历春节(二月十三日),我从东京打电话到摩耶精舍拜年,老人不在家,说是由师母陪同到老乡长张岳公处拜年去了。得知老人家还有出外拜年的兴致,想象中,老人的健康状况应该不差!

随后,愉快地过了元宵,甚至进入阳历三月初旬,老人都没有露出衰累迹象。三月三日,老人还兴致勃勃地接受了"中央日报"资深艺文记者蔡文怡的专访,由张师母及乐恕人、沈苇窗、羊汝德等几位熟识朋友陪着,和蔡文怡畅谈了两个来钟头,又留下文怡共进晚餐。两天后,我和香港沈苇窗兄通电话,谈到大千日前接受蔡文怡专访的情形,苇窗兄还特别告诉我:大千近日心情愉快,精神饱满,正在等着《庐山图》展览完毕送回来由他收尾、加题、钤印以竟全功呢!

此时已是《庐山图》收笔后一个半月,大千的精神、体力显然都已恢复正常,我正准备慢慢催他赶些小幅画作来供应东京求画者的需求。不想,三月八日,突然传来大千病发入院的消息。

起初,我并不十分在意,大千近一两年在"荣总"出出入入,似乎已习以为常。他因心脏宿疾,医师叮咛他要特别小心,身体稍有不适就赶快入院。有时,到医院检查后发觉并无大碍,稍事休息一两天就出院了。到了九日中午,我和羊汝德兄通电话,询及大千病情,我问:"是老毛病吗?"汝德答说:"不是老毛病,可能比以往要麻烦一些。"

李海天兄此时是"侨选监察委员",正要去台北开会。我把大千病发入院的消息告诉他,并请他到台北后去"荣总"看看大千,探询一下病情。

海天兄给我的第一个电话是十二日早上,传来的消息令我大吃一惊:大千已进了加护病房,现在仍在昏迷状态。海天兄促我去台北探望大千先生的病,并看看已收笔的《庐山图》。我原有事打算在三月底回台一行,此时听了海天兄的催促，遂决定提前动身。

三月十五日，我到了台北。找到羊汝德兄，详询之下，才发觉大千的病情远比我想象的严重。

脑血管出岔

据汝德的描述：大千此次发病，和以往不同。大千是三月八日入院的，其实，在入院前几天，大千的行动举止就已出现了一些不正常现象，最显著的是右臂不听指挥，不时自行扬起挥动，有时右腿亦然。这些现象，外人不容易发觉，因为大千讲话时，一向是手势很多的。所以，在入院前两天（三月六日），历史博物馆馆长何浩天来看过大千，谈话很久，何馆长辞出时，还一再向张夫人说及："大千先生精神很好，气色也好。"

三月七日，大千的同乡老友罗永扬从香港来，到摩耶精舍看大千。罗带来一幅大千二哥张善孖画的老虎，请大千鉴定真伪。大千见到二哥手迹，十分激动，竟致流下泪来。罗曾要求和大千合影，大千也欣然答应。罗坐谈了一个多钟头，一直夸说"先生身体好，精神好"。其实，陪坐在一旁的大千家人发觉大千右臂不听指挥，一直在自行抬动。

（大千右臂右腿举止失常，显然是左脑血管出了问题，这使我想起在此一年之前，我从东京回台北，去看大千先生，聊天时，大千提到他最近右手中指尖有毛病，有时痛得不得了，电疗无效，他曾到"荣总"求诊，医师检查结果，说是左脑微血管破裂，但不严重，多休息就好，医师并未为他设法止痛，后来还是大千自己无意间发现，他用右手拇指用力扣压右手中指尖，就不痛了。记得，大千讲到他自己发现的这个止痛方法时，很得意，还当场表演给大家看，从这段往事，

张大千摄于摩耶精舍画案前。

可知大千左脑血管早就有了问题。)

那几天中,大千除了右臂右腿不听指挥之外,另一个失常现象是精神亢进,讲话不停,老是提高嗓门讲话。(这又是一个外人所不易发现的失常现象,甚至还会让外人误以为他精神很好,谈兴很高。其实,张师母等人在旁看着直着急。)而且,更严重的,偶或还会有言语错乱,意思不明的现象。

汝德在讲述大千发病的经过时,并曾提及:那几天,大千也正受着金钱困扰。据说,大千急着要张罗两万五千美金,他的侄女(二哥善孖的女儿)从香港来台,准备转往美国,办美国签证需要有美金存款。同时,"张师兄"张效义的女儿日前也从大陆到了香港,身无分文,等着大千汇钱去接济。(在摩耶精舍,大风堂的男女门徒均以"师兄""师姐"互称,"张师兄"张效义不是向大千学画的学生,他是大千四哥文修的门徒，早年拜门学中医的。大千来台定居，张效义来到大千身边帮忙，成了摩耶精舍的杂务总管。）

大千急着筹钱，在他入院的前一天（三月七日），拿出了七幅宋画，挂在画室壁间，打电话把羊汝德请到摩耶精舍，托羊拿宋画去"卖钱"，羊问这七件千年古画索价多少，大千说："不管多少钱，赶快脱手去吧！"

起初，大千一直不肯入院就医。三月八日上午，师母见大千精神萎靡，体力不逮，遂连劝带哄地把大千带到"荣总"看病检查。医师检查结果，认为病情并未严重到要马上住院，同意大千回家服药休养。大千午间就回到家中。可是，到了下午三四点钟，汝德在报社办公室（汝德当时是"国语日报"社长）接到张师母电话，说"先生情形不好"，催汝德赶快到摩耶精舍去。羊汝德飞车从报社赶到外双溪，大千似乎已经好转了，可以说话、走动。大千见到汝德时，把汝德拉到身边说：

"今天差点就死掉了！如厕后出来，血压陡然下降，昏迷过去，幸亏家中备有氧气，才救转过来。"

此时，大千已同意入院，但却像是有说不完的"交代"似的，迟迟不肯动身，他向师母说：

"……唉，没有给你留东西，房子已决定送给政府了。我立有遗嘱……"

随后，大千走到画桌前坐下，吩咐家里人说：

"拿些新画册来（历史博物馆出版的《张大千书画集》第四集刚刚出版），我题赠学生们一点东西，这次进院，恐怕出不来了……"

大千此时表情肃穆黯然，体力甚衰，但神智却十分清楚。提笔作书，一口气题了十二本画册，题词都非常感性。尤其是题赠给大陆的老友王个簃的那一本，忆旧怀人，足见大千此时虽然已染重病，但文思才情并未消减。"个簃吾兄赐正：承赐先农髯师偕兄与弟造像转到，谨此九叩首。弟爰。"

王个簃是吴昌硕的学生，早年和大千相交至好。王在一九八二年初，曾在大陆出版了《王个簃随想录》一书，书中刊有大千的老师曾农髯和大千、个簃早年合摄的照片一帧，王托人带了一册《随想录》给大千，并在封页上题了一首七绝："曾老门前第一人，腾蛟起凤见精神，老当益壮多怀想，痛饮千杯万象新。"大千收到此书时，很高兴，也很感动。大千在赠王个簃的画册上，题了上面的一行字后，似乎意犹未尽，笔不停挥地又接着写了下面一段话："六十年前，兄弟俱在英年，西门路寒舍，兄自安梯升墙，舔弟所藏六如所画仕女，弟大惊，兄莞尔曰：试他究竟甜否？今俱老矣，尚能为此狡狯否？弟已耳重眼花，行步须扶杖，且患心腹之疾，奈何，奈何。弟爰顿首。"

上列题词中，述及早年顽皮嬉戏之往事。大千早年即富收藏，"六如"是明朝风流才子唐伯虎，所画仕女以甜美著称，王个簃竟然爬梯子上去舌舔画面娇姿，说是"试试是否真的这么甜"。老辈艺术家早年"狡狯"竟至如此者。也亏大千在病重入院前刻，还能记得这段往事。

病发住院

大千题了十二本画册，已是精疲力竭，胸口闷胀得厉害，渐渐支持不住了。在张师母及门生张效义等的促劝下，才上车驶赴"荣总"。据一直陪侍在老师身侧的张效义说：在驶向"荣总"的车上，老人不断喃喃自语，却听不清他在说什么。张效义大声叫"老师"，老人转过头，睁大眼睛望着张效义，似乎不认识他。张效义见状，几乎哭出声来。

到了医院，老人躺在担架车上，推向四十三号病房，在电梯门口，适巧碰上赶来探视的张学良夫妇。老人一看见张学良，神智马上恢复正常，有说有笑，几乎不像有病的模样。张学良看到病情不严重，待了一会儿就走了。

张学良一走，大千马上又喃喃自语不停，声调忽高忽低，说的什么，始终听不清楚。张效义在老师移上病床躺下之后，他走出房外，张罗了一会，再回到病房时，忽然发现老师盘腿坐在病床上，在低声唱四川戏。张效义说："我跟随老师数十年，从没有听过老师唱川戏。"今天的一切都太反常，张效义此时心头隐隐掠过一丝不祥之感。

大千在荣总前后住了二十五天。据台北"中央日报"采访医药新闻的记者朱春梅在一篇特稿中说，她曾访问过"荣总"四十三号病房的专任护士王玫玫。据说，大千先生刚进院的那两天，精神很好。来探病的人很多，先生很健谈，喜欢讲话。没有访客时，他躺在病床上看线装书，偶或下床走动走动，和护士们谈笑聊天，或是到走廊上散步。

可是据羊汝德说："大千入院后，精神亢进的现象毫未好转，还是爱讲话，爱用手势，不肯休息，右臂及右腿还是不听指挥，随便挥舞摆动。"

张效义更发觉先生入院后，头脑似乎有时清楚，有时错乱。更奇怪的是，先生在外人面前，说话清楚，举止正常；但在家人面前，却似乎糊糊涂涂，讲话咿咿唔唔，听不明白。一些护士小姐们认为先生精神很好，行动自如，想必都是他未发病的时候。

十一日，大千入院后第三天，病情发生变化，先说胸口胀闷得难受，接着有呕吐现象。医师详细检查，发现先生心脏还好，毛病可能还是在脑部，遂决定将先生转入加护病房，以便密集监护观察，并禁见访客。多休息，少讲话，比较有利于治疗。

依据规定，病人移入加护病房，须得家属签字同意。当时，张师母因连日侍疾劳累，暂时回摩耶精舍休息去了。医院往摩耶精舍打电话，不知何故，屡接不通，只好由在病房随侍的幼女心声签字，先生转入了加护病房。这是十一日午后的事。

不想，当日晚间，大千忽然不肯卧床，起身大吵大闹，大声叫嚷着要回家，要画画。护士们极力哄劝安抚无效，只好把主治医生请来。大千见了医师，仍然不听劝阻，吵闹不休。医生无法可想，遂决定给他注射镇静剂。

一针打下去，大千果然很快安静下来。但是，心脏却同时停止了跳动。经医生、护士紧急抢救，心脏停博一分钟后即恢复，但却昏迷未醒。大概是由于心脏停跳时脑部停血受损，以致意识无法恢复。

与世长辞

大千这一昏迷，竟昏迷了二十二天后逝世，一直未醒过来。事后听说，医生在大千陷入昏迷状态之初，即曾对先生家属说明：救活希望不大，但求能使先生多弥留一些时日，以俟住在海外的亲人赶来见一面而已。

先生陷入昏迷后，医疗小组一直未放弃一切可能的医药治疗，多次使用最新药品，并进行全日监护和密集治疗，以维持其心肺功能及肾功能。虽曾一度发现先生反射动作及部分感觉有逐渐恢复迹象，且身体各部分功能也渐趋稳定，但因先生年事已高，脑部功能一直无法恢复，意识也一直没有恢复。

先生昏迷期间，每天都有新闻记者到"荣总"探问病情，医疗小组每天发表病况报告，报纸上每天都有"病况无大变化"的新闻。人人在等待奇迹，奇迹却一直没有出现。

这一段时期，我不在台北，但我也和大千先生在台北的亲友门生一样，天天在为他祈祷，天天在等待奇迹出现的佳音。先生弃世后，我在报章上读到好些朋友们悼念他的文章。这些至情至性的文字，没有一篇不是让我含泪读完的。以下，容我摘录一些印象深刻的片段，以见当时亲朋好友们对他悼念的挚情。

曾在摩耶精舍担任秘书多年，才情极为大千先生赞赏的冯幼衡小姐所写的几段话，最能代表大千朋友们对他怀念的心声：

"听到大千先生病危的消息,我不由得在心底狂呼:老天,让他活下去!让他活下去!……奇迹并没有出现,经过三个星期的昏迷不醒,四月二号上午八点,一辈子爱热闹的老人家终于寂然地走了……他的过去,不仅代表一个时代的结束,为诗书画三绝的传统打了一个句点而已;在他的朋友心目中,他的存在,为他周围的人创造了一个人世间再难一见的华丽欢乐场面……他的豪情笑语,点缀了寂寥的人生;他的艺术造诣,使得平凡的世界变得庄严高华,我们遂无视于外在世界的倾颓……而今,一切尽皆散去。"

大千的老友台静农在一篇题名《伤逝》的文章中写到,他在大千入院的前几天,曾到摩耶精舍看望大千。他陪着大千作画聊天,大千留他晚饭,两老兴致都好,还对饮了一杯八嫂(雯波)调制的果子酒。"没想到这样不同寻常的兴奋,竟是我们最后一次的晚餐。数日后,我去医院,仅能在加护病房见了一面。虽然一息尚存,相对已成隔世。人生便是这样的无情。"

台北《联合报》采访艺文新闻的才女记者陈长华的悼念短文中,引述了台静农先生文章中"虽然一息尚存,相对已成隔世"这两句话,"……台静农先生在大千先生病危时的无声沉重,和王新衡先生在大千先生火葬时的号啕大哭,都留给我深刻的印象。同样是刻骨铭心的死别,同样是对老友生命远走的悲戚。一位是文人泣血,一位是英雄落泪……"

上列几段文字,我认为是最能代表大千的亲朋好友们内心感受的文章了。十多年后的今天,我在抄录这几段文章时,仍然禁不住流泪。想想今日情景,台静

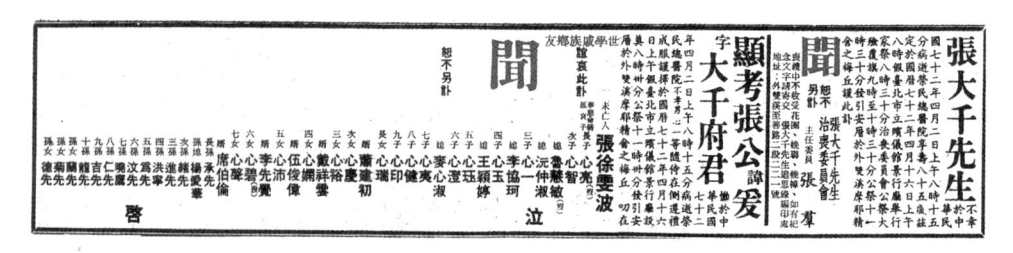

大千先生讣文。

农先生也已过世多年。幼衡出国深造，负笈海外未归；长华升调内勤，早已不再在第一线采访；我自己也已从新闻界退休，今天已在写"回忆"文章了。往事如烟，能不慨然！

再说大千过世的当天，我在东京接到台北总社的电话，嘱我采访日本各界的反应。我立即分别给大千在东京的朋友们打电话报丧。当晚，我撰写了一篇长稿发回台北总社。

东京友好们决定组团回国，参加四月十六日大千先生的公祭仪式。四月五日，大千逝世后第三天，我收到台北四月三日的报纸，很意外地发现"中央日报"竟把大千过世的消息当作第一版的头条新闻刊出，并有社论配合。这可看出各界对大千过世新闻的重视。接着，又从报端上看到，大千治丧筹备会是由前"总统"严家淦先生主持，治丧委员会由张群（岳军）担任主任委员，治丧委员会总干事由台北故宫博物院院长秦孝仪担任。从这些治丧人事安排上可以看出，这是一次"国葬级"的丧礼。也许是由于大千先生是一位艺术家，政府不便以"国葬"之礼来办理他的丧事，而且，大千先生家属恐怕也不一定愿意接受"国葬"典仪的安排，所以不作"国葬"，却以"国葬级"之隆重仪式治丧。既是如此，因之，我以为大千先生的丧事，既由这么多位大老主持办理，冠冕堂皇，自在意料之中。

果然，等我回到台北，一经打听，才知道这场丧事，的确够隆重，但并非公家办理，亦非公家授权或授意由某人办理。治丧委员会主任委员由张岳军先生担任，并不是有人挽请他，也不是大家推举他，而是他"自告奋勇"担任的，他并决定不设副主任委员；治丧会总干事由台北故宫博物院院长秦孝仪担任，也是张岳公所指定，而且，未设副总干事。除此之外，有关治丧及大千身后各种事宜，也颇有一些不同于凡俗的地方。

丧礼隆重

当时，最令我感到意外的一件事，是大千去世之初，摩耶精舍竟然拿不出现金来给办事人员治丧。当时被挽请出来担任治丧会总务组长的，是退役官兵辅导会的第九处（总务处）处长唐建华。建华兄精明干练，在辅导会的处长任内，办理退役老官兵的丧事经验丰富，自为大千治丧会总务组长的理想人选。可是，接事之后，样样都要花钱，他却以无钱应付眼前的各种开销为苦。张师母和葆萝虽然一再表示治丧费绝对由丧家自己负担，但目前摩耶精舍一文现款也没有，必须先请人垫出。最初，是由"故宫博物院"垫出十万元，但很快就用光了。"总统府"曾表示拨付十万元治丧，但钱也还没领到。建华兄急得到处张罗，最后，由治丧会主委张岳公私人拿出七十万元，才把治丧费用的问题解决。

（张岳公自告奋勇担任治丧会主委，以及他私人拿出七十万元治丧费的详细经过，在后文中再作交代。）

台北"中央日报"以第一版头条位置刊登大千先生逝世新闻。

大千果真是"富可敌国，贫无立锥"。他生前所立的遗嘱中，说明要把他精心监造及布置的摩耶精舍捐给政府，并把他所收藏的古书画全部捐给台北故宫博物院（结果，张师母遵照遗嘱，把大千生前所收藏的七十五幅古书画，及十九件古玩、文房四宝及奇石等捐送"故宫"。这是台北故宫博物院开馆以来私人捐赠的最大一笔，就当年的估价，全额当在新台币一亿元以上）。就大千捐出的这些古书画文物，数量之多，价值之高，说他"富可敌国"，真是当之无愧。可是，他去世之时，摩耶精舍竟拿不出现款来治丧。这也真算是"贫无立锥"了！

一九九五年春间，台湾电视公司的"谈笑书声"节目，曾选定以张大千先生的艺术为那一期的节目主题，邀台大艺术研究所傅申教授主讲大千艺术欣赏，由我讲述大千先生生前一些小故事。播映完毕之后，适逢张师母自美国来台，我邀约张师母与节目主持人赖国洲博士及傅申博士等餐叙。席间，谈及当年大千逝世时的一些往事，张师母还说："当时，家里一点现金都没有，还是全靠羊汝德先生临时代为张罗了一点现金来应急。"

大千先生四月二日辞世，由张岳公主持治丧。四月十四日，遗体火化；两天后，十六日，在台北第一殡仪馆举行家祭、公祭。

旅居日本的朋友们，最初，曾有组团回国吊丧之议，后因联络不易，没办法一致行动，遂决定各人分头赴台，到台北后再联络组团参加丧礼。

我于十三日早上单独离日返台。到台北后，与日本来的朋友们联络妥当，第二天清早同车赴殡仪馆。

梅丘埋骨

丧礼隆重肃穆，参加者人山人海，却一切有条不紊。丧礼结束后，十时三十分起灵。我随着大伙，护送灵车，从殡仪馆回到摩耶精舍。灵骨坛安厝在精舍后院的"梅丘"石碑下。"梅丘"这块大石碑，是大千先生生前亲自选定作为自己墓碑的。这一块高可逾丈的巨石，是大千定居美西环荜庵时所购置，原来树立在环荜庵的梅林中，当时，大千是准备葬身于美国的。后来，他发觉美国不是长住久安之所，遂决定迁回台北定居。摩耶精舍庭院布置妥当之后，他即关照葆萝把"梅丘"巨碑尽速运来台北，安置在摩耶精舍园子里。

张大千摄于"梅丘"石碑前。

那天,在摩耶精舍安厝遗骨,人潮熙攘中,有两件事,我看在眼里,印象非常深刻,引起我很多感慨。

一是那天中午十二时,灵骨安厝的正时刻,庭园里挤满了人,我挤不到前面去,只好退站到远处的一个角落里,当听到前面的司仪在叫"封穴"时,耳际传来"梅丘"碑前家属的哀哭声,全场人等肃立俯首致哀。突然,我发现在我身侧不远处的郭小庄,双膝一跪,俯伏在地上低声饮泣。小庄身躯瘦弱,全身素服,跪伏在地上更见得娇小,我真担心有人会不留意而踩踏到她。想到大千生前对她的百般疼爱呵护,小庄对大千的逝去,自然是伤心欲绝的。大千生前,从来不在熟朋友面前讳言他对郭小庄的"偏心"疼爱。记得,有这么一次,大千嘱人从台北打电话给我,说郭小庄要唱戏,新制的戏服需要上好的纺绸做水袖,大千托我到东京"钟纺"（KANEBO）总公司去买两段白纺绸，每段长六尺，尽速送去台北。因登台日期已经迫近，必须尽快办妥。我遵嘱去到"钟纺"总公司门市部，单是白纺绸一字排开就有十多种，我简直无从下手，只好回家打电话到台北询问要买怎样的纺绸，大千一听，急得不得了，唯恐我买错了不合用，遂一再叮咛"要弹性好的，可以抖得开的，不可太厚，也不可太薄，你要抖一抖试试……"我一想，这可糟了，我哪里会抖水袖，非得找人帮忙才行。

想来想去，想起被人称为"东京杜月笙"的程乃昌兄，是著名青衣票友，我连忙找上乃昌兄，说明原委，拉了他一道去"钟纺"，乃昌兄不厌其烦地一一试抖，选定了最适用的一种，由我照尺码买了两副，送去台北交差。不想，三天后，大千又嘱人来电话，说买得非常理想，非常合用，现在要加买六尺一段，必须在两天内送到台北云云。我一听，心里很不是味道，买纺绸并不难，但托人带去台北却很麻烦，要碰机会，所谓"限期两天"，是谁也不敢保险的事。于是，我在电话上马上就说两天内无法办到，我尽快找人带去就是了。

此时，大千突然自己接过听筒，插话说："天才兄，这次一定要拜托你帮忙，两天内希望务必送到，我一定画一幅好好的画报答你……"我听后大笑，心知一定有"隐情"，遂连忙安慰老人说一定如期送到，请他放心。当晚，我电话给羊汝德兄，探询是怎么回事，汝德说：上次托买的两段纺绸，是两副水袖，一副送郭小庄，另一副是答应送徐露或姜竹华的，不想小庄听说"黄叔叔"买的纺绸到了，赶先来看，一试之下，大为满意，高高兴兴地把两副水袖一起卷走了，"老太爷"不忍心扫她的兴，不让门生们去追讨，只说"另外再托天才兄好了"。汝德叮咛我一定要代"老太爷"办好这件事，否则，徐露那边交不了账。我只好再跑一趟"钟纺"，并特别到"华航"托人第二天就把那段纺绸带去了台北。这是我亲历的一件小事，记得很清楚。那天，看到小庄凄楚地跪伏在地上饮泣，我真希望大千英灵的视线能穿透拥挤在梅丘碑前的人群而看到这个角落里来，我也在默默寄语：老太爷，您没有白疼小庄。

那天，引起我感慨的另一件事，是灵骨安厝之后，大家回到屋里，分头吃便当。我和历史博物馆馆长何浩天适巧坐在一起，我们身旁是大千生前所收藏的一排奇石。何馆长对我说："大千先生生前曾说过，这些奇石，都送给历史博物馆，他准备一一安装木座或木盒，装好以后再送，现在，先生一走，这些话都不会兑现了……"何馆长语气中不无怅惘，令我忽然忆及：大千回台定居以来，史博馆和大千最接近，办画展、出画册，并料理日常杂务。可是，大千的丧事，何浩天及他领导下的史博馆人员，竟没有机会插手，自也难怪何浩天要概叹："先生一走，许多事情都不一样了。"

看看周遭的一切，冷清清的，诚如冯幼衡在她的悼念文中所说：老人一走，摩耶精舍顿时变得空空旷旷的……没有了他这个照耀万物、吸引各个行星的太阳，摩耶精舍只是个名词而已。

随后，我和羊汝德、于衡两兄同车离开摩耶精舍，于衡邀我们去来来饭店洗三温暖。在浴室躺椅上，汝德告诉我好些有关大千身后的大事小事。

岳公召见

以往，我每次回台北，摩耶精舍几乎是必去的地方。此外，如果有便，我也会去张岳公处请安问候。岳公对我很好，除了大千先生的关系外，更因岳公数十年来主持"对日外交"，被人称为"知日派"的掌门人；于是，所有在日本因公因私驻留过十年以上的人，都被视为"知日派"的"虾兵蟹将"。岳公常向我说：我们是受他"拖累"而被罩上"知日派"帽子的。我每次回台请谒，都蒙岳公接见，有时还会留饭或赐赠墨宝。但这次回台参加大千丧礼，我想及岳公此时已是九十五岁高龄，最近又为大千治丧，必然十分劳累，我不打算去打扰他老人家了。不想，大千遗骨安厝后两天，四月十八日晚上，我回到旅社，电话接线小姐给我一纸留言条，说："张群先生官邸有电话来，嘱回电。"我立刻回电去，官邸卢副官说，岳公约我次日上午九时到士林官邸"有事要谈"。

第二天，我如约去到岳公士林官邸，岳公精神饱满地坐在客厅里等着，我趋前问候，老人招呼我坐下。我看岳公身体健朗，精神、体力都比年前晋谒时好得多。

岳公一开始就说，今天，"我谈的话很重要，你要留心听着"。

我吃了一惊，当场掏出纸笔，记下岳公谈话的要点。首先，岳公嘱我告诉李海天：《庐山图》是大千生前说过画赠李海天的，原则上，当然应该尊重大千的原意；不过，最近有人认为此图是大千晚年的力作，应该留在台湾。岳公认为，"这种主张也不无道理"。

岳公随即问我："大千生前与李海天的金钱关系与约定，你清楚不清楚？"

我为之一怔，只好说："知道一点，但不敢说很清楚。"

岳公续问："李海天为大千垫付过多少钱？"

我说："去年、今年，两次到日本买梅花的垫款，我是知道的。其他是否还有，我就不知道了。"

岳公接着问："一共垫了多少？"

我很惊讶岳公盘问得如此认真，如此仔细。连忙在脑中计算了一下，告诉了岳公一个大概数字。岳公听后，说道："嗯，你说得不错，我也问过葆萝。你和葆萝说的一样。这笔钱，当然要还给海天。"

至此，我终于相信岳公对于大千过世后有关《庐山图》的种种曲折变化似乎也已略有所闻了。于是，我也不能不说几句公道话。

我说："据我所知，海天并不在意这笔垫款的归还问题。他只希望在《庐山图》的处理上，能提到他是此画的求画人。当初，如果没有他的'好（音'浩'）事'，根本就不会有《庐山图》呢！"

岳公听到这儿，失声笑了出来。

岳公接着以郑重其事的语气对我说："你代我告诉李海天，我当然知道他是《庐山图》的原始求画人，没有他向大千索画，根本就不会有《庐山图》。我当然也知道大千这幅画是为李海天画的。大千生前，我们都曾出力促成这件好事。我一直代李海天催大千动手赶画，甚至曾对大千说，你赶不出来，要打屁股的啊！不过，听说有人希望我为《庐山图》补题识题款，我不会做。根本没有必要。中国宋朝以前的画，都没有署款，也没有图章，这件作品上，有大千的画，有大千的诗，就很完整了，谁敢说这画不是大千画的呢？由我来补题，我题什么呢？证明这幅画是大千画的吗？这岂不是多此一举！"

岳公接着说：

"你应该知道，山水画不像花卉，花卉不能随意增减，山水画无所谓，这里少一棵小树，那里多一座小桥，可以随意加减一点，不加不补也行。《庐山图》这幅画，从画面上看，是完整了的；未署款，留一点余音，也留下一段'故事'，不是更美吗？"说到此处，老人停顿了一下，微笑着继续说："何况，你已经写了文章，登在报上，记得这样清清楚楚，有你那篇历史文献，《庐山图》已经完美了，不必要我多此一举。"（作者按：岳公所谓那篇"历史文献"，应是指我在《庐山图》收笔付展前夕所写的一篇题名《庐山图制作经纬》的文章。此文于一九八三年一月十九日在台北"中央日报"《晨钟副刊》发表，复经香港《大成》杂志，还有纽约《世界日报》等刊物转载。）

我被岳公这样"幽了一默"，面孔不禁发热，但心里却很高兴，连忙岔开话题，问道：

"大千先生当时为什么不署名呢？既有时间写上两首诗,后面留有一片空白，跟着签上名，不是很方便吗？"

岳公稍一沉吟，说道：

"不知道他为什么不跟着就签上名。也许他还想写上一段什么，也许他还有第三首诗、第四首诗。当时是我催他说可以写诗题款了，如有再补再修，题款以后也可以补修嘛，他这才题上那两首诗的。"

说着，岳公语气一转，问我："你对于《庐山图》的事，还有什么问题没有？我要你转告李海天的话，都记得了吧？"我连忙扬扬手中的笔记本，说道：

"我都记下了，不会忘记。"

岳公点点头，说道：

"好，好。《庐山图》的事谈过了，我再和你讲一讲为大千治丧的情形。"

我全神贯注地听着老人讲述他为情同手足的乡弟治丧的经过。老人说这段话时，语调低沉，说话很慢很慢："我已经二十多年没有为人办丧事了。陈立夫的父亲过世，我也未办。但大千这一次，因为他生前我曾对他说过'不要让我为你办丧事哟！'他当时曾经落泪，所以，我要践约。当然，我也只是决定大事，主持一切，事情都是秦孝仪的人在办，他们拟好计划，向我请示，我做决定就是了……"

老人停顿下来，我知道他的话还未说完，所以也未搭腔，只是静静地等他说下去。停了片刻，老人继续说：

"最初，他们拟了计划，造了预算，七十万台币。大千遗嘱说治丧费他自己负担，但他既未留下遗产，我们不能向他后人拿钱，也不能向政府要钱，所以，我说我来出。我拿了七十万元，后来，'总统府'送了十万元，秦孝仪那边拿了十万元。结果，钱还有得多，我说：不必再退给我了，留下作为印制纪念册，或其他必需开支吧。"

接着，老人又谈到治丧过程中的一些事务性问题：

"本来，治丧会里几位办丧事有经验的人，曾按一般礼俗拟了一个计划，主张尽量隆重。我看了计划之后，对他们说，隆重是应该的，但是，大千是一位'雅人'，不是凡人，所以，一些俗气的繁文缛节，都可以免了。我决定不收挽联、奠仪、花圈；会场布置以花为主，挽额只有三位'总统'的，（作者按：岳公所谓'三位总统'，其实是'两位总统及一位副总统'，即当时在任'总统'蒋经

大千先生灵堂。

国、前任'总统'严家淦，和当时在位的'副总统'谢东闵。）有人认为我该写一副挽联，我作了一副，但我不让挂在灵堂，日后编入纪念册好了，灵堂中只有治丧会一副挽联。"①

岳公接着谈到他在治丧中所坚持的几项新做法：

"本来，我们社会的习惯，一位重要人物去世了，治丧会的主任委员算是主要负责人，然后摆上一大堆挂名的副主任委员，都不管事，甚至不露脸，治丧会总干事也是如此，他负执行重任，其余一大堆副总干事。"

---

① 张岳公亲撰的挽联，联文如下：
五百年国画大师，阅览之博，造诣之深，
规范轶群伦，无忝邦家称国宝。
半世纪知交莫逆，忧患共尝，艺文共赏，
仓皇成永诀，空余涕泪对梅丘。

（按，挽联最后一句，即本节标题。）

"这次，我自告奋勇，担任主任委员，我决定不设副主任委员；我指定秦孝仪担任总干事，不设副总干事。事情多了，就由秦孝仪派人去做。结果，人事安排简单化，效率却很高。"

"另外，公祭节目中，本来有团体公祭，我也认为没有必要一一列举了，以保持灵堂的肃穆气氛。还有，在火葬那天，封棺之前，我才发现他们摆进棺材陪葬的东西，有大千喜爱的古画卷，有他常常翻阅的明版书，甚至有一支大千常用的手杖。我看了很生气，何必要把这些宝贵东西烧掉，我当场把办事的人骂了一顿。古画、古书都拿了出来，换进一个空白手卷。那支手杖，我也让人拿了出来，既是大千生前常用之物，留在世间做纪念该是多好！总之，我这次引进一些新做法，希望开开风气，让社会效法……"

那天，我于上午九时应召往谒，待到十时二十分才辞出。一个多小时中，几乎都是岳公讲话。我听到了许多内幕新闻和漏网新闻。回到旅社后，连忙把记事本上所记要点仔细整理。

大千遗嘱

前文提到张岳公关心《庐山图》归属的问题，此图原系大千生前应李海天之请而画，大千逝世后，此图归属之所以发生问题，也可说是因大千先生那份遗嘱所间接引发。

大千先生在一九七九年四月十二日，他届满八十岁时，在台北立了一份遗嘱，当时在场的有代笔兼见证人唐英杰，及见证人张群、王新衡、李祖莱、蔡六乘律师等。家属无人在场。当时，遗嘱拟妥善就并经大千及诸见证人签名后，交由蔡六乘律师保管。

外界及大千先生家属均不知道大千立此遗嘱之事，直到大千过世后三天，一九八三年四月五日，治丧会第一次全体大会席上，蔡六乘律师才宣布大千立有此"最后遗嘱"，并在会上宣读遗嘱全文。

大千在遗嘱中把他的"全部遗产"分为三项：一是他的自作书画，二是他收藏的古书画文物，三是摩耶精舍。对于遗产处理，他分为两部分，第一部分为"特留份"，是关于大千自作书画的处理，言明分为十六份，其中十五份由"继承人妻徐雯波及十四名子女均分之"。对此部分，大千想及儿女众多，散居世界各地，而且是不同母亲所生，在遗产分配上难免有争执，大千特别在遗嘱中谆谆告诫后人："余所作书画，价值难估，在继承开始时，应由遗嘱执行人与各继承人协商平均分配之。倘协商不获结果，则由遗嘱执行人决定分配之。诚望各继承人珍视其为遗泽，而不斤斤于其价值，则甚慰余心。"

遗产处理的第二部分为"遗赠部分"，除了指明古书画文物遗赠台北故宫博物院，摩耶精舍遗赠政府机构之外，另一项引起大家惊奇的是：上开余自作书画之十六分之一，遗赠余姬人杨宛君。许多人至此才知道大千先生直到晚年还在惦念着那位北平唱大鼓出身，曾陪伴他走遍大江南北甚至远征敦煌、远游日本的北国佳丽呢！

（大千逝世后大约半年，我在日本一本杂志上看到一篇报道，说杨宛君仍然活着，住在北京，已是年近古稀的老妇人。大千离开大陆时，杨宛君只不过三十岁出头一点。她一直未再婚，在大陆苦等大千三十多年，据说她在北京得悉大千噩耗时，号啕大哭，尤其听说大千在晚年遗嘱中对她仍惦念未忘，要分给她一份遗产，她更是感动得痛哭不止。虽然，大千去世时，并没有留下任何"自作书画"，杨宛君根本未分到任何遗产，但她对人说，只要大千有这番心意，她苦等大千三十多年，就算没有白等了。）

关于遗嘱"执行"的情形，大千遗嘱中交代得很明白，他所收藏的古书画文物，遗赠给台北故宫博物院，这部分执行上本无困难，但当时无人知道大千过世时究竟还有多少古书画文物留在摩耶精舍中，遂有一些"好事"的人辗转打听，以致引起了新闻记者们的注意，据说曾有新闻记者登门采访想要获知详情，使得师母及葆萝十分不悦，也让师母及葆萝受了一些委屈。最后，由张师母会同遗嘱执行人王新衡、李祖莱及律师等，共同参加清点工作，结果，清点出古人名画六十九件，法书六件，合为七十五件，其中名画有早至隋唐五代者十余件，宋画二十多件，均为珍品，其他尚有古砚、奇石、古绢等文物十九件，洋洋大观，当时估价就在新台币亿元以上。大千先生捐赠这批文物，直到现在为止，仍是私人捐赠台北故宫博物院藏品最多的一位。

至于摩耶精舍捐献给政府，这一部分，执行也无困难，由政府指定接管机关后，大千家属即觅屋迁居，将精舍交出。

但是，有关大千自作书画部分，执行时就有问题了。遗嘱中说：大千自作书画分为十六份，分给妻妾子女。本来，遗嘱执行人王新衡担心分配不均，要引起纷争或不愉快。不料，当王新衡会同大千家属在摩耶精舍中整理清点大千所遗留的书画时，竟然发现已完成的书画，一张都没有，只有未完成的画件七张，但却有十多张的画债未偿（已收笔润，尚未交件者）。因之，遗嘱中有关大千自作书画部分，根本无从执行，只好作罢。后来，张岳公决定《庐山图》应留在台湾，遂由遗嘱执行人王新衡，会同律师与张师母及大千子女代表等会商，对《庐山图》做了如下决定："巨画《庐山图》，由张夫人及其子女共同永久保存，不作其他任何处理，以便传之子孙，以念先人手泽。"《庐山图》遂交由张师母和葆萝保管。（其后，由于大千先生家属众多，且散居海内外各地，对《庐山图》保管不易，遂由家属决定赠献给台北故宫博物院珍藏，此是后话。）

张大千先生的身后事，至此处理完毕。所有身外财物，他在生前都交代得一清二楚，真是了无牵挂，来去清白。今后他所拥有的，除了埋骨所在的"梅丘"石碑之外，就只有世人对他的无尽追思及怀念了。

五

少年狡狯惹是非

别开生面的展览
骗过名家法眼
吴湖帆弄巧成拙
画册附录惹风波
澄清几个疑点
赝作惟妙惟肖
溪岸图被"栽赃"

别开生面的展览

张大千先生的画展,在他生前故后,我看过不下数十次,其中两次给我印象最深,甚至为之心神震撼。一次是一九八三年初春,刚刚画成的《庐山图》在台北历史博物馆首次展出。记得,我一跨进"国家画廊"大厅,就被那气势万千的青山绿峦笼罩住。这幅大画,从开笔到收笔,整个制作过程中,我看过不知道多少次,但一直都是看它平铺在那特制的大画案上,只觉得其"大"而已,并不觉得其气势逼人;可是,一到了画廊,挂在墙上,感觉完全不同了,山巅谷底都显得十分突出,壮阔中蕴涵着秀丽,石青似乎特别青,石绿似乎特别绿,人站在画前,顿时会觉得自己竟然是那么渺小!

另一次令我为之惊愕赞叹的张大千画展,是

一九九一年,本书作者在华府与"血战古人"主办人傅申博士,摄于大千居士仿石涛《自云荆关一只眼》画前。

一九九一年在美国华盛顿沙可乐美术馆举行的"张大千回顾展"。

　　事先,我并不知道这次展览内容如此精彩,我之所以从台北千里迢迢到华盛顿去看展览,是因为刚巧在画展开幕前三天,我要去加拿大参加一项国际会议,遂稍稍绕路到华府去停留了几天看展览。另一个原因是主办画展的傅申博士向我借了大千早年所作的四件扇面镜片去参展,我希望看看展出的情形。

　　到了华府,傅申向我简单说明了此次展览的主题及展品内容。主题是介绍张大千对中国历朝历代名迹临摹、研究及仿作的情形,借以追索张大千艺术成长的轨迹。傅申说:他向世界各著名博物馆及公私藏家商借来一百一十多件画作,可以看出张大千从隋唐到清朝的有

美国耶鲁大学艺术馆收藏的张大千伪作《石溪山水》。

伦敦大英博物馆所藏的张大千伪作——五代巨然《茂林叠嶂图》。

名画家都临摹过。而且，傅申说：他也向几家世界级博物馆洽借来一些他们当作古画珍藏，其实却是大千所造的假古画，同场展出，真是别开生面。

傅申最后这几句话引起我很大兴趣。我打断他的话，问他向哪几家博物馆借了画来。傅申说：纽约大都会博物馆、伦敦大英博物馆、檀香山美术馆都借了东西。我一听，精神大振，催着傅申让我看一看他借来展品的目录。看过目录，我迫不及待地催着傅申带我去看展品。

早就听说大千伪作的古画惟妙惟肖，天衣无缝。数十年来像神话一般地流传于中外艺坛，可是，却一直无缘得见他那些被珍藏于世界各地著名美术馆的作品。这一次，幸赖傅申的努力，分别从伦敦、纽约、檀香山，以及中国香港等地，搜寻洽借来艺坛久已"闻名"的七件赝品，集中展出。这样的"盛会"，不仅是空前，恐怕也将是"绝后"的。借来的七件"名迹"及藏主是：

● 纽约大都会博物馆藏——（清代）石涛《自云荆关一只眼》

山水斗方

- 纽约大都会博物馆藏——（清代）梅清《黄山文殊台》轴
- 伦敦大英博物馆藏——（北宋）巨然《茂林叠嶂图》轴
- 檀香山美术馆藏——（南宋）梁楷《睡猿图》轴
- 纽约私人藏——（南宋）梁楷《睡猿图》轴
- 耶鲁大学美术馆藏——（清代）石溪《黄峰千仞图》轴
- 私人藏家——（唐代）张萱《明皇纳凉图》横披

上列七画，件件是"名迹"，件件有故事，分别来自欧、美、亚三大洲，亦可见大千"少年狡狯"纵横世界艺坛雄姿之一斑了。

石涛《自云荆关一只眼》这件山水斗方，虽是小幅，却大名鼎鼎，张大千当年用这幅假石涛换来黄宾虹珍藏的一幅真石涛精品。（故事是大千口述，见谢家孝著《张大千传》第101页）。这是大千二十三四岁时作品，不仅当年骗过了黄宾虹，而且，若干年后，辗转流传，又由纽约名收藏家顾洛阜（John M.Crawford）当作真石涛购藏，后又转赠纽约大都会博物馆珍藏至今。

其他另两件清代画家的作品：梅清的《黄山文殊台》及石溪的《黄峰千仞图》，都是画黄山，大千以他精研明末四僧的功力，以及对"黄山派"笔法的融入模仿，这两幅作品之"乱真"，对大千来说，都不是难事。石溪《千仞图》上方的长题，更看出大千"艺高人胆大"之处，石溪的字比他的画还难模仿，大千却写得如此熟练传神，真令人叹为观止。

骗过名家法眼

上列七画中，曾引起广大争议并曾造成国际艺坛震动的展品，是由伦敦大英博物馆珍藏了三十年的巨然《茂林叠嶂图》。

据傅申考证,此图是张大千参照台北故宫博物院及上海美术馆所藏的两幅"传系巨然作品"的巨幅山水所绘制的,时间大约是一九五一年。当时大千为求逼真,故意将此图做成古代朝廷流失出来的藏品,画面上有宋高宗的题识及宋徽宗的皇家收藏印鉴。

此画在入藏大英博物馆之前,曾有一段曲折:名收藏家燕笙波一度是此画的收藏者,他对此一藏品甚为得意,曾在香港遍求当地有名收藏家及鉴赏家题跋。一天,他携画拜访在港作客的张大千,请大千过目并加题跋,通常,大千总是极力避免在自己的赝古作品上题跋,以保持自己的鉴赏专家身份,但这一次,碍于老友情面,推托不掉,只好硬着头皮提笔。他仍然避免在画面上题识,却在画的裱绫上写了一段长跋,硬说此画是"巨师真迹",值得珍藏云云。大千为自己伪古作品作"伪证",这是有失他游戏狡狯的初衷的,这恐怕是绝无仅有的一次。

二十世纪六十年代初期,大英博物馆经多位专家鉴定此画为巨然真迹而购藏,著名中国文物鉴赏家沙利文博士(Dr. Sulivan)曾公开撰文肯定此画为巨然的真迹精品,并为大英博物馆得此珍贵藏品而致贺。

其后,随着台北故宫博物院及上海美术馆巨然藏品的相继曝光,专家们从《茂林叠嶂图》的构图上发现了破绽,经仔细审鉴,更从印章及字迹上证实是张大千的伪作;使得当年曾公开撰文肯定此画为巨然真迹精品的沙利文博士,不得不于一九八六年撰文承认当年看画走眼,并对张大千的"鬼斧神工"表示赞佩。大英博物馆接受了专家们的鉴定,并慨然允借此画在张大千展览会上展出,实在是很难得的。

借展的七幅"古画"中,最富传奇性的,是两幅梁楷的《睡猿图》。梁楷是宋代名画家,传世真迹不多,台北故宫博物院所藏的一幅简笔《泼墨仙人》,是震烁艺坛的一件名作。可是,日本人似乎比中国人更喜欢梁楷那种淳朴淡雅的墨趣,因之,梁楷画作藏于日本者可能较之藏于中国者要多。

此次展出的两幅梁楷《睡猿图》，画面构图完全相同，都是画的一只长臂猿，伏在一块巨石上酣卧，背景简单，造型古奇。两幅笔法更是完全一样。在展场上并排挂在一起，自是特别刺眼。而且，两画都有著名鉴赏家的题识。纽约私人藏家所收的那一幅，有溥心畬的两则题跋，上边诗塘里写的是：

梁风子睡猿真迹神品，

大风堂藏画第一，

——心畬题

下边题诗一首：

剪剪西风雨似丝，

寒霜凋尽岁寒枝，

青猿睡起应悲啸，

已是藤枯树倒时。

——心畬题

另幅藏于檀香山美术馆者，诗塘有叶恭绰（叶公超的叔父、北洋政府时代的显宦，著名古物收藏家及鉴赏家）的题识："天下第一梁风子画，恭绰为湖帆题。"在画幅左下方的裱绫上，更有上海名收藏家及鉴赏家吴湖帆的一段长跋，指说这画是他祖父吴大澄的旧藏。

看来如此完美的两幅古画，如果不是张大千自己出面"承认"是他所伪作，恐怕还没有人敢于出面指说这两幅画是近人伪造。而且，即使有人看出破绽，它们的"藏主"也不会轻易相信，更不会同意借出参加张大千的画展吧！

张大千又是怎样出面"承认"这二画是他的"少年狡狯"之作呢？此中一番曲折，就是我前文所说这二画"富于传奇性"之所在了。

话说在二十世纪三十年代初期（一九三三、三四年间），张大千对宋元古画

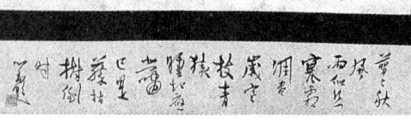

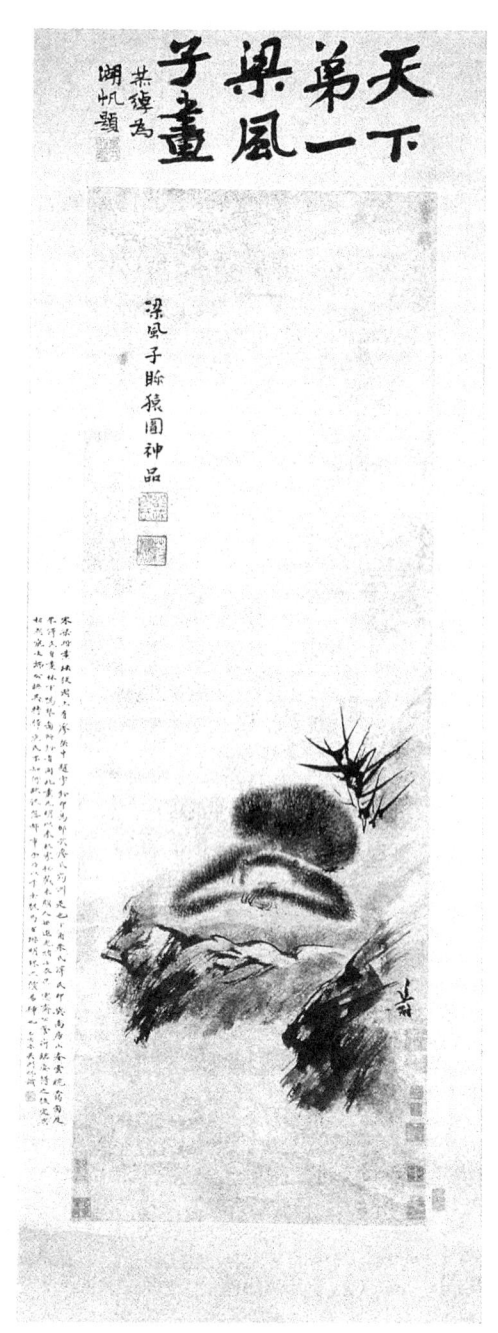

张大千冒宋朝梁楷之名所作两幅一模一样的《睡猿图》。

临摹已具相当心得及自信之际，某日，技痒，聚精会神地用梁楷笔法画了这样一幅《睡猿图》。

张大千又是从何处得来"灵感"，想到用梁楷笔法来画"睡猿"呢？

前文说过，梁楷传世真迹不多，国内藏品最著名的可能只有那幅《泼墨仙人》，倒是日本所藏梁楷画作比我们自己国内多一些。大千早年在一九三一年及一九三四年曾经两度到日本游历，尤其一九三一年那一次，和二哥善孖同去，曾在日本住了好几个月。这段时间，大千既沉潜于宋元古画，游日本时，必然看了不少梁楷的作品。这应该就是《睡猿图》的灵感来源吧！

以往数十年间，大家都以为大千所作这两幅"睡猿图"的构图，可能是临摹梁楷的一件原迹，或可能是大千依据梁楷画猿的造型而"创作"出来的画面。可是，在此次华盛顿大展中，却让我们知道了一项新事实：原来，这两幅梁楷《睡猿图》的构图，既不是梁楷的原作，也不是大千所创造，而是宋代另一位画家——法常和尚，俗号牧溪的作品。大千也许是发觉梁楷和牧溪的画风接近，遂摹仿了牧溪，却署名梁楷，让人不易发现他伪作的"来历"。可是，这秘密仍然被发现了。而发现此一秘密的，正是筹办此次华盛顿大展的傅申。

傅申是怎样发现日本福冈美术馆藏有牧溪这样一幅《睡猿图》的，他未说明，但他却到福冈拍摄了牧溪此画的照片，放大了，和大千所作两幅梁楷《睡猿图》挂在一块儿展出，让参观者更能了解大千此二画的"来历"，当然也更增加了此次展览的可看性与噱头。

再说大千当年画好一幅《睡猿图》之后，除了在画面右下方的山石旁边以梁楷草书署名之外，同时，在画面左上方空白处仿造南宋名收藏家廖莹中笔迹，清晰地写了"梁风子睡猿图神品"八个字，廖莹中未签名，却在所题八个字下钤有"邵武廖氏"及"药洲"两印。在画面右下角"梁楷"签名钤印之下，另有五方历代收藏家的印章。

大千画成之后，通过渠道，交给北平琉璃厂的古董商去求售。适巧上海大收藏家吴湖帆因事到北平，看到此画，大为心动，遂以重金购置下来。（据谢稚柳的学生吴灏在香港《名家翰墨》杂志上撰文说：据张葱玉告诉他，吴湖帆当年以四千元白银买下此画，古董商与大千对分，各得二千元。）

时距将近千年的宋画，本来就寥若晨星，梁楷的精品更属少见。吴湖帆得此画后，兴奋不已，他挽请好友叶恭绰为他在画上方诗塘位置题识，叶老欣然写下"天下第一梁风子画"几个大字。

吴湖帆弄巧成拙

吴湖帆也许是为了夸耀他自己对鉴识古画的眼光及能耐，做了非常不应该做的一件事：他竟对人宣称这幅梁楷画猿是他祖父吴大澂的旧藏。（吴大澂是晚清一位大官，也是有名的金石书画收藏家。）而且，吴湖帆对这则虚构故事，不仅口头宣传，甚至见诸笔墨，他在画面左侧下方的裱绫上，以他精到的小楷书法，写了如下一段长跋：

宋梁楷画睡猿图，上有廖莹中题字，钤印为邰武廖氏药洲是也。下角朱氏泽民印与高房山春云晓霭图及朱泽民自画林下鸣禽所钤者同。此画元明以来，故家秘藏，未显人世，迨光绪壬辰，先愙斋公养疴临安得之，后定兴相国鹿文端公抚吴，转归鹿氏，不知何故流落都市，余乃以千金骏马百琲明珠之价易归也。己亥春吴湖帆识。

吴湖帆更不应该的是，他在画幅左下侧裱绫上写了上述这一段捏造故事的题跋之后，又在右侧裱绫上盖了他祖父吴大澂的一方收藏印。其实，吴大澂在清朝末年就去世了，而张大千此画在民国三十九年才画成，显然吴大澂的收藏印是吴湖帆代盖上去的。吴湖帆这一著更是弄巧成拙了。

张大千也许是风闻吴湖帆重金买进一幅梁风子画猿之事,心头一震,连忙前往访吴湖帆处看画。一见之下,果然是自己"狡狯"之作,遂轻声对吴说:

"湖帆,这件东西,有机会还是让出去吧!"

轻轻一语,惊醒一时糊涂的内行人。吴湖帆表面上不动声色,却暗中通过可靠渠道,将画卖了出去。

辗辗转转,此画卖进了檀香山美术馆,成了檀美馆东方艺术品珍藏的"瑰宝"。

张大千本人曾在二十世纪五十年代初期一次访美途中,特地在檀香山小作停留,亲自到檀香山美术馆参观,见到该馆馆长艾克(Gustav Ecke)。大千向馆长当面承认此画是他早年所伪作,艾克馆长并未表示意外,并说他早已听说有关此画的风风雨雨,所以,在标签上,也已改为"传系梁楷所作"了。

檀香山美术馆以这幅"梁楷"既经张大千本人承认是他所伪作,所以,当沙可乐美术馆来洽借此图参加张大千回顾展,檀香山美术馆也就大大方方地同意借去参展了。

此次华府大展所展出的七件大千伪作古画中,年代最"古"的是唐朝画家张萱的《明皇纳凉图》。

张萱是唐玄宗(明皇)时代的宫廷画家,据《唐书·艺文志》及《唐朝名画录》等史籍记载,张萱只活了二十八岁(公元七一四·开元二年——七四二年·天宝元年)。但著录中却记载他画过不少名画,如《贵公子夜游图》《虢国夫人出游图》等。张大千所伪造的这一幅《明皇纳凉图》,著录中记载张萱曾画过这么一幅画,但从来没有人见过原件,张大千就利用这个"空档",伪造了这一幅张萱《明皇纳凉图》。

横幅图中的唐明皇,身着便袍,手持一柄团扇;后面两名宫女,其中一名也拿着一支长柄团扇。在唐明皇前方,杨贵妃身穿艳丽的薄纱便服,背向唐明皇,举臂扬袖,似乎在作拜祭。画面人物表情极美,服装色彩鲜明典雅,极具古意。

日本画家桥本关雪所作《明皇纳凉图》。

张大千伪作唐代张萱《明皇纳凉图》。

在唐明皇与杨贵妃之间的空白画面上,题着唐代著名诗人白居易《长恨歌》的两行名句:"在天愿作比翼鸟,在地愿为连理枝。"画面上无名款,但在画心前端的裱绫上,与题诗相同笔迹写着"张萱明皇纳凉图"七个字,印章及私人名号印等数十方。

画面绢色及颜料色彩等,均经过很彻底的做旧工夫;看上去,真是一幅不折不扣的千年古画。

这一幅在画面上看去"天衣无缝"的名作,其实,在专家们的精密考证下,却是破绽甚多。

此图最大破绽是画面构图并不是大千所创作,当然更不是张萱所创作,而是源自日本现代水墨画家桥本关雪于一九二九年所画的一个手卷。桥本此一手卷很长，题名就叫《长恨歌》，分五段。大千所仿的是第一段，除了画面上杨贵妃前方的一张祭桌未仿临入画之外，其余画面上的人物姿态、道具背景等，和桥本的原作一模一样。桥本是日本昭和时期的名水墨画家，抗日战争之前，和中国文艺界多有往来，也是大千很熟的朋友。桥本直到日本战败投降那一年（一九四五年）才去世。桥本所作的这个《长恨歌》手卷，现在就藏在日本京都市美术馆中。大千以桥本的此一手卷为蓝本，自然很容易就会泄底。果然，大千的《明皇纳凉图》推出不久，就被美国东方美术史专家——加州大学伯克利分校教授高居翰博士（James Cahill）找出了它的底本。

此图的另一大破绽，是画面上所题白居易《长恨歌》的两行诗句："在天愿作比翼鸟，在地愿为连理枝。"按理说，画面上既有唐明皇和杨贵妃，则题上白居易这首名诗的名句自是十分切题而恰当。画作上无名款，这是唐宋画家不作兴题名款的惯例，大千想及张萱既是唐明皇时代的著名宫廷画家，所以，此图就算是张萱在宫廷内的写实之作吧。于是，顺理成章就题为张萱的作品。

只是大千没有想到：寿命并不长的张萱（只活了二十八岁），在白居易写作《长恨歌》时，他已去世将近一百年了。当然，如果其他方面别无破绽，则此事还可以辩说两行诗句及名款不是张萱自己写的，而是后人所写。可是，如此重要的题识，怎么会连题识人也未留下名款呢？

也许，这是大千故意留下的破绽，他是要"考验"看画的人是否能精细到如此明察秋毫。粗枝大叶看画，本是鉴赏家的大忌，大千在这幅"古画"上，留下这几个明显的破绽，是否有意测试我们？

此次大展，由主办单位洽借来参展的大千伪作古画，虽然只有七幅，但在展现大千"仿谁像谁"的功夫上，已足以令人叹为观止了。试看这七件精心伪作，在年代上，从唐朝张萱《明皇纳凉图》，到五代晚唐巨然《茂林叠嶂图》，再而宋代梁楷《睡猿图》，以至明末清初的梅清《黄山文殊台》、石溪《千仞峰》与石涛《自云荆关一只眼》，上下延绵一千年，这六位古人，分别以他们各自独特的画风，代表了他们各自所属的那个世代。大千这一支笔，冒用了他们六位大家的名号，分别画出他们的代表作品，竟然能够过五关，斩六将，通过国内外鉴赏专家的锐利眼光与精密审查，而昂然进入世界各著名博物馆或美术馆的殿堂之中。如此的技艺，如此的功力，称之为模仿界的五百年来第一人，会有人不同意么！

画册附录惹风波

华府这次大展，非常成功。在华府展出三个多月后，再移到纽约和圣路易斯城等地方展出，展期将近一年。主办人傅申博士编写了一本精美画册，对展出的画件逐件解释及剖析，是一本少见的精研精析大千画艺的著作。出人意料的是，傅申所编这本精美画册的最后两页"附录"却在台北引起一场大风波。

傅申因为筹办此次大展的关系，跑了很多地方，足迹遍及欧、美、亚三大洲，访问各公私博物馆、美术馆及私人藏家，探求张大千所伪作的高古画作，傅申在画册的附录中，一共列了二十多件（包括已洽借来参展的"张萱"、"巨然"及二幅"梁楷"）。

这二十多件被傅申认定为张大千伪作的高古画作中，有五件是台北故宫博物院所藏。这可不得了！台北"故宫"竟然收藏有张大千伪作的古画，这让"故宫"的"面子"往哪里摆！而且，更严重的是，这五幅伪作古画，竟然是张大千去世后，张氏家属依据大千遗嘱而捐献给台北故宫博物院的。张大千把自己伪作的古画，冒充真迹去献给台北故宫博物院，这个恶作剧未免太过分了！如此行径，张大千还能算是国人爱戴的"艺坛宗师"么！

傅申投下的这一枚空爆炸弹，震撼力和杀伤力都不小！

最初，台北故宫博物院方面的反应很强烈。"故宫"不相信张大千会做这等事。而傅申在事先毫未知会故宫博物院，而且并未说明他"揭发"五件古画为赝作的根据为何的情形下，贸然就在一本正式著录中发表此事，使故宫博物院对傅申非常不谅解。

被傅申认为系大千所伪作的五件古画，全为罕见高古画件，其中包括：

一、隋成陀罗造《释迦牟尼像》

二、隋成陀罗造《观世音菩萨像》

三、唐人画《明皇调马图》

四、五代巨然《阔浦遥山》

被指为张大千伪作的《太上渡关图》。

五、无款《太上渡关图》

上列五件中的两幅隋代佛画，不仅是台北故宫博物院所藏数十万件古画中之年代最早者，恐怕也是全世界中国书画中年代最早的。这两画如果真为大千所伪作，台北故宫博物院就难免大失所望了。

除了上列五件"伪作"之外，傅申又在张大千故世后捐献台北故宫博物院的七十五件古画中，挑出来十一件，认为这十一件虽是古画真迹，但原作上并无作者署名题款，而是张大千依据画上的笔墨章法，分别冒用历代书画名家的名款，并模仿其笔迹而题上去的。这十一件古画是：

一、宋米芾《云山》

二、宋徽宗《鹰犬图》

三、宋徽宗《雌雄白鸡图》

四、宋李安忠《翔鹑图》

五、宋马麟《释迦出山图》

六、宋马麟《观瀑图》

七、宋人《山水》

八、宋人《七夕乞巧图》

九、无款《明皇按乐图》

十、元王蒙《夏山高隐》

十一、元王蒙《山水》

十二、元方从义《云山图》

傅申"揭发"台北故宫博物院藏画有张大千伪作在内的消息从华府传到台北之后，台北故宫博物院大哗，立即发表两点声明：第一，傅申所指各节，并未说明其根据为何，台北故宫博物院不予置评；第二，傅申所指各画，既为张大千先生捐献台北故宫博物院者，台北故宫博物院相信张大千先生诚意，不会以他自己伪作古画来欺骗台北故宫博物院或大众。

五　少年狡狯惹是非　143

被傅申指为张大千伪作的隋代观音像（右）及释迦牟尼像（左）。

　　台北各大众传播媒体纷纷打越洋电话向傅申探访，希望傅申把他"揭发"的依据或证据说出来。甚至，台北一家电视公司以人造卫星传播对谈的方式，由台北方面的几位文物审定专家及新闻记者和在华府的傅申做越洋电话对谈。傅申在接受采访作口头说明之余，并连续赶写了好几篇洋洋大文，说明他的论点及依据，并附若干图片，连图带文电传台北。

　　在傅申为自己所作"揭发"事项奋力提出有关证据及说词之际，社会一般舆情开始质疑张大千为何要将他的一些伪作古画冒充古迹来捐献给"故宫博物院"？还有人怀疑：张大千遗赠台北故宫博物院的古书画，多达七十五件，如果他把有疑问的五件剔出来，尚有七十件之数，仍为大数量的古画。捐献台北故宫博物院，亦为豪举，他为什么要把这有疑问的五件来鱼目混珠呢？其动机及目的究竟为何？至此，社会舆情的压力逐渐移到大千的头上来了。

澄清几个疑点

这时候，我曾在台北报端及若干台、港杂志上发表了几篇短文，一再提醒大家注意若干事实：

第一，大千去世后所捐赠给台北故宫博物院的古画，并不是张大千自己所整理选出捐赠，而是他的家属会同大千遗嘱执行人王新衡及律师等人共同从摩耶精舍库房中整理出来的，其中容或有大千的"狡狯（游戏）之作"在内，整理人无由辨识，遂而一并选出，此种情形，自不能责怪张大千"鱼目混珠"。

第二，由于大千先生遗嘱写明他所收藏的古书画全部捐赠台北故宫博物院，至于他自己所作书画，则"分成十六份"由妻子儿女继承。在此项"限制"之下，大千先生家属在整理大千遗物时，即使发现有大千的"少年狡狯"或"游戏"之作在内，家属敢于指说此件或彼件为先生伪古之作，不能捐献台北故宫博物院，而应归家属保留么？我在前文中曾述及大千先生过世之时，遗嘱发表，当时即有少数以小人之心度君子之腹的人，担心大千先生家属会把大风堂所藏古画隐藏不肯捐出，遂而千方百计诱使大千先生家属交出所藏古画清单。试想，在此种恶劣环境下，大千先生家属纵使明知某"古画"为先生的"游戏"之作，也不愿或不敢出面说明了。

我自信所写的这些文章，澄清了此次"假画"风波的一些重要疑点。各有关人士由于心理上的窒碍已经消除，可以冷静地、理智地分析大千先生所捐赠古画的真伪。据说，台北故宫博物院确也接受了鉴赏家们的意见，对大千所捐赠的一部分古画作家名号做了适当调整。

不知道是否受了沙可乐这次展览及其后续的这一场假画风波的影响，我发觉，近些年来，世界各地的公私藏家及鉴赏家都在很积极地从事古画鉴识的工作。其实，收藏中国古书画最多的中国大陆，倒是早在二十世纪六十年代初期，就已很有计划地对全国各地博物馆、美术馆的收藏品进行鉴定工作。北京的国家文物局曾于一九六二年及一九八三年两度组织了"中国古代书画鉴定小组"，负责考察及鉴定全国各文物机关及文化教育团体所藏的中国古书画。据两次鉴定小组均曾应聘为成员的著名书画鉴定家刘九庵先生说，他们到全国各地博物馆、美术馆鉴定古画，其实真正任务就是到各地文物机关的藏品中去"甄挑"假画。结果，他们发现各处文物机关或私人藏品中，被当作宝贝般"珍藏"着的假画还真不少；多数假得很差，一眼就可看出；有些假得好的，还真不易辨认。有时，一件东西要反复看好几次，集合全小组三人或七人之力，才被看出破绽而挑出来。他们曾"选出"两百多件假得"逼真"的赝作古画，集中到北京故宫来，于一九九四年举办了一次"全国书画赝品展"；上自唐朝，下至近代，包括了各种作伪手法，摹、临、仿、代、改、造等，不一而足，真可让人看得眼花缭乱。

一九九五年春间，刘九庵先生曾应邀来台湾访问，在一次公开演讲中，曾有人问刘老，他在鉴定小组赴全国各地鉴赏古书画时，看到张大千早年伪作的古画多不多？造得如何？刘老说："张大千仿古的功夫真是不错，他的仿古画作，从唐代仿到宋、元、明、清，仿谁像谁，仿作多家都足以乱真，可说是五百年来，或甚至一千年来，无人可以超越的。"刘老曾举例说有一件名为八大山人、石涛合作的《古松图》，八大山人画松，石涛与八大山人都题了字，字与画都可乱真，实在不容易看出图中八大山人、石涛两人的字画，都是出诸大千一人手笔。图上还有名收藏家罗振玉的题识，赞扬此图为八大山人、石涛合作的精品。

看来，张大千的"狡狯"功夫，还不止是五百年，而是一千年来第一人啦！

本来，伪造古画骗人并不是什么光彩事情，大千当年在香港的诗友南宫搏，与台湾著名历史小说家高阳，都不以大千造假画之事为然[①]。旅美名收藏家王季迁责怪大千造假画打垮了中国古画的国际市场，外国人不敢再问津中国古画了。某艺术史教授指责大千的假画扰乱了中国美术史。不过，这些反对或责难的声音，都掩盖不了艺术界与鉴赏专家们对大千假造古画功夫的赞叹与钦佩。大千自己并不十分在意，有时还以此自豪。

张大千一生究竟造了多少古画？或假造了哪些古画？没有人知道，他自己恐怕也记不住。他所造的一些假画，珍藏于全球各地公私博物馆、美术馆，或私人藏库中，要不是他自己指点或招认出来，也许永远不会被人发现。研究大千所造八大山人画件极有心得的旅美书法家王方宇教授，曾讲过这么一则故事：

大概在二十世纪六十年代末期，一次，张大千和王方宇谈到中国古书画的伪作问题，大千承认曾伪作过不少八大山人作品，大千自己"最得意"的一件八大山人伪作，是一个瓜果手卷。大千特别指出：此件"现归天津市艺术博物馆收藏"。

王方宇对于大千仿古赝古笔墨的高妙，早已心折，现在听到大千自己说最得意的伪造八大山人画作在天津市艺术博物馆中，遂记在心里，有机会，一定要去拜观。一九八〇年，王方宇以"旅美华侨"身份，访问北京，他在名鉴赏家启功先生处见到一部八大山人书法的石刻拓本，为一很长的横卷，共分五段，分别书写《爱梅述》及《千字文》等不同篇章。王方宇从北京转往天津，专程到艺术博物馆参观八大山人花果手卷。在馆方记录上，此卷果然列名为"八大山人精品"，并曾编印在该馆所汇编的《艺苑集锦》中。

[①] 南宫搏在大千逝世后，于一九八三年四月十二日在香港《明报月刊》撰《张大千先生行状我述》一文，谈及大千造假画事，有云："至于造作赝品一事，肯定是污点，比'白璧之玷'严重得多；玉上的玷，尚有磨去的可能，这种伪造的污点磨不去。造得好，以及造了卖给什么人，都无法饰污。在这方面，社会对大千已非常优容，由于大千本身在艺术高峰上的成就，人们不忍再予苛责。"

赝作惟妙惟肖

专研八大山人的王方宇展开长卷仔细欣赏，对大千模仿八大山人用笔之精，用心之巧，大为叹服。然而，更令王方宇感到惊奇的，是在他展卷看完《花果图》后，紧接着竟还有一大节的大字长题，写的是《论邵陆七夕诗》，字体的笔法、章法，完全是八大山人韵味。据王方宇的看法，画卷后段的长题，其书法要比前段的《花果图》更为酷肖八大山人真迹。更巧的是，这一段《论邵陆七夕诗》的题词，正是王方宇刚在北京看到的启功所藏那部八大山人书法拓本中的第三段。王方宇对自己的这个"发现"和"奇遇"不禁拍案叫绝。回到美国后，拿出书法拓本照片和艺术博物馆藏卷的书法照片对比来看，王方宇对张大千"仿谁像谁"的功夫，佩服得五体投地。

可是，最令王方宇意外的是大陆名鉴赏家，也是张大千好友的谢稚柳，与另两位名鉴赏家刘九庵、张葱玉三人，曾检阅过张大千所仿作的这个八大山人手卷，不仅没有看出任何破绽，还认为这个手卷是"八大山人精品"呢！[①]

试想，以谢稚柳早年曾是和张大千一起伪造古画的"合作伙伴"[②]以及张葱玉、刘九庵两位的高明鉴赏眼力，尚且看不出张大千的伪古画作来，而误将大千的赝作断为八大山人的"精品"，则世界各地博物馆及私人藏家手中，谁知道还

[①] 谢稚柳在上海人民美术出版社出版他所撰《鉴余杂稿》一书中，记述他们审定此图的经过说："一九六二年四月，从北京出发，经天津、哈尔滨、长春、沈阳、旅大，跨越四省，往返半年，所见书画万余轴……此行为张珩、刘九庵同志及余三人……八大山人花果一卷，后书七绝诗及故事等，大字、极长，作于癸酉。又荷花众石高头大卷，后书河上花歌，亦大字，作于丁丑。两卷俱精……署款'八大山人'，癸酉为清康熙三十二年，八大六十八岁……"见《鉴余杂稿》第43-48页。

[②] 据包立民在香港《大成》杂志二〇七期所撰《张大千与叶浅予》一文中说："在浅予先生的记忆中，三十年代他与大千先生的交往中，有两件事记忆犹新：一件事发生在一九三六年的南京……他曾经到张目寒家中找过大千，走进书斋一看，只见张大千与谢稚柳正凑在一起作陈老莲的假画，画案上放着一本册页，由谢稚柳写陈老莲的字，张大千作陈老莲的画。"

（传）董源《溪岸图》，现藏美国大都会博物馆。

有多少张大千的仿作在内呢！

由于张大千伪作古画的手法如此高明，其伪作古画数量如此巨大，世界各国一流博物馆中可能都有他"早年狡狯"的作品被当作真迹珍藏。于是，"应运而生"的，自有一些"专心致力于追踪辨识张大千伪古画作"的专家，在各国博物馆珍藏品中潜心搜寻。现任台湾大学艺术史研究所教授傅申博士当是其中表现最杰出者。（傅申在一九九七年八月二十九日台北《联合报》上撰文自称："笔者……一九六八年开始留心张大千，二十年来曾投入极大心力，想要厘清古画中何者为大千的伪作。"）其他如美国加州大学伯克利分校退休教授高居翰（James Cahill）等都是。（高居翰教授在一九九七年九月间写给美国媒体的一篇短文中曾说："在一九九一年十一月华盛顿佛利尔美术馆所举办的张大千学术研讨会上，我发表一篇论文，是我四十年来追踪辨识张大千伪作古画的心得。"见一九九七年十月号台北《艺术新闻》杂志。）

只是，容或有些专家学者因为观察不够细密，或审定不够精确，而将一些他人伪作的古画，误判为张大千所作，以致有如傅申博士所谓的"冤狱"出现。（见一九九七年八月二十九日台北《联合报》傅申撰文：《董源溪岸图绝非张大千伪作》。）

傅申所提及的"董源溪岸图事件"，就是'冤狱'案件的一个实例。

事缘一九九七年六月间，美国纽约大都会博物馆宣布新近获得中国古画十一件。这批古画，系由大都会博物馆董事、华裔金融证券家唐骝千以巨金向名收藏家王季迁购得而捐赠大都会者，十一幅古画之一的五代董源《溪岸图》最受瞩目。目前正悬挂在大都会博物馆新中国馆正对玄关最醒目位置。前不久新馆开幕时，《纽约时报》曾以头版刊登此五代巨作之照片，引起各方重视。

不料，就在《溪岸图》入藏大都会博物馆的新闻正热门之际，八月份出版的美国人文杂志《纽约客》，发表了艺术评论家卡尔·尼根（Carl Nagen）的一篇专文，指说被大都会博物馆奉为"至宝"的中国千年古画——《溪岸图》，原来是张大千伪作的。卡尔·尼根的文章中说，他的消息来源是加州大学伯克利分校退休教授高居翰。高居翰对"张大千此一伪作"的评价很低，说它"笔墨粗糙，结构凌乱，难以辨识"云云。

高居翰是世界知名的中国美术史专家，可以说是著作等身，对明清近代画的研究尤为独到。前文曾提到他自称是"追踪辨识张大千伪作古画四十年"的专文，当年亦曾有过首先揭发唐代张萱《明皇纳凉图》为张大千伪作的纪录，赢得鉴赏界的赞誉。因之，高居翰此次公然揭发《溪岸图》为张大千伪作，消息传出，石破天惊，中国书画鉴定界为之震撼，大都会博物馆及《溪岸图》原收藏人王季迁更为之尴尬不已。

溪岸图被"栽赃"

消息传抵台北，正忙于"张大千百龄纪念大展"画册编撰工作的傅申博士立即有了反应。傅申在台北报纸上撰文指出，他曾数度在王季迁纽约寓所观赏研究过《溪岸图》，认为画中的树石、人物及水纹等，都和张大千的线条个性不同，山石皴法也不是张大千擅长的笔法。因此，傅申断言："该画绝不可能出自现代的张大千之手。并且，只要对宋元古画原迹下过钻研工夫的学者，也应该知道这是一幅流传有年的真正古画。"（见一九九七年八月二十九日台北《联合报》。）

同时，北京故宫博物院副院长杨新亦表示："《溪岸图》的争议不是真假的问题，而是断代的问题。"杨新认为："《溪岸图》的时代下限定在北宋是没有问题的。"（见台北《艺术新闻》杂志一九九七年十月号周海圣专访。）

此外，还有经营国际艺术文物拍卖声誉卓著的佳士得公司中国书画部国际董事黄君实、台湾大学艺术史研究所教授石守谦，曾在台北摩耶精舍担任张大千秘书有年、现在台北故宫博物院服务的冯幼衡博士等，都曾在报纸或杂志上撰文驳斥高居翰对《溪岸图》断代错误，及误判为张大千伪作的失当。专家们指证确凿，高居翰亦无言为自己辩护了。

其实，《溪岸图》不仅不是张大千所伪作的古画，而且，此图之所以被认定为董源作品，也并不始自张大千。《溪岸图》是徐悲鸿"交换"给张大千的。因图上有"后苑副使臣董源画"之署款，所以徐悲鸿即据此而认定为董源作品。

徐悲鸿与张大千交换《溪岸图》这一段情节，是收藏界流传甚广的一则故事。因为，张大千以一幅金农（冬心）画的《风雨归舟图》和徐悲鸿交换《溪岸图》，张大千是占了大便宜的。徐悲鸿曾在收到张大千托人带给的金农《风雨归舟图》上，亲笔写下了这则故事。

据说，徐悲鸿在一九三八年对日抗战期间，逃难到了广西桂林，在游览漓江沿岸的阳朔时，花几元钱买了一幅画面陈旧破损而且积尘厚重的古画，经送往裱画店冲洗整理后，赫然发现是一帧署有董源名款的千年山水巨迹。

金农（冬心）作《风雨归舟图》。

适巧张大千从陷敌后的北平脱险逃抵上海，经香港赴重庆途经桂林，与徐悲鸿相遇。张大千见到徐悲鸿所得的董源巨画，惊奇不已，两人仔细审阅，发现画幅上有宋朝内府印，贾似道、柯九思的收藏印。至此，已可断定为一幅千年古画无疑。徐悲鸿初步审定，认为"恐为天下第一北苑"，喜悦之情是显而易见的。张大千向徐悲鸿洽商让他将画带往四川详加研究，徐悲鸿亦托大千代为仔细考证，遂由大千将画带走。

此后五年间，徐在重庆，大千在成都，又曾远去敦煌，两人一直未晤面。及至大千从敦煌回到成都，整理古画藏品，才托人向徐悲鸿洽谈换画，大千知道徐对大千旧藏的一幅金冬心山水极为喜爱，遂建议以他所藏金冬心的《风雨归舟图》交换徐的《溪岸图》。徐、张原为好友，徐悲鸿当然不会计较，只是各取所好而已。徐悲鸿在收到张大千托人带来的金冬心画时，特别在裱绫上作长跋记述两人换画经过，并题诗一首，以志他换得金冬心画时的喜悦心情。

徐悲鸿夫人廖静文在其所著《徐悲鸿一生》书中，对徐、张换画故事，记述甚详，并录有徐的跋文及题诗。谨在此转录如次：

跋文：

此乃中国古画中奇迹之一，平生所见若范中玄《溪山行旅》、宋人《雪景》、周东邨《北漠图》与此幅，可谓现世界所存在中国山水画中四支柱，古今虽艳称荆关董巨，荆董画世尚有之，巨然卑卑，俱难当吾选也。一九三八年初秋，大千由桂林挟吾董源巨帧去，一九四四年春，吾居重庆，大千知吾所爱其藏中精品冬心此幅，遂托目寒赠吾，吾亦欣然，因吾以画品为重，不计名字也。悲鸿记其因缘于此。

题诗：

还家幸得托便舟，此番遭逢礼教害，
何苦大雨蹲船头，舱中为有堂客在。

冬心命我解释如此，悲鸿心得①。

二十世纪六十年代末期，大千计划从巴西迁往美国购买新居时需钱，遂将《溪岸图》转让给王季迁，王得此画后，曾带到东京，送交修整古画专家目黑三次去整修装裱，费时一年多，才使此图"如云开见月，现出本来面目……，是件了不起的中国古代山水画，足可与范宽《溪山行旅》、郭熙《早春图》媲美。"（古画鉴定专家黄君实语，见台北《艺术新闻》杂志，黄撰《我看溪岸图》一文。）

上述这一段有关《溪岸图》如何从徐悲鸿在广西旧画堆中发现，再经张大千带去考证研究五年后，以金冬心画与徐交换而入藏大风堂；二十年后，再由张大千转让给王季迁，由王送去东京，经目黑三次整修重裱；又过了几近三十年，才由王季迁转让与唐骠千，而捐赠给大都会，还经过国际闻名的古画鉴定家方闻博士等的审定确认后才正式接受入藏。这一段"流传有绪"的经历，虽然时间不长，却是经过多少位当代名鉴赏家的法眼。高居翰选定这一幅古画来向张大千的"仿古能耐"挑战，实在是选错标的，以致毁了自己的盛名。

《溪岸图》风波已经落幕。乍然看来，这似乎是一场无理取闹的风波，但是，却也产生了两项正面效果：

第一，经过这一场争辩，举世书画鉴定界已公认：这幅画绝不是张大千所伪作，但也不一定是五代董源所作；不过，这是一幅千年古画，倒是专家们一致确认的。诚如北京故宫博物院副院长杨新所说："这场争议，不是真假问题，而是断代的问题……《溪岸图》的时代下限定在北宋是没有问题的。"因此，《溪岸图》为千年古画这个"定位"，已不应该再有争议，即使不是董源所作，它在中国艺术史上的崇高地位也已经确定。这个结果，如果不是高居翰惹出这场风波，

---

① 图景为一孤舟行驶于狂风骤雨中，船尾为披蓑摇桨的船家，船头却是一位撑伞蹲坐的文士，看画的人一定会奇怪那位文士为什么不进入船舱避雨，却要撑伞蹲坐船头呢？徐悲鸿遂代画家金冬心答复说："因为舱中有女眷在，文士格于礼教，所以宁可冒雨撑伞蹲坐船头呀！"徐悲鸿题此"打油诗"，以志"心得"，既可见他看画之仔细入微，亦可见他得此画时之喜悦心情。

专家们是不会"多管闲事"去为《溪岸图》断代的。据闻,大都会美术馆从善如流,在《溪岸图》的标签上,已把画家姓名"董源"改为"传为董源所作"。不是董源,却确定是一幅精美的千年古画,大都会博物馆仍足以傲视于收藏界。

第二,经过《溪岸图》这一场争辩,倒是提供给当今为数不少的致力于"辨识及揭发"张大千伪作古画的专家们一个警示:千万不要随意往张大千头上"栽赃",不要每见一幅可疑古画就说是张大千所伪作;张大千虽已过世,不能再自辩了,但公道自在人心,对张大千画艺有深入研究的专家所在多有。这些真正的专家不会放过那些随意往大千头上"栽赃"的人!

六

且安笔砚写敦煌

赞美林黛
接受专访
探谜寻底
盛名之累
苦修三载
专著出版风波

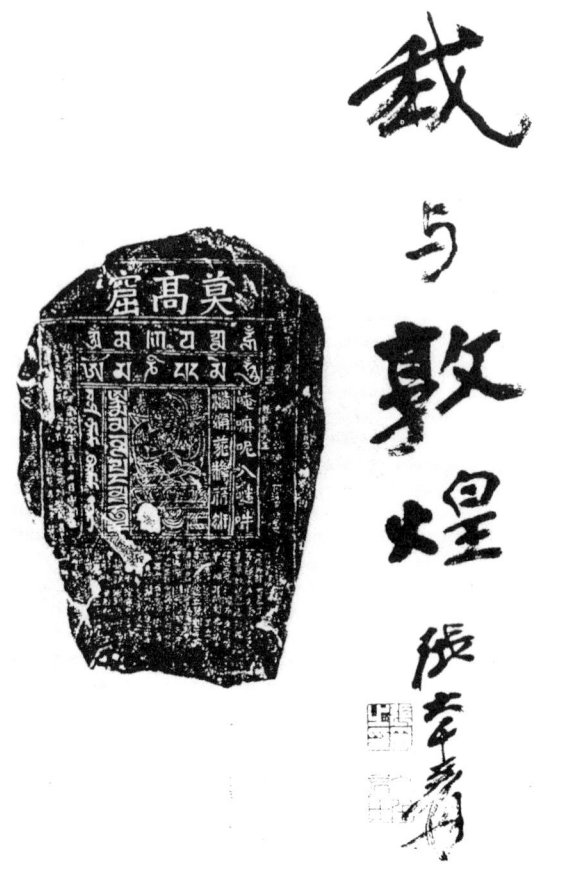

张大千自题《我与敦煌》，其旁为莫高窟石碣。

本章标题，是借用大千先生好友、书法大家沈尹默当年为大千敦煌壮游归来颂诗的最后一句"且安笔砚写敦煌"，以表扬大千敦煌之旅的不凡成就。大千当年从敦煌回到四川，先后在成都、重庆展出所临摹的敦煌壁画，曾轰动一时。

张大千到敦煌是一九四一年，四十三岁的时候。"三年面壁"的结果，对敦煌艺术的发扬，对"敦煌学"的发展，都有了众所公认的贡献。一向谦虚逊让的张大千，在这一点上，也颇有"当之无愧"的自得。他一向谨守"画人"本分，从未著书立说，但他却留下一部有关敦煌的皇皇巨著的原稿，及一篇由他口述，由曾克耑笔录的长达一万余言的《谈敦煌壁画》的画论。大千一向以"君子动口，小人动手"的"小人"自居，只会动手画画，拒绝动口发言，但他却在一九七八年"亚太地区博物馆研讨会"上，以"我与敦煌"为题，做过一场中规中矩的正式演讲。他生平只在敦煌一事上破例"动口"及"立言"，足见他对敦煌之行的重视。而且，诚如他在亚太博物馆研讨会上的演讲词中所说，

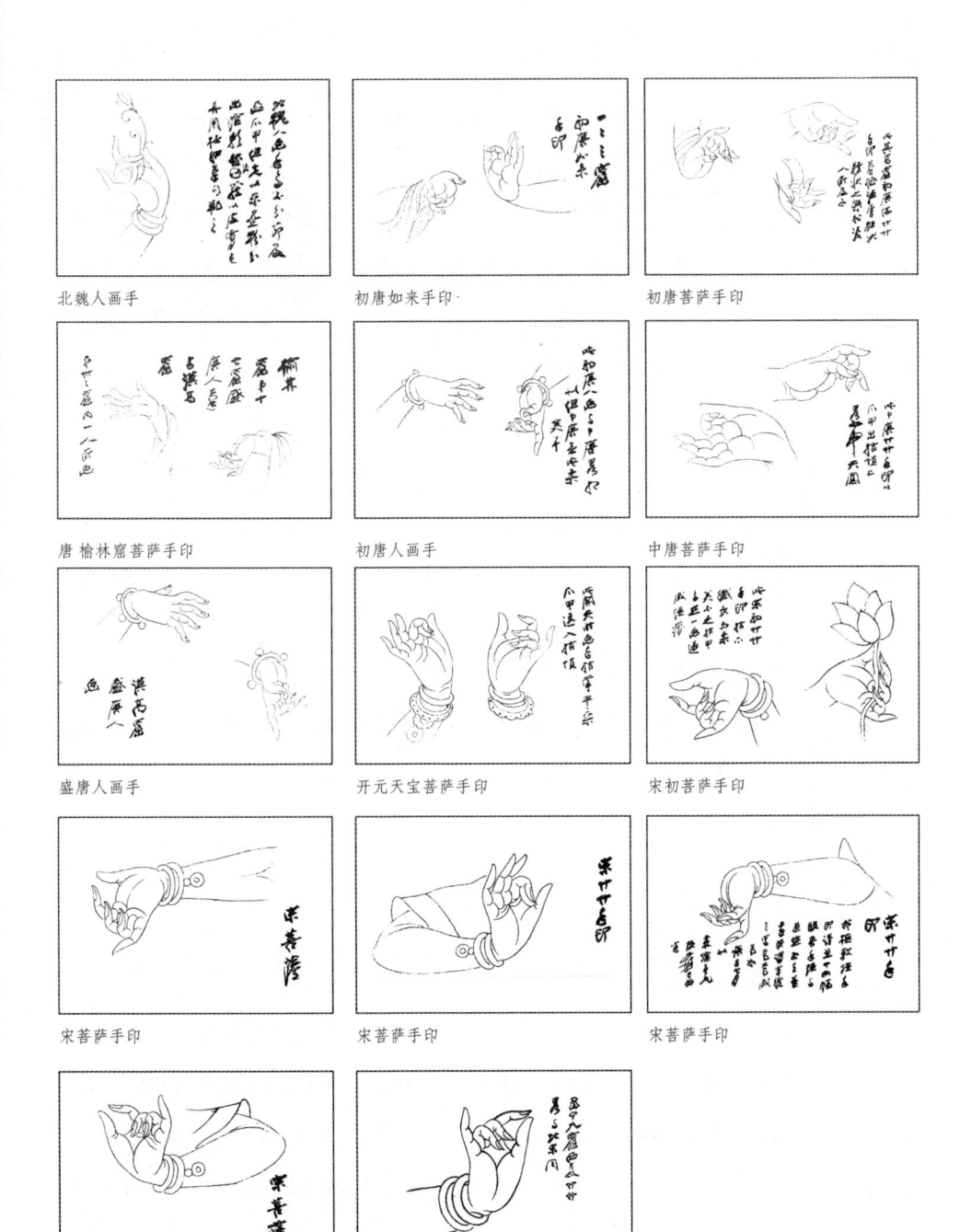

六　且安笔砚写敦煌　157

北魏人画手	初唐如来手印	初唐菩萨手印
唐榆林窟菩萨手印	初唐人画手	中唐菩萨手印
盛唐人画手	开元天宝菩萨手印	宋初菩萨手印
宋菩萨手印	宋菩萨手印	宋菩萨手印
宋菩萨手印	西夏菩萨手印	

张大千所画历朝历代菩萨手相。

敦煌之行是他"略尽书生报国的本分"。

我首次接触到敦煌的神秘与美，是由于当时台北故宫博物院副院长李霖灿的一席谈话。大概在一九六〇年前后，我还未去日本，在台北一次公开演讲或座谈会场合，李霖灿先生讲话，他拿出十几页据说是张大千先生描绘给他的敦煌壁画上的菩萨手相，每幅画页上画着不同姿势的一只或两三只佛手。据说大千先生从手指甲是长过手指尖，或退包在指头肉内的长相，就可分辨出这是北魏、隋唐或宋朝的佛手，进而判定这是一幅隋画、唐画或宋画。而且，据说不同朝代的菩萨，手持莲花的姿势也不一样。李霖灿先生说：这些"学问"，都是大千先生在敦煌临摹壁画两年多所学来的。当时，看着画页上几十种不同姿势的手相，姿态的柔美，线条的流畅，以及手势表情的生动丰富，已足令所有在场听讲的人赞赏不已，再加上李霖灿先生的说明指点，更让大家对敦煌艺术与张大千先生的艺术造诣心向往之。

一两年后，我奉派去日本，因缘际会，拜识了大千先生。跟在大千先生身边，他总有说不完的故事，偶或也谈到敦煌。说来真是不可思议，大千先生和我第一次畅谈敦煌，却是因香港电影明星林黛自杀的新闻所引起的。

赞美林黛

一九六四年盛夏，大千先生到了日本，住在横滨矶子海滨的"偕乐园"，我常陪他游山玩水或赏花购物。由于我是新闻记者，每次见面第一句话他常问："今天有什么新闻？"我总是选一两件他可能有兴趣的新闻告诉他。七月中旬的一天早上，我去"偕乐园"，大千先生照例第一句话是：

"今天有什么新闻？"

我把从台湾报纸上看来的新闻告诉他:"林黛自杀了,在香港,吃安眠药……"

大千先生曾告诉过我,他和林黛夫妇认识,但我并不知道他们相识到怎样程度。因此,大千那天听到林黛自杀消息时所表现的惊愕与关心,让我感到相当意外。他迫不及待地追问详情,一面唤叫着张师母,高声说:

"天才兄说林黛自杀了……"

张师母也惊愕万分地赶过来问长问短,同声浩叹一番。过了好一阵子,他们情绪才逐渐平静下来。话题已经谈到其他事情上去了,大千先生突然问我:

"你知道林黛哪一部分最美?"

这一问真把我怔住了,不知如何作答。林黛和我是广西同乡,但我从未见过她本人,看她的电影也不多,印象模糊,哪里知道她哪一部分最美?我只好茫然答说:

"不知道,我从未见过她本人。您看呢?"

大千不等我说完,就抢着说出了答案:"她那双手。那双手最美,没有人赶得上。"

这答覆太令我意外了,似乎从来没有听人这样说过。我忍不住说出我的错愕:

"哦?没有人注意过她的手。只有你们画家才这样观察入微。一般人只看五官,看身材……"

"五官、身材,固然重要,手也重要。可惜你们没有注意她那一双美手。"

经他这么一说,我倒真有点惋惜没有注意过能获得大千这么赞美的林黛的双手,大千似乎怀疑我不相信他的话,接着说:

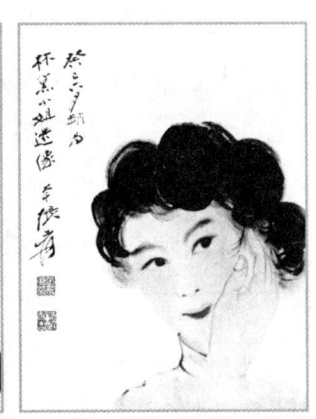

林黛经大千先生告诉她的手部最美,并为她画像之后,立刻就到照相馆拍了一张"手脸并陈"的沙龙照。

"她曾经要我为她画像。我就特别把她的手画出来，清清楚楚地扶在脸孔旁边，让大家看看，她到底是五官美还是手美。"

说着，大千先生对张师母说：

"你把上次在香港，人家送我的那几本画报找出来，上面登有我给林黛画的像。"

张师母真热心，马上起身进房里找画报去了。

过了好一阵，张师母找出一叠香港杂志，上面果然登有林黛的这张画像。确如大千先生所说，他把林黛的右手画着轻抚左腮，林黛的五官和右手手背、拇指、食指都清楚呈现在画面上。这幅画像构图很特别，可以明显看出画家在描绘林黛秀丽五官的同时，更刻意凸显林黛手部的美感；手指、指甲都画得纤细柔和，真不愧林黛全身最美的部位。

欣赏林黛画像的时候，我突然想起几年前在台北李霖灿先生处看到的大千所描绘的那十来页敦煌手相。忽有所悟，说道：

"难怪您会注意到林黛的手部之美，那是从敦煌壁画上得来的灵感吧？您给李霖灿先生画的那十来页敦煌手相，他当成了宝贝，还根据您画的那些手相，去鉴定古代的石雕佛像等。"

一提到敦煌，大千先生"摆龙门阵"的兴趣就来了。

于是，他从敦煌壁画佛像的手部谈起，一面说，一面用自己的双手比姿势；一会儿北魏，一会儿隋唐；说着说着，又谈到西夏或南北宋。讲到指甲长过指尖，或指甲短到缩入肉内的时候，他老人家兴致勃勃，拉我一起走到画案旁边，拿起笔，就在一张小纸上示范起来。接着，从手指又谈到首饰，再谈到服饰，真是如数家珍。

那天，我很想请他把当年到敦煌面壁的经过，从头到尾，有系统地说一说。但是，当时不想打断他"摆龙门阵"的兴趣，遂让他兴之所至，随意发挥，只把他说的一些零星谈片，记了下来，整理后归入我的"采访档案"里。

以后，他断断续续谈了不少有关敦煌石窟的故事。他最喜欢讲的是石窟面壁期间苦中作乐的一些趣闻。有时在洞窟中埋头临摹壁画，实在闷得发慌，他会着人把手摇留声机搬到洞窟中，听听余叔岩、金少山的京戏唱片。他也很得意地讲述如何在沙漠绿洲里发现了新鲜蘑菇，居然可以每天摘到一盘，大快朵颐……总之，敦煌故事被他说得天花乱坠，他似是颇能自得其乐的。

我陆续记录他有关敦煌的零星谈片，积了不少，一直未作系统整理，及至一九六五年深秋，大千先生和夫人从欧洲旅游到了日本，仍住在横滨"偕乐园"。一次，日本《朝日新闻》英文版晚刊（Asahi Evening News）一位记者向我提起，希望为他安排一次专访张大千先生，谈敦煌壁画。经大千先生同意后，约定了访问日期。来访的记者是美国人，大千嘱我担任翻译。

在此之前，我从未阅读过有关敦煌的任何书刊，英文词汇或专有名词也弄不清楚。为了应付这次专访，我跑到"东京外国记者俱乐部"图书馆借来几本有关敦煌的书，通宵恶补。第二天，又向大千先生查对了一些地名及专有名词，才算有了一个大概观念。因此，我对敦煌及敦煌壁画的知识，是从英文书刊入门的。

在预定访问的前一天，《朝日新闻》记者给我电话，说有两位"东洋文库敦煌文献研究委员会"的研究员希望能参加这次访问，他们也想向大千先生讨教一些问题。大千先生同意了，我连忙通知文史知识丰富又精通日语的丁经章兄来帮忙。有经章兄在座，我也比较安心。

接受专访

当天的访问，进行了将近三个小时，《朝日新闻》的记者发问，大千先生将他当年到敦煌临摹壁画的经过，扼要地讲述了一遍，由我向那位美籍记者译为英

《朝日新闻》主办张大千临摹敦煌壁画展览。

语，经章兄向两位"东洋文库"研究员译为日语。一场谈话，由三种语言在进行，大千先生也觉得很有意思。他对英语、日语都有基础，偶或还插进来提示一两个名词的翻译。所以，访问时间虽然很长，进行得倒还轻松愉快。

由于《朝日新闻》八年前曾在东京为大千主办过一次"敦煌临摹壁画展"，此次访问时，那位记者带了一些当年展览的图片来，大千看了很高兴，对每张图片都详细解说了一番。

访问很成功，刊出来的访问记也写得不错，来访的记者和大千先生都很满意。

其实，我认为那天获益最多的是我，经过大千先生这一番有系统的现身说法，我把两三年来所记录的他那些有关敦煌的谈片都联串起来了，对他敦煌之行也获得相当程度的认识，增加了日后和他聊天的题材。

非常令我感到意外的，是在那次访问中，我"旁听"大千和那两位"东洋文库"研究员的对话时，听到了一些有关敦煌文物的"秘闻"。

两位研究员关心的不是敦煌壁画，而是敦煌藏经洞内的经卷遗书。他们问大千，在敦煌曾看到经卷遗书等文物否？大千答得很直率，他在敦煌，未发现任何经卷遗书；藏经洞里的几十万件经卷遗书都被英国人、匈牙利人、法国人盗去，运到外国去了，最后剩下的八千卷，也已由清朝皇帝下令运去北京保存。留在敦煌石窟里的，只有外国人搬不去的塑像及壁画。两位研究员问大千：在日本古董市上曾见过敦煌经卷否？真伪如何？大千答说：曾见过一些，大多是假东西，极少数一两张真品，都是破简残篇，无研究价值。

六　且安笔砚写敦煌　163

　　两位研究员问：在清政府时代做过驻日本公使的李盛铎，曾卖了几百卷敦煌经卷遗书到日本，不知大千先生听说此事否？这批东西的真假如何？

　　大千答说：李盛铎卖敦煌经卷给日本的事，早有传说。李盛铎曾以不正当手段，从最后运回北京的八千卷敦煌藏经中，弄走了不少，他手上应该有真东西。至于他卖到日本的经卷是真是假，大千说他未看过，所以不知道。

　　大千先生的这几段答话，当时对我来说，真是前所未知的秘闻。李盛铎其人，我是知道的，是清朝

石窟内藏放佛经的密室。

末年一位大官，曾做过监察御史；康有为、梁启超"戊戌变法"失败，原已奉派担任驻日公使（清朝称为"钦差大臣"）的黄遵宪，因与康有为、梁启超接近，被罢免，李盛铎遂被派任驻日公使。如此一位朝廷高官，竟至做出"窃取敦煌经卷"及"盗卖经卷到国外"的丑事，真令人不敢相信。

　　最近我更发觉，李盛铎的丑事不只是此一端，在我撰写本书之前一年，一九九七年六月二十五日，台北"中国时报"的"国际艺闻"栏内，刊出记者李维菁所撰发的一则消息，说英国大英图书馆中国书画部门的主管费特怀德宣布，馆内珍藏的一万多件中国古代书法藏品中，发现六百多件是二十世纪上半叶所伪造的赝品。费特怀德直指这些赝品的制造者，是李盛铎所主持的一个仿冒集团。李维菁所发的新闻中说：大英图书馆并不是唯一受骗单位，该馆准备七月间在伦

敦举行一次国际会议，公开讨论这批文物赝品的问题云云。我看到李维菁所辑发的此一新闻后，曾立即跟她联络，希望知道此项消息的来源，并请她注意此新闻的发展……总之，从这则新闻看来，李盛铎卖到国外去的敦煌经卷不少，还不只是卖给日本呢。

随着"敦煌学"的发轫并迅速发展为显学，张大千的敦煌之旅一直让世人感到好奇并受到重视。数十年来，有关的记述及报道很多，大千自己也在不同场合做过好几次或详或简的讲述，但一直有两个"谜"为大家所不解。大千生前，大家不方便问他；他

张大千（正中间有胡须者）和门徒及喇嘛画僧摄于千佛洞前。

过世之后，众说纷纭，却找不出谜底。

两个"谜"的第一个，是张大千到敦煌去的动机与目的究竟为何？大千的老友、名漫画家叶浅予在一九八四年（张大千去世的次年）四川省博物馆编印的《张大千敦煌临摹壁画集》序文中还说：

"大千（在抗战初起时）从北京逃脱敌伪的羁绊，回到四川，是一九三八年的事。他在成都定居之后，什么原因促成敦煌之行，是个谜。他的两篇有关敦煌的记述，也只提到此行的经过，而未见其动机。"

试想，连大千老友叶浅予都认为他当年到敦煌的目的与动机是一个"谜"，又何怪乎一般人认为大千敦煌之行是令人生疑的"谜"呢！历史小说家高阳在他

的名著《梅丘生死摩耶梦》一书中说：

"张大千……敦煌之行，说穿了，无非是他的求名之术……至于术，是达成目的之一种手段……张大千的术，段数甚高……在敦煌两年多，不必有何成就，只要能受得住那种苦，熬得过去，便可成名。"

高阳的这部书也是在大千去世之次年出版，也可说是高阳对大千"盖棺论定"的定评。说大千只为求名而去敦煌，这是不是公道呢？

第二个"谜"，是大千当年去敦煌两年七个月，一行二十余人在石窟的生活开支及成都一大家子人的生活费用，加上画材、画具、颜料等器材用品，与雇用人员如助手、喇嘛等的酬金，总加起来，数额必然骇人听闻，当年就曾传说"张大千拖垮了一家银行"。传说固然不一定可靠，但关于经费来源却一直没有一个令人相信的说法。

张大千在石窟中临摹壁画。

探谜寻底

其实，这两个"谜"在当年都不难解，大千只要稍费一点口舌说明，就不会

山壁上有如蜂巢的大小石窟。　　　　　　　莫高窟外景。

弄得如此神秘，更不致引起一些无谓猜疑。偏偏大千认为这两个都是不需要问的问题，他不懂大家为什么要问。我曾当面问过他到敦煌的目的为何？动机为何？他大眼一瞪，不耐烦地说：

"去临摹壁画呀！还有什么旁的目的？"（如果你再多问，他就会生气，认为你怀疑他去偷宝。）我也曾当面问过他敦煌之行是谁出钱，他也是大眼一瞪，高声答说：

"我的钱呀！谁会给我钱？"

从此，我也不再当面问他了。假如说我对这两个"谜"得到了解答，那并不是直接得自大千先生，而是从他的其他有关谈话中得到一点蛛丝马迹，或从其他相关资料中发现一些线索，而逐步追索出来的。关于去敦煌的目的或缘起，大千说是"去临摹石窟壁画"，说来十分直接和简单，其实，仔细考究下来，却颇经过一番曲折。

据大千对谢家孝说：

"谈起敦煌面壁的缘起，最先，我是听曾（熙）、李（瑞清）两位老师谈起敦煌的佛经、唐像等，不知道有壁画。抗战后回到四川，曾听到原在监察院任职的马文彦讲他到过敦煌，极力形容有多么伟大。我一生好游览，知道这古迹，自然动念，决束装往游。这是一九四〇年间的事。"（见谢著《张大千传》135页。）

此外，叶公超的叔父叶恭绰似乎也婉转劝说大千，有机会不妨去敦煌一游。大千晚年应叶公超之请，为《叶遐庵先生书画集》作序，其中说：

远眺耸立在沙漠中的嘉峪关。

"……先生因谓予曰：'人物画一脉自吴道玄、李公麟后已成绝响，仇实父失之软媚，陈老莲失之诡谲，有清三百年，更无一人焉。'力劝予弃山水花竹，专精人物，振此颓风；厥后西去流沙，寝馈于漠高、榆林两石室近三年，临抚魏、隋、唐、宋壁画几三百帧，皆先生启之也。"

上述大千这几段话，值得注意的有两点：

第一，早年曾鼓励或建议大千应往西域一游的三位前辈——曾农髯、李梅庵、叶恭绰，都未到过敦煌，都只是听说过敦煌石窟中的"佛经、唐像"丰富，是中国古代佛教艺术的宝库，值得观赏；另一位曾任监察院驻甘（肃）、宁（夏）、青（海）监察使的马文彦，是前述四人中唯一到过敦煌的人，但他也只是"形容（敦煌）如何伟大"，值得前往游览。

第二，上述诸人，都不知道敦煌有壁画，所以，大千去到敦煌之前，只知道石窟中的"佛经、唐像"丰富，根本"不知有壁画"。这一点非常重要，严重影响了大千后来对敦煌之旅的全盘计划与安排。

其实，据大千日后谈到敦煌之旅时，每每提及当年怂恿他最积极的另一位友人，那是也曾做过监察院驻甘宁青监察使的严敬斋。

严敬斋在交谊辈分上，算是大千的后辈，他是大千好友严谷声的侄子。严谷声原籍陕西，却在四川成都落籍，开了一家药材店，家道富有，性好风雅，喜好收藏古书画，对大千极为敬仰，他的女儿严贞纬在北平曾拜在大千门下学画。因为这多重关系，大千在一九三八年从北平逃离日本军阀魔掌，辗转经上海、香港而返回成都时，就接受严谷声招待，全家住在严家的大宅院里。

严敬斋和马文彦就是在大千借住在严谷声宅院的这段时间，屡向大千谈及敦煌石窟的文化瑰宝，并力促大千作敦煌之游的。

严敬斋和马文彦一样，到过敦煌，游过石窟，但是令他印象深刻而赞叹不已的，是一座座庄严宏伟的彩塑佛像，或栩栩如生的人物彩塑。他也未提到石窟中的壁画。

大千本性喜爱旅游，尤其喜欢探幽访古，听了严、马两位到过敦煌的人如此郑重推介，自是怦然心动。他查阅了有关敦煌石窟艺术的一些资料之后，更确信那是值得一游的艺术圣地，遂下定决心作敦煌之旅。

当年，距今六十年前，正值抗战期间，要去敦煌，非常不容易。交通极端不便，物资奇缺，敦煌与成都相距四千里，除了从成都到兰州这一段可以搭乘飞机之外，从兰州再往西行，就得坐货运卡车或骡马大车。（后来，真正成行时，途中，大千还数度骑马赶路，在沙漠地带风餐露宿。）而且，沿途治安也不好，土匪强盗横行。到敦煌，除了吃苦之外，还要冒生命危险。

当然，这一切艰难险阻，都吓不住大千。他的个性，只要值得去的地方，别人不敢去或不能去，他就偏要去。何况，马文彦、严敬斋都去过，假如敦煌真是龙潭虎穴，马、严二人自不会怂恿他去。他自信，只要准备充分，此行必然顺利。

同时，大千也想到，去敦煌既是如此千辛万苦，去到之后，总不能走马看花一趟就离开，必须"搞点名堂"出来，才不虚此行。根据他所获信息，石窟中，"佛经、彩塑"丰富。于今，佛经已经被盗走或搬运走了，石窟中只剩千百年流传下来的彩塑，他以画家身份，如果能将这些立体的彩塑借他的画笔而移运到平面的画纸上来,未尝不是研究中国艺术发展史上的一项大成就。他估计,在石窟中扎扎实实工作三个月,就当有丰硕成果。有了这个构想,他遂积极展开筹备工作。

盛名之累

欲启敦煌之行,最重要的是筹钱。这对大千不是难事,他手上那支画笔,马上就给他带来滚滚财源。他是四川人,但长年住在外地,扬名全国,家乡人并不容易得到他的画。现在,他回家乡办画展,成都士绅还能不争先恐后去抢购么?尤其,他已放话出去,此次大规模画展,是为"北出嘉峪,礼佛敦煌"筹钱,大家当然更是乐观其成而纷纷解囊了。

在抗战期间,大家生活都十分困苦,大千画展如此一枝独秀,难免招忌。于是,一些不利的谣言传出,或说大千是借机聚财,假借"礼佛"之名而去西北游山玩水;或说敦煌荒山漠地,一些原始工匠的佛像泥塑,哪有艺术价值!流言传入大千耳中,他为之气愤不已,但却更加强化了他远走西域的决心。在他积极准备赴敦煌的时候,他对专程到青城山上来看望他的老友——四川

石窟中的白描壁画。

敦煌一四四窟毗沙门天王子像。　　　　千佛洞窟顶壁画。

省立戏剧教育实验学校校长熊佛西说："此去敦煌，是要安营扎寨住下来；搞不出名堂，不看回头路！"①

除了筹钱之外，另一项准备工作，是加强他自己对西洋绘画的透视技法及静物写生的训练。因为，他知道，要把立体彩塑描绘到平面画纸上来，透视及静物写生是基本功夫，而用中国毛笔钩线和西洋水彩油画的钩线技法不一样，也得特别训练。于是，大千在启程赴敦煌之前，就利用在青城山作画的那段时间，在画室中勤练画线条，务求行笔流畅，走势控制得宜。大千当时是全国闻名的大画家，为了到敦煌描绘彩塑，竟然还在绘画基本功夫上如此苦修勤练，亦可想见他在敦煌之行的艺事追求上，是多么认真而执着了。这则逸事，从未听大千先生谈过，直到他于一九八三年四月二日在台北逝世后，消息传到大陆，大千老友、名戏剧家熊佛西的遗孀张明波在《四川日报》上，撰写了一篇以"张大千幸会熊佛西"为题的悼念文章，提及早年旧事，才讲到当年熊佛西跨进大千在青城山上的画室时，但见墙壁上、画案上，挂着、摆着许多画稿，有的画面上只有长短粗细不同的线条，熊佛西看了觉得奇怪，大千遂主动解释说，他是为了去敦煌，才勤练画

---

① 见杨继仁著《张大千传》第304页。

张大千为之"惊艳"的晚唐壁画及大千为此图所作的赞词。

线条的[①]。

　　据上面的记述，可知大千当年在抵达敦煌进入石窟之前，一直是准备去描绘石窟中的彩塑的，根本没有想到要临摹壁画。多年之后，一九七八年，他应邀在"亚太地区博物馆研讨会"上发表专题演讲"我与敦煌壁画"时，亦曾坦言："我去敦煌，是为了想描绘唐人的彩塑……因未见到斯（坦因）氏和伯（希和）氏的出版物，尚不知有如此多且好的壁画……"当年，大千为了找一位擅于实物描绘的得力助手，特地约了徐悲鸿的学生、中央大学教授孙宗慰一起去敦煌。可是，在他抵达敦煌的当晚，持手电筒进入最近的一处大石窟观看，才发觉窟壁上彩绘

---

① 见熊佛西遗孀张明波《张大千幸会熊佛西》文，转录自李永翘撰《张大千年谱》第 116 页。

张大千与门生女婿萧建初一起临摹的石窟佛像。带了三夫人杨宛君和十六岁的儿子心智。

的美妙。壁画对他的吸引力，要比窟中彩塑对他的吸引力大得多。接下来的三天，他大致察看了一百多个大小石窟，几乎每个石窟中都有精美壁画。经过慎重考虑，他决定放弃原来的描绘彩塑的计划。这部分工作，交由孙宗慰一人去做，大千自己将改而临摹石窟壁画。这是一个大改变，他带去的画具画纸都不合用了，所有道具用品都得重新购置，同时，原定停留三个月的时间太短，至少要延长至半年，他才有足够时间去为那密密麻麻有如蜂巢的石窟编号，并了解每一石窟中的彩塑及壁画的大致情形，为临摹做准备。这些初步工作做妥之后，他得离开石窟，出去筹钱，并购置道具用品，重组工作团队，增加助手，（初入敦煌，除了同行的孙宗慰外，他只然后正式开始临摹工作。临摹预计要两年。

从上述种种事迹看来，大千敦煌之旅的"目的"，应该就是去临摹敦煌壁画。除此之外，实在看不出另有其他目的。至于有人把大千去敦煌之真正目的视为不可解的"谜"，我想，那是因为这些人不相信大千仅仅为了临摹壁画，而甘愿吃这么多苦，花这么多钱，且又费这么多精力及时间的。

我对此事还有另一看法。我认为大千起初根本不知道石窟中有这么多又这么

好的壁画,他本来是计划去描绘石窟中的彩塑,他以为邀了徐悲鸿的学生孙宗慰同行,又带了儿子心智做助手就够了,三个月工夫即可完成任务。所以,他才夸下海口:"搞不出名堂,不看回头路。"可是,等到他看到石窟中的壁画,他才发觉以画家的立场,真正的至尊瑰宝,是连绵千里、彩绘在石壁上的历代古画。他当然不能视若无睹而去描绘彩

张大千与侄子心德一起临摹的壁画。

塑。但临摹壁画,即使选择重要的着手,也不是三个月或半年就可"搞出名堂"的。张大千既已骑上虎背,岂肯落人笑柄!于是,大眼一瞪,索性一不做、二不休地放手大干起来。面壁三年,终于在敦煌这门显学上闯出了响当当的名号!试想大千一生为人行事,这种豪情万丈,以天下为己任的作为,又何止敦煌之行这一桩!

至于敦煌之旅的另一个"谜"——费用问题,在前一个"谜"获得解答之后,这第二个"谜"就比较易解了。首先可以确定的,是大千敦煌之旅的费用,完全由大千独力承担,没有任何公私机构或个人,曾在经费上资助过他。有一两位开"钱庄"的朋友支持他,却也仅限于贷款或垫款,后来也都由他全部清偿了。至于所谓"张大千到敦煌,拖垮了一家银行"的传说,多年后在东京我曾当面问过他,他很不高兴地冲着我说:

张大千与次子心智一起画的天公主李氏像。

"我拖垮了哪家银行？四川的银行再小，也不是我张大千的力量能拖垮的，我哪有那个本事！"

不过，他当时要靠他那一支笔日夜赶画，白天在石窟临摹壁画，晚上在寺庙里掌灯赶画，送到成都变卖来维持敦煌的庞大开支，自是非常辛苦，非常吃力。如果没有开钱庄的萧二哥（翼之）的贷款代垫济急，大千是支持不下去的。

大千敦煌之旅花了多少钱，没有人知道。当年，没有预算，没有决算，甚至没有账目。究竟花了多少，无人算得出来，但看看他当年去敦煌的那个阵容，两年多支撑下来，数额之庞大惊人，自是不在话下的。

大千去敦煌，分两个梯次，第一梯次待了半年，基本成员三人，又在当地雇用几名泥水工人做助手。第一梯次工作完成之后，大千费了两个月来筹备他的第二梯次工作。他第二次入敦煌，阵容有如大军团出征。基本成员除了第一梯次的三人外，又加上二夫人黄凝素携带幼子同行。工作助手有侄子心德、

张大千（中）穿着藏人衣冠，牵着獒犬与友人合影。

门生刘力上、萧建初、孙宗慰，外加一名厨师、两名杂工，以及每人每月五十个银元高价聘雇来的五位喇嘛画师，一行十余人，连同画具、颜料、各种用具器材与基本食物等，浩浩荡荡，西出阳关，共计骡车七十八辆之多[①]。

这样的排场，这样的花费，单靠大千那一支画笔来支撑，当然十分辛苦。据当年随同大千去敦煌的次子心智在《随侍我父大千居士敦煌行》这篇长文中（见中国文史出版社《张大千生平与艺术》）提到大千当年为筹措敦煌所需经费的困苦情况，不下十余处。在此容我抄录几段，以见其一斑：

● （大千起意去敦煌时，就有朋友极力劝阻。）"……父亲去敦煌以前，有些朋友善意劝告他，说是去敦煌花费大，又没有收入，生活又艰苦，得不偿失，不必自讨苦吃……"

● （第一梯次三个月期满之际，大千考虑是否延长驻留时间。）"转瞬间两三个月过去了，父亲的记录工作仅记录了四五十个石窟，……没有记完就回成都，岂不是半途而废？父亲为此反复考虑，因为这次来敦煌，一切费用都自己负担，

---

① 见谢家孝著《张大千传》第143页。

张大千为他从河西带回的西藏名犬黑虎写生。

长期在敦煌，从经济上说，只有出，没有入，不仅在敦煌要用钱，四川家里一大家子人要吃饭，怎么办？这些实际问题，给父亲很大压力……"

● （大千在待满半年之后，决意从事壁画临摹，继续再待两年。）"……从父亲决定要在莫高窟工作两年后，他更加繁忙了。为了准备下一步的工作，还需要筹措大量的经费。他白天在石窟工作，晚上回到住处在烛光下作画到深夜，有时要画到后半夜两三点钟才放下笔休息。所作的画，陆续寄回成都，委托朋友举办画展……"

（大千一度离开敦煌，到青海的西宁去聘雇几位喇嘛画师来帮忙调制颜料、接缝画布等。大千在西宁塔尔寺中住了两个月。）"为了以后在敦煌的一切开支做准备，又画了一批富有大西北特色，特别是富有藏族特色的作品，如《远眺三危》（在莫高窟远眺三危山）、《兴隆山小景》（甘肃榆中县兴隆山）、《享堂峡》（兰州与西宁交界处）和《藏族妇女》《藏犬黑虎》等。这对父亲来说，还是初次尝试……"

● （大千在敦煌三年，不管寒冬暑夏，都得日夜工作。）"莫高窟的夏天，白天气温高达三十多度……父亲晚上回到上寺住处，还得作画寄到成都，经好友萧翼之、杨孝慈二位先生变卖后，来维持这里的庞大开支。"

● （大千结束敦煌之旅后，回程路过兰州；兰州的朋友们力劝大千在兰州举行画展，展出临摹的敦煌壁画，这些是"非卖品"，但大千同时展出一些自己的近作，在展览会上卖出。）"……父亲白天抓紧时间整理临摹的壁画，晚上忙个人的近作，有时到深夜两三点，还在挥毫作画……后来，父亲近作三十幅被订售一空。"

●（大千在敦煌尽管不分寒暑地几乎天天漏夜赶画，但自始至终，入不敷出，结束敦煌之行时，欠了一身的债。）"……父亲两年七个月的敦煌之行就此结束……由于我们人员众多，开支庞大，父亲作画到深夜，仍入不敷出，负债累累。"

其实，大千在敦煌之旅尚未结束时，就知道自己所负债务已非他那支画笔所能偿还的了，必须另辟"财源"。杨继仁所撰《张大千传》，对此事有一番生动描写：

（大千为了"钱"的问题，在石窟中召集妻儿门生谈话。）

"有件事要说一说，好在这里没有外人。我那个当家的在我耳边念叨了好几次，说这里用钱如水，她手边所剩不多了。"

大千的语调虽然很轻松，但大家都知道这几句话的分量。因为张大千平时不大关心身边的琐事，极少将钱作为问题提出来。以前，他一年只要办一次画展，一家人一年的生计就能解决，而且他作画下笔迅速，顷刻成幅，只要愿意，甚至个把月就能办一次画展，所以对钱多没放在心上。此刻在敦煌，十多人的吃、穿、用，纸墨笔砚，全靠从外面运来，费用比平日高出十多倍。还有留在成都的亲人得靠他养活。每天用钱如流水不说，更主要的只有出账，没有进账。"过去有人说我的两只手是部会造钱的机器，现在嘛——"大千为了缓和又紧张起来的空气，用轻松的语调说：

"暂时停机检修。钱嘛，不要紧，我想了一个主意。"

他看了大家一眼，一字一句地说：

"卖——画！"卖画！大家倒吸一口凉气，能卖什么画？

"卖我收藏的明清字画。"

他又淡淡地补充了一句。张大千突然成了聚光灯，大家的目光都集中在他坚毅安详的脸上。

"八老师，你，你不能这么做！"建初（萧建初，张大千的得意门生，后来成为张府姑爷，大千长女心瑞的丈夫。）忍不住了，声音哽塞，忽地站了起来，劝阻老师，他深深明白，这些字画是老师多年心血的结晶，在老师心目中的地位，是难以用几个字能形容的。

"哎呀，看你这个样子。"大千右手轻轻一挥，做出一副无所谓的样子。

"你萧二爹在成都做银钱生意，有时赚，有时蚀。"

他把好友萧翼之抬了出来：

"有一次蚀得太厉害，我怕他伤心，就去看他，他却说'自我得之，自我失之，亦复何恨！'我们搞艺术，收藏画是为了画画，卖画也是为了画画。学好了本事，画出了好画，卖几张老古董有啥不得了，还不是同样的自我失之，又自我得之么！"

及至大千结束敦煌之旅，率团回抵成都，果真发现自己债台高筑，除了割爱他辛苦收藏的两百多件古书画来偿债之外，别无他策。于是，他把所收藏的名贵古书画全部拣点出来，在成都举办了一次收门票的盛大公开展览，并编制了一部《大风堂书画录》目录，留作纪念，然后就全部转让给别人了。

犹忆当年在东京，一次和大千先生谈及这段往事时，我向他说：

"当年传说您到敦煌拖垮一家银行，那是误传！原来，拖垮的是大风堂富可敌国的收藏呀！"

这应该就是大千敦煌之旅经费来源的"谜底"了。

苦修三载

张大千在敦煌苦修三年之后，带了所临摹的二百七十多幅壁画离开。随即先后在成都、重庆、西安、兰州各地展出他的临摹画作，都曾轰动一时。由于展出

六　且安笔砚写敦煌　179

当年随同大千赴敦煌面壁的次子心智、女婿萧建初专程去台湾参加"张大千的世界"百年纪念展。（左起：大千三儿葆萝、本书作者长女珮珊及夫人与作者、张心智及夫人、大千长女心瑞及夫婿萧建初及其长女萧柔嘉。）

的临摹画作都是"非卖品"，所以展览会收门票，票价每张法币五十元，当时算是高价，但观众仍然非常踊跃。据后来担任敦煌研究院院长的段文杰回忆当年的盛况说："张先生当年那次画展，在重庆开后非常热闹，票虽然贵——五十元法币一张，但人更多，我第一天去看画展都没有买到票，第二天专门起了个早，跑去买票，才得以看成。有人说我是看了那次画展后，才被吸引到敦煌来的，事情的确是这样。"（见李永翘著《张大千年谱》第190-191页）。

大千临摹的壁画在国内各地展出之后，在各方推崇赞赏之中，最为大千引以为慰的是史学大师陈寅恪（清末"同光体"派大诗人陈三立的长子、名书画家陈师曾的大哥）在参观大千的临摹画展后撰文说：

"敦煌学，今日文化学术研究之主流也。大千先生临摹北朝、唐、五代之壁画，介绍于世人，使得窥见此国宝之一斑，其成绩固已超出以前研究之范围。何况其天才特具，虽是临摹之本，兼有创造之功，实能于吾民族艺术上，另辟一新境界。其为敦煌学领域中不朽之盛事，更无论矣。"

大千本来只是一位书画家，但在敦煌苦干三年之后，他所临摹的壁画，对文化学术方面的贡献，诚如陈寅恪大师所说，是为"吾民族艺术上，另辟一新境界"，是"敦煌学领域中不朽之盛事"，让大千从书画界跨入了更高层次的文化学术界。多年后（一九七八年）他在"亚洲地区博物馆研讨会"专题演讲"我与敦煌壁画"时曾说：

"过去，学术界对我在敦煌的工作，为文评赞，实愧不敢当。但是，能因我的工作而引起当道的注意，设立国立敦煌艺术研究所，为国人普遍注意敦煌壁画的文化价值，也算略尽书生报国的本分了。"

大千的这番话，显然是指陈寅恪当年对他的那一段推颂之词而言的。此外，他的好友、名书法家沈尹默当年题赠他的那一首诗，也让他感到无限欣慰。数十年后，每谈及敦煌或沈尹默时，大千随口就能把诗句背诵出来：

三年面壁信堂堂，万里归来鬓带霜；
薏苡明珠谁管得，且安笔砚写敦煌。

这首诗，前两句是写大千面壁三年的辛苦实况。当年随侍大千到敦煌去的大千次子心智见到"沈老伯"的这首诗时，曾扬声喊出："是啊！父亲去敦煌那年四十三岁，正是精力旺盛之年，但经过近三年的风霜艺事之苦，回来时，确实苍老了许多，长长的胡须真的已经花白了。"（见张心智撰《随侍我父大千居士敦煌行》）。

其实，沈尹默这首诗，最令大千心感的是后两句，沈尹默是为大千遭诬陷为"敦煌盗宝"或"破坏敦煌古迹"而仗义声援大千的。

故友高阳为这诗第三句作注：

"第三句即咏张大千受谤。《后汉书·马援传》说：马伏波当交趾太守，常服薏苡仁，因为它有'轻身省欲，以胜瘴气'的功效。交趾的薏苡，颗粒甚大；马伏波想引进来做种子，载了一车回洛阳。南海出奇珍异宝，时人以为他满载而归，必是'南土珍怪'，权贵无不注目。马伏波死后，犹有人上书进谗，说他运回来的是明珠。这就是所谓'薏苡明珠之谤'。"

总之，大千对于他在精神上、物质上都曾做了重大付出的敦煌之行，一直认为他受惠良多，绝无"得不偿失"之憾。当他以八十高龄，对自己一生行事得失试做回顾检讨时，对敦煌之行，他曾说：

"我以近三年时间临摹敦煌壁画，它的影响，对我个人来论，是多方面的。如壁画本身的衍变、历代官制服饰，以及称谓的研究、碑拓、彩塑和建筑等，都使我增加了不少了解。尤其敦煌壁画集中古美术史之大成，代表北魏至元代一千年来我们中国美术的发展，更是佛教艺术文化的最高峰，到现代仍然相当完整。它不仅考究历朝制度，而且补唐末五代史书之阙文。它的历史考证价值，可以媲美其艺术价值。"

这应算是大千对壮年时代的敦煌之行的自我定评了。

专著出版风波

大概在二十世纪七十年代中期，大千曾发表过一篇题名为《谈敦煌壁画》的专文，文长一万多字，对敦煌壁画的源流、画风以及对中国绘画艺术的影响等，

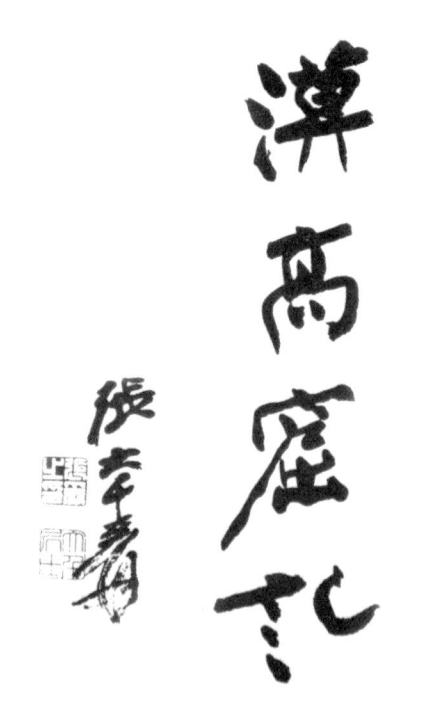

张大千为他的敦煌著作《莫高窟记》题签。

有相当周详的陈述及剖析，是学术味很重的一篇专文。文章是"张大千口述，曾克耑整理"的，也就是高阳所谓"张大千平生仅有的一篇学术性论文"所指的那篇专文。

大千发表这篇口述专文的时间、背景等，我都不清楚，也没有特别注意过，但等到高阳《梅丘生死摩耶梦》一书于一九八三年出版，我见到高阳说这是大千"平生仅有的一篇学术性论文"时，忽然想起，曾看过张大千署名的一篇题名为《敦煌莫高窟记自序》的文章，可见大千是曾经出版过学术专著的。于是，我连忙检阅台北故宫博物院编制的《张大千先生诗文集》，果然发现了这篇"自序"，其中对敦煌石窟的藏经与壁画内容以及他率领子侄门徒临摹壁画的经过等，记述甚详。"自序"的末段写着：

"予以（民国）三十一年夏来游敦煌，始为窟列号，其冬还兰州。明年夏，复携门人萧建初、刘力上、六侄心德、十男心智及番僧五人居此，又十阅月，摹写壁画若干幅……摹写之余，复为莫高窟记，既毕，因为弁一言，文物神皋，绘事奥区，今将图南，临路依然！"序文最后所署年月及名号是："民国三十二年二月于莫高窟，张大千。"

从上述序文内容看来，这部《莫高窟记》是大千在石窟内就已完成了的，序文也是在全书完成后准备离窟还乡时所写就。序文既已发表，则理所当然的全书必已出版。于是，我到处找这本书。

非常意外的，却竟是遍寻不获。

我也曾托过熟知大千艺事的香港沈苇窗，及擅于搜求文史书籍资料的高阳，代为找寻这本书。沈苇窗说《莫高窟记》似乎一直没有出版；高阳则说这本书根本不存在，也许大千只是有了构想而未动笔云云。

大千的《莫高窟记》因为久寻不着，我也只好放弃了。

不料，在一九九六年夏天，一次我和台北"联经出版公司"发行人刘国瑞兄闲谈时，他忽然谈起，大概在二十多年前，一次台静农先生找他，说张大千先生有一部有关敦煌的手稿，多年前已经写好，一直未印行；前不久，大千先生托人把手稿带来请台先生"过目"。台先生想，这是大千敦煌苦修三年的心得及记录，一直搁着未出版，甚为可惜，台先生找国瑞兄探问，愿将此稿印行出版否？国瑞兄答说可以考虑进行。可是，过了一阵子，台老忽然对国瑞兄说：大千先生的那部敦煌手稿，已经由大千的好友谢稚柳在大陆用谢稚柳的名义出版了，在台印行的事自然不必再谈……

刘国瑞兄所提供的此一信息，为我解决了一个积闷心中多年的疑团，难怪大千的那本《莫高窟记》只有"序文"而无"正本"了。

后来，经我多方打听，据说大千在《莫高窟记》被谢稚柳在大陆署名出版之后，心中不无怏怏，但又不便发作。因为大千和谢家兄弟毕竟是手足之交，总不能因为这等"小事"而伤了两家和气。但谢稚柳当年系应大千之邀约去敦煌做大千之助手者，而谢在大陆连续出版两本敦煌专著，而且，其中一本是大千所撰就，并且连"自序"都已写好了的，谢竟改用自己之名交付出版，却连张大千三个字提都不提，这未免使张大千感到失望并忍无可忍了。经过好长一段时间沉默之后，大千为了不让自己当年的一番心血永被埋没，遂把存在手中的一大叠《莫高窟记》原稿交给曾克耑，请加以整理及摘要，再由大千做若干口头补充，而以"张大千口述，曾克耑整理"之形式发表，这就是被高阳称为"张大千平生仅有的一篇学术性论文"之由来。

及至大千过世后，他的家属将他的部分遗物如诗稿手稿等交存台北故宫博物院。秦孝仪院长发现《莫高窟记》原稿已大致完备，未出版实在可惜，遂将原稿交给故宫敦煌专家苏莹辉加以点校整理后，由台北故宫博物院出版。大千四十多年前在石窟中完稿的这本巨著，在大千逝世两周年之际，连同多年前已发表过的本书"自序"，才一起见世。秦孝仪院长并作了一篇长序，除了详细介绍本书内容及本书之若干特点之外，对于这本巨著迟迟未能出版之原因亦特别提及；对四十年来，因谢稚柳"缀辑张书"署名出版，以致"世人知有谢书，而不知有张记"之隐情，也揭发出来，为张大千讨回了一点公道。

张大千生前认为平生最得意壮举之一的敦煌之旅，不想竟留下了这么一个不幸的尾巴。

七

大风堂名迹沧桑

自傲的古画收藏 名迹多已转让
输掉了祖传文物 藏画的三份记录
无米无毡弗顾也 挣钱只靠一支笔
藏品被毁或散失 收藏注重考据
胜利带来"东北货" 收藏印独具一格

自傲的古画收藏

"富可敌国，贫无立锥。"这是张大千好友冯若飞描述张大千书画收藏的两句话。"富可敌国"是指他书画藏品既多且精；"贫无立锥"是指他在世俗生活中经济窘迫的情况。大千自己再加上两句话："一身是债，满架皆宝。"这是冯若飞上面两句话的注脚，也是大千艺术生活与现实生活更贴切的写照。

在艺术生活上，大千是一位非常谦虚却又非常自信的人。对他自己的画，他非常谦虚。在一九七二年他所亲撰的《四十年回顾展自序》中，他将当代画家数十人，一一题名列举，自谦他画山水不及吴湖帆、溥心畬、郑午昌、黄君璧，诗文不及陈定山、谢玉岑，花卉不及郑曼青、王个簃，写景不如钱瘦铁，花鸟不及于非闇、谢稚柳，人物仕女不如徐燕荪，猿鸟不如王梦白、汪慎生……几乎把自己贬抑得一无是处。可是，在大风堂名迹的原序中，谈到他的鉴赏能力时，他却大言不惭地自诩："吾之精鉴，足使墨林推诚，清标却步，仪周敛手，虚斋降心，五百年间，又岂有第二人哉！"同样的，对于大风堂的收藏，他也十分自傲。他除了引用冯若飞的隽语，请方介堪篆刻了一方"敌国之富"的收藏印外，又在他所自编的收藏品画册中，十分自信地夸下"用是天府遗珍，世家故物，集吾寒斋，雄视宇内"的海口。要不是大风堂的收藏质量均足傲世，大千是不会出此狂言的。

大千引以为傲的大风堂艺术收藏，究竟有多少藏品？有哪些可以称为"国宝级"的名迹？购藏这些名迹的财源来自何方或何人？数十年来，大风堂名迹经历过哪些历史风霜？最后结局如何？……这一切，都让人们感到好奇。事到如今，大风堂名迹已烟消云散。流传于世的，只有《大风堂书画录》和《大风堂名迹》两部图录，以及大千去世后留赠台北故宫博物院的那七十多件古书画。

在一般人的印象里，都以为大风堂是张大千的堂号，其实，并非如此。大风堂是整个张家的堂号，至少是张家在书画艺术上有专业造诣的张善孖和张大千两兄弟共享的堂号。

因此，所谓大风堂名迹，应该是指张家弟兄所收藏的古书画而言，并不专指张大千个人所收藏的书画。

大风堂。

四川内江张家，世代业农业商，虽然不是书香门第，却也不乏博雅好古的文人。因之，张家的书画文物收藏，并非从善孖、大千兄弟才开始。从大千先生晚年的一则自述中，我们发现大千的曾祖辈就曾收藏了至少一件十分难得的古代文物——有唐朝名家题识的《王右军曹娥碑》。

大千先生于一九七四年，在台北应叶公超之请，为公超的叔父叶恭绰（遐庵）先生的书画选集题签并作序，大千在这篇情文并茂的序言中，讲述了一则极为珍贵的艺术界掌故。

据大千说，一九二六年前后，他二十七八岁，和二哥善孖住在上海。那时，他在书画界已小有名气，交游甚广。当时，上海艺术界流行一种"诗钟博戏"，属于文人雅士的一种赌博游戏，俗话称之为"打诗谜"。由制谜者写出一句古诗，中间缺一个字，任人猜填，猜对了，可以领彩金。赌注可大可小，在正式的"诗社"中，赌注有很大的，沉迷于此道而致倾家荡产的文士亦不乏其人。

当年，上海艺术界名人江紫尘（上海名律师江一平的父亲），在上海孟德兰路兰里设一间"诗社"，每日设局猜诗谜，老辈诗人如陈三立、郑孝胥、夏敬观等几乎每天都去，大千亦是常客。猜诗谜，完全是硬拼博闻强记功夫的玩意儿，擅于此道者，必须多读前人的冷僻诗集。猜谜者一定要猜中原诗的那一个字才算赢，其他同义字是不行的。大千自恃天资聪敏，在一般诗谜场合中屡有斩获，遂以初生牛犊不怕虎的雄心，闯进了江紫尘的"诗社"，并成为每日必到的常客。

大千博闻强记的功夫很不错，但在上述陈、郑、夏等几位前辈老诗人面前，就难免相形见绌了。大千在江紫尘的"诗社"中，总是赢少输多。

大千的曾祖父购藏了一本古拓《王右军曹娥碑》，拓本上有好多位唐代名家的题跋，拓本并曾为明代收藏大家项子京及清代皇族名家等收藏过。大千曾祖购得此本后，视为珍宝，是张家的家传名迹。一天，大千带了此一拓本到诗社，供大家欣赏。过后，随即入局博戏。

输掉了祖传文物

那天，大千赌运特差，屡博屡败，身上所带现金不久就输光了，遂向江老借二百金再赌。数局之后，又输光，只好再借再赌，如此连借连输，竟已借了一千多元。江老遂向大千表示：再给他二百元，所带来的手卷就算卖断，如何？大千急于扳本，只好同意。结果，最后两百元也输掉了。就这样一夜之间，大千把一件家传名迹所换来的一千多元全部输光了。

十年之后——一九三六年大千先生的高堂曾太夫人在安徽郎溪卧病。此时，大千和二哥善孖住在苏州网师园。老夫人病势日益沉重，善孖和大千每周轮流到郎溪侍奉汤药。一天，病笃的老夫人突然向大千索观祖传的《曹娥碑》卷子，说是好久不见了，要大千拿来欣赏欣赏。大千听后，大为窘急。遂骗母亲说卷子藏在苏州，未带在身边。不料太夫人嘱他下次来侍病时一定要带来，老人家一定要和这件祖传文物见最后一面。

大千回到苏州后，急得如热锅上的蚂蚁，不知如何是好。事隔十年，只听说江老早已将此卷子让售出去，不知道流向何方去了。

一天，大千的好友叶恭绰和王秋斋到网师园来探望大千。闲谈中，大千提及老夫人索观《曹娥碑》，而他都无以应命的窘急事态。不料，叶恭绰却洋洋得意地指着自己的鼻子说："这个么，在区区那里！"（这两句话，大千在他所写的那篇序文里是直接引用原词句的，最可表达叶恭绰说话时的神情与语气。）

大千听到叶恭绰说出手卷下落后，喜极而泣。连忙把王秋斋拉到一边，对王说："誉虎（恭绰号）先生不是买卖人，不会出售文物，我谨提供三个办法，请誉虎先生选择其一来帮我的忙：

一、如蒙割爱，我愿付原价；

二、如不愿让售，则请在我的收藏品中随意拣选，不计件数以求交换；

三、如上述两法均不同意，则请将手卷借我两星期，让我呈老母观赏后原璧归还。"

王秋斋随即向叶恭绰转达了大千的三项建议。不想，叶却扬声说道：

"这是什么话！我一生喜爱古人名迹，但是，对古物从不巧取豪夺，也不会玩物丧志。此卷原是大千祖传文物，现在太夫人病笃索观，我愿意璧还大千，奉送给他，不谈价钱，不谈交换。只是，手卷放在上海，我明天去取来，三天内必以报命。"

大千和二哥善孖听了王秋斋转述叶老的话后，两兄弟感激得泪下，并一同向叶老跪叩致谢。

大千这一桩早年荒唐事，本来几乎无人知道了，不想事隔将近四十年之后，大千在台北为叶恭绰书画集写序时，忆及往事，亲自执笔为文，把它原原本本写了出来。大家才知道叶恭绰先生当年在朋友道义上，有过这么一次了不起的义举。同时，由于这则故事，也让我们知道了大千兄弟大风堂的文物收藏，还有这么一件祖传藏品。而且，这件祖传文物，还有过这么一段传奇性的遭遇。

大千早年老家经济情况不错，他跟着二哥善孖在上海、北平各地云游，不仅生活用度不必自己操心，甚至还可以向老家拿钱收购书画。

最早的纪录，是大千二十一二岁的时候，他拜师曾农髯后不久，从上海回四川省亲，向渝州收藏家卢雪堂以三千元巨金购买元代四大家之一的倪瓒（云林）所作《岸南双树图》。大千回上海后，将倪图送交曾老师阅览，曾老师对大千鉴识古画的眼力大加赞扬，推崇他"子年才弱冠，精鉴若此，吾门当大。"①

另一次，大千向一位江西籍的老画家洽购一批古书画藏品，议价已妥，一千二百银元，大千尽手头所有，付了四百元，尚欠八百元，大千要四川家里汇钱来，一时钱未汇到，而那位老画家急着要起程回江西，大千正在着急，不想大千的老师曾农髯不知从何处得悉此事。一天，曾老师突然来到大千的住处，说是听说大千买进一批古画，尚差八百银元。日前，正巧有一位晚辈送了一千银元给曾师母做寿，农髯对大千说："留两百银元给师母做寿礼就够了，多下的八百元，你拿去付画款吧！"

上面两则故事，可以看出大千对古书画的购藏，早年即有浓厚兴趣。而且，他的父母兄长们对他在购藏古书画的费用上，是相当放任的。

比大千大十七岁的二哥善孖，虽然也致力于书画收藏，但善孖自己也承认，他对古文物痴迷程度，远逊于其弟。善孖在他们兄弟俩所选印的一部《石涛山水册》后记中，写有这样一段话："八弟季爱嗜古若命，见名画必得之为快。甑无米，榻无毡，弗顾也。甲子岁（一九二四年）余客京师，八弟来会，偶于厂肆获见此册，以索价奇昂弗能有，旋游沪滨，吴人某持此踵门求售，八弟见之，如逢故人，惊喜若狂，卒以七百金得之，藏之大风堂。物必聚于所好，是果有翰墨缘耶？"

---

① 据傅申博士《张大千的世界》第108页所载，此图现为美国普林斯顿大学美术馆所藏，上有大千一九五一年题跋，记述此画的收藏经历如下："此倪高士真迹，庚申岁，予还蜀中省亲，购于渝州卢雪堂先生家，时予初收书画，以三千金得此，携至海上，先农髯师激赏之，且誉之曰：子年才弱冠，精鉴若此，吾门当大。"

无米无毡弗顾也

善孖这则"后记"描述大千迷痴古物的情状,十分传神。"嗜古若命,见名画必得之为快",已经很够生动了,还要加上"甑无米,榻无毡,弗顾也"这几句话,真把大千酷爱古书画的情形写得活灵活现。以后数十年,大千不顾"无米无毡"之苦而去买书画的事情,更是常见。可见大风堂名迹之能够"富可敌国",并不是单凭有钱有心就可做到的。要是没有大千那股不顾"无米无毡"的执着、痴迷与傻劲,何能臻此!

一九二五年,大千二十七岁时,张家的家庭经济发生很大变故。一向由大千三哥丽诚负责经营的轮船公司遭遇意外,损失不赀;接着又受歹徒欺骗,失财更多,遂致经济破产。家庭对大千的经济供应,从此断绝。

大千为解决生活经济来源,遂在上海举行首次正式画展,由大千好友李祖韩、李秋君兄妹主持其事。展览方式别开生面,展品一百件,不分类别、大小、繁简,每幅标价都是二十元,订购者不能选择。画幅一律编号,在展览结束后抽签决定。大千此时已小有名气,画作极为讨好,一百幅画品居然全部卖罄,甚至还有要求复制的。(见李永翘著《张大千年谱》第39页。)

首次画展成功,给大千鼓励极大。从此,他的画作在市场上有供不应求之势,个人经济情况大为好转。自己挣钱自己花,他更是随心所欲地大手笔从事古书画购藏。张善孖说他"嗜古若命,见名画必得之为快,甑无米,榻无毡,弗顾也",应该就是这个时候。

也就在这段时间,张大千开始仿造古画卖钱。

本来,大千此时自己的画作已颇为时人所喜爱,如果只是为了他一家人生活之所需,卖他自己的画已经足够维持,但问题出在他自幼即有"博雅好古"的天性,加以早年家中经济宽裕,养成了购藏书画文物的癖好,这方面所需的巨额金钱,靠他卖自己的画就不足以支应了。故友历史小说名家高阳对此有十分中肯的说明：

"……张大千那时画水仙，海上独步，号称张水仙，但一幅册页不过大洋四元，要画多少幅水仙，才能换一张石涛的画？他心里在想……自己已画得石涛三昧，……但如题上：大千张爰仿石涛这一行款，就卖不起价钱了。这又激起了张大千不服气的心情！……在这重重感触之下，张大千造石涛假画卖大钱，并不觉得是问心有愧的事……"（见高阳著《梅丘生死摩耶梦》第37页）

关于大千造古画的动机，各专家说法不一。有的说是出于好奇玩世，有的说是由于逞强好胜，有的说是为了赌气，有的说是为了卖弄……种种说法，不一而足。但他的动机之一是卖钱，这却是好几位专家都同意的。傅申及高阳都持此一说法。

大千摹仿古画的笔墨功夫，本来就高人一等，又跟"三老师"李筠庵（清道人李瑞清的三弟）学会了造假画的种种技术和诀窍。因此，造成的假画足可乱真。当时的北平（北京）是北方人文荟萃的重镇，琉璃厂古玩字画商家如萧静亭、赵盘甫、靳伯声、韩博文等都和张大千交往密切，也是大千销售伪作古画的最佳渠道。在二十世纪三十年代初期（一九三一年前后）大千娶进三夫人杨宛君，相偕住在北平。那些年里，应是大千造假画最多，同时又以卖假画所得金钱买进古书画最多的时期。"富可敌国"的大风堂收藏，即于此时此地奠基。

（大千在北平收进及保藏于北平的古书画，数量惊人，总共有木箱二十四箱之多。当年，一九三七年"七七事变"，北平迅即陷敌，大千未能及时离开，以致陷入日本人掌握。以后费尽心机才逃出魔掌。张大千说：

"……我是在民国二十七年（1938年）五月十三日逃出北平的，只身出走，舍弃了所有珍藏，不敢携带，怕露痕迹……后来，全靠德国朋友帮忙……他在一个多月之中，为我运出二十四箱收藏品，辗转送到上海租界里。"——见谢家孝著《张大千传》第127页至第130页。）

藏品被毁或散失

大风堂收藏的古书画名迹，遭受第一次浩劫，是一九三七年七月爆发的对日抗战。当时，大千保藏在北平的书画藏品，如前文所述，有惊无险地逃过了灾难，但大千和二哥善孖共同搜集而保藏在苏州网师园的一大批藏品，却全部毁于战火或失散了。

当年，大千兄弟收藏在苏州网师园的古书画，论质量，绝对不会比他在北平所保藏的逊色，甚至，质还可能更精，量也可能更多。因为，大千和善孖住在上海及苏州的时间，远比大千住北平的时间长久。

大千对苏州网师园古书画的流失，至为痛惜，多年后仍念念难忘。他后来在四川成都编印《大风堂书画录》时，在序言中说："数十年间所得先迹，莫可详记，往者寄居吴下，大半庋藏于此，寇陷江南，尽付劫遭。"其后数十年到了台湾，他为《大风堂名迹》再版作序时，又有"荆璧碎于吴门"之叹。足见大千对大风堂名迹首次浩劫感痛之深了。

其实，那一次战火浩劫，大风堂名迹没有"全军覆没"，让张大千保藏于北平的名迹安全运出沦陷区，已是够幸运的事。

大风堂珍藏书画文物的另一次重大散失，发生在抗战末期，张大千为了偿还"敦煌面壁三年之旅"所负的庞大债务，而将他从北平抢救出来的二十四木箱——几近三百件的名贵书画，倾巢转让。

大千于一九四一年夏间，率领妻儿门生等十多人，远出西陲，在敦煌石窟中临摹壁画几近三年，耗费不赀。此行三年所需的庞大费用，全部由大千独力筹措。三年中，大千在临摹壁画之余，夜以继日，在烛光下作画，托人带到成都变卖以作挹注，但仍然不足以应付敦煌工作人员之生活费用，以致大千在三年后班师回成都时，债台高筑。不得已，大千于一九四四年三月，在成都举行"张大千收藏古书画展览"，展出唐、宋、元、明、清历朝历代书画精品一百七十余件，并另有明末清初画家陈老莲、石涛、八大山人等的书画卷册等八十余件，洋洋大观，轰动一时。张大千"富可敌国，贫无立锥"的隽语，就是大千的好友冯若飞此时奉赠给他的。大千趁着展览造成轰动的机会，宣称愿意割爱所藏古画精品，以换取现金偿还敦煌之行所负债务。如此一来，大风堂所藏古画精品大部分易手，所余的只是一些零星卷轴及手卷册页。

大风堂名迹，经过苏州网师园的战祸损失以及敦煌之行的债逼变卖之后，已将近"溃不成军"了。大千敦煌之旅的庞大开支，引发当年坊间传说张大千拖垮了一家银行。其实，被拖垮的不是一家银行，而是已受淞沪战火重创的大风堂名迹宝库。

张大千卖掉了大风堂的古书画收藏，偿清了"敦煌之旅"所负债务，换得了将近三百幅摹临的敦煌石窟壁画，得失之间，难作比较，大千行事一向洒脱，他不会计较这些。只是，"富可敌国"的赞词，得来还不到一个月，精彩的书画收藏就已大部转手，大千对此当然也不无怅怅。

胜利带来"东北货"

说来又是凑巧，正当大风堂古书画库藏空虚之际，一次空前的收购中国古书画名迹的大好机会突然来临。这就是抗战胜利，东北伪满洲国瓦解，傀儡"皇帝"溥仪从北京故宫偷运到东北的一千多件中国历代古书画名迹，都散失到古董市场上了。

抗战胜利的消息来得十分突然，一九四五年八月间，美国两枚原子弹逼得日本手忙脚乱地投降。大千在成都听说北平、天津古董市场上"东北货"充斥，国宝级文物所在多有，大千迫不及待地在日本投降后三个月（一九四五年十一月间）

就只身乘飞机赶到了北平。凭大千的眼力财力及经验，大风堂在这段时间内所收进的名迹，无论质量，均极为可观。最难得的，是胜利后的三四年内，因缘际会，让大千买进了好多件梦寐以求的国宝级名迹，如五代董源的《潇湘图》、顾闳中的《韩熙载夜宴图》、宋代黄山谷的《张大同书卷》等，都是战后这一阵子买进的。这些见诸历代著录的名件，清朝初年进入宫中，从乾隆皇帝列入《石渠宝笈》之后，民间人连过眼机会都没有了。要不是溥仪心谋不轨，暗中将这些宫廷秘藏宝物偷运到东北，最后成了"东北货"而流入民间，则张大千等这些私人收藏家哪有成为这些国宝文物主人的缘分呢！

南北东西只有相随无别离。

因之，从一九四五年抗战胜利，到大千离开大陆的四五年间，大风堂所购进的书画名迹，在数量上，也许不及抗战以前的最盛时期，但在品质内容上，却比抗战以前所收的藏品要精彩得多。这也是"大风堂名迹"品质最高的时期。

可惜好景不长，随着抗战胜利而来的，是国、共军事冲突的迅速扩大，终而爆发为全面战争，战火从华北蔓延到东北，从京沪延伸到西南。张大千眼见国府军事节节失利，知道又要避居了。此时，大千在书画文物收藏上虽然大丰收，"敌国之富"的声威已经恢复，但家庭经济又是"贫无立锥"，手头空空如也。为了筹措逃难及安家费用，他把全家老小安顿在成都老家，然后只身到香港、台湾等地举办画展。

张大千丝毫没有预料到战局竟如此迅速逆转，一九四九年十一月，他在台北得知成都告危，即将弃守，他急着要回去接眷外逃的时候，交通已经断绝，回家已无路。在焦急万状中，幸得当时东南军政长官陈诚相助，特准大千搭乘军机飞成都接眷。大千抵成都，已是弃城前夕，幸逢老友张群以西南军政长官身份在成都陪侍蒋介石，大千得张群之助，不仅他和夫人徐雯波、女儿心沛得以安全逃出，连他的部分珍贵藏品，也得搭乘蒋介石的专机逃出危城，运来台湾。

大千逃离大陆后，在台湾、香港等地以及印度几处徘徊了一年多，最后决定到南美阿根廷定居，举家远赴人地生疏的异域安身立命，自然需要大笔费用。大千不得不忍痛割爱最珍贵的藏品。其中，他刚买进不过两三年的国宝级古画——顾闳中《韩熙载夜宴图》及董源《潇湘图》二件，也都辗转卖给了北京故宫。其他相同等级但名气不及《韩熙载夜宴图》及《潇湘图》者，大千被迫而转让他人的也不少，这又是大风堂名迹的一次流失。

名迹多已转让

大千寄迹海外的数十年当中，迫于生计，不断让售古画以应急。但他毕竟爱古成痴，却也不停地收购古画，即使在他被迫卖出《韩熙载夜宴图》及《潇湘图》二图以筹措迁家路费前不久，他在印度得悉另一件旷世巨迹——黄山谷书《经伏波神祠诗卷》在香港求售，他马上急电香港友人代为以高价购下，丝毫不改他二哥善孖早年形容他"嗜古如命，见名迹必得之为快，甑无米，榻无毡，弗顾也"的神情。尤其在他经营巴西八德园大致就绪，生活稍趋安定之后，他每年必到日本、台湾、香港各地旅游。在日本他也曾买进不少宋、元古画，间或也能买到一些罕见的名迹。总之，他寄迹海外这数十年，古画收藏虽然有进有出，但毕竟是出多进少，绝大部分的大风堂名迹，都是这段时间内流失出去的。

一九七八年，大千以八十高龄决定回台湾购地建屋定居，占地五百坪的摩耶精舍，购地建屋的款项全部是卖他自己的画作来支应，在台定居五年，他夜以继日地赶画以支持摩耶精舍的庞大开支。甚至在八十二三岁的时候，仍然鼓起余勇，承接下绘制《庐山图》的艰巨工作。当时，我们的确以为《庐山图》的巨额笔润，应当也是大千不辞劳累承允作此大画的动机之一。因为，我们都以为大风堂所藏的名迹在海外这些年早已卖光了。真没想到，大千去世后，在张师母及葆萝检点遗物时，竟拣出七十多件古书画，其中半数均为历代名迹，捐献台北故宫博物院，连同其他文物杂项，不下一百余件。大千晚年，宁可拼了老命作画卖钱养家，尽可能地把他收藏的名迹保留下来捐给台北故宫博物院，他坚持维护大风堂名迹"富可敌国"的金字招牌到最后，为大风堂名迹画下最完美的句号。

以上是大风堂收藏古书画的一页简史，扼要地记录了大风堂文物藏品几次大进大出的情形。

从这篇简史上，已不难看出张大千在古书画的集藏与处理上，与我国传统的一般文物收藏家是多么不同，也因此而引起人们对他在书画收藏上的一些"好奇"。

首先，最令人们"好奇"的是：号称"富可敌国"的大风堂收藏，究竟收藏了多少古书画？其盛誉究竟是得自其藏量之多，还是得自其藏品之精？

这个问题，在大千生前就有人探讨过，我也曾当面问过他。他的答复是："千把件是有的。"但稍一迟疑，又说："前前后后，总有一千件以上喽。"

大千自己所估的这个数字，应该大致不差。至于确数，那倒真难计算。如前文所述，大风堂藏品经过这么几次大进大出，而且，数十年来在海外不断地或进或出，这一笔流水账，谁也算不精确。

至于概算，最好以大千自己所做的几项记录为基础。

藏画的三份记录

大风堂藏画，曾有过三次正式的文书记录：

第一份记录是一九四三年在四川成都，由大千先生亲自督导门人及子侄，将所收藏古书画的尺寸及题咏等，一一详录，编辑成册，（当时正值对日抗战时期，大后方的成都,摄影及印刷器材均不够精良,所以,此画册无图片,只好在文字记录上力求详细明确。)题名为《大风堂书画录》,内列卷轴共一百九十四件,这是大风堂首次编印的藏品目录。

第二份记录,是一九五四年大千在巴西编辑,日本东京精印的《大风堂名迹》,共四集,一大厚册。

此册第一、第四两集为唐、五代、北宋、南宋、元、明、清等历朝历代名画。第一集为历朝卷轴,共三十八件;第四集为历朝卷轴,共四十件;第二集为《清湘老人(石涛)专辑》,包括立轴、手卷、册页等,共五十七幅;第三集为《八大山人专辑》,计立轴、手卷、册页共六十七幅。总共四集的藏画为二百零二幅。

大风堂名迹题签。

这本《大风堂名迹》目录的出版,比成都所刊印的那本《大风堂书画录》晚十一年。这十一年中,大风堂的古书画藏品,变动很大,两部"目录"仔细对照之下,大件藏品重叠者几乎没有,只有石涛、八大山人两家的一部分小品画件留下来,可见当年在成都编印那部《大风堂书画录》中的重要藏品,都已脱手让人了。因此,《大风堂名迹》中所列的二百余件书画,绝大部分都是大千在抗战胜利后抢购"东北货"时新买进的。

在此应特别提出的是,是此《名迹》目录中所列的两百幅古画,只是张大千在战后抢购"东北货"的一部分,尚有许多藏品他离开成都时无法携带,都留置在成都家中了。

同时,此册"序言"中也提及:《大风堂名迹》所列画件,除了大千从成都抢救出来的一部分外,并且"益以旅途所获,自唐讫清,精加别择",可知此册

"藏之大千"轴头（方介堪刻）。

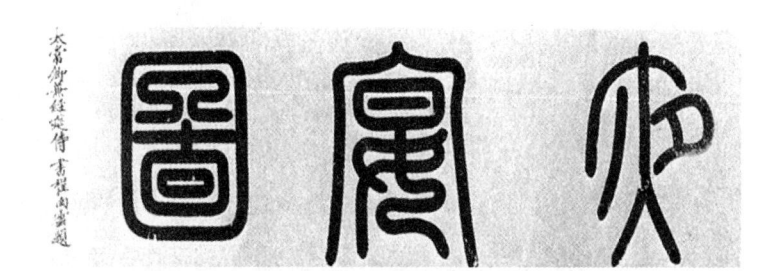

顾闳中《夜宴图》轴头（方介堪刻）。

顾闳中《韩熙载夜宴图》——大风堂旧藏（现藏北京故宫）。

内还包括了大千离开大陆后，在日本、香港等地收进的古书画，选择精美的才纳入册中。

综合上述各项，可以知道在《大风堂名迹》刊印的前后，大风堂的藏品，除了纳入《大风堂名迹》册中的两百幅之外，未纳入的部分，为数亦不在少。

大风堂藏画的第三份记录，应当就是大千逝世后，张师母徐雯波遵照大千先生遗嘱，将大千生前所藏古书画捐赠给台北故宫博物院的那一纸清单了。

这份清单所列古书画共七十五件，唯其中一件是日本元禄年间（相当于清康熙年代）诗人北村季吟的一个书卷。中国古书画共七十四件。

台北故宫博物院在收到张夫人捐赠的书画后，经慎重整理，并曾在台北故宫博物院举行展览，复将展品编辑成册，于大千辞世后三个月，出版了《大风堂遗赠名迹特展图录》一本。我们把这本图录，和以往出版过的《大风堂书画录》及《大风堂名迹》对照检阅，结果发现大千遗赠给故宫的七十四件中国古书画之中，见诸以往目录中的只有七件。换句话说，大千身后捐赠给台北故宫博物院的，有六十七件是大千在上述两部目录出版后才收进来的。

　　综合上面的记述，以《大风堂书画录》《大风堂名迹》与《大风堂遗赠名迹》三本图录所列书画，加上最先保藏在苏州网师园而被毁于战火的藏品，与大千离开大陆时留置在成都家中的藏件，以及大千浪迹海外期间在日本及香港等处陆续收进的宋、元古画等，总加起来，就已经超过千件之数。另据，精研大千艺事的傅申博士与熟悉大千古画收藏的王方宇先生都曾撰文说，他们曾见过许多"藏之大千"而未见诸著录的石涛、八大等名迹。看来，大千先生自称"前前后后，总是千件以上"的话，是绝对可靠的。

　　大风堂藏品如此之富，张大千鉴赏眼力如此之精，一千多件藏品中，当然不乏"国宝级"的名迹。早已名震中外的如南唐顾闳中《韩熙载夜宴图》（现藏北京故宫博物院）、五代董源《潇湘图》（现藏北京故宫博物院）、五代董源《江堤晚景》（现藏台北故宫博物院）、五代董源《夏口待渡图》（现藏台北故宫博物院）、宋黄山谷书《经伏波神祠诗卷》（现藏日本永青文库）等都是，其他在大风堂刊印的几本目录中，应当还可发现。

　　大风堂名迹另一个引人"好奇"的疑问，是这巨大收藏所需的财源，来自何方？或来自何人？

　　在此，我要特别强调的一项事实是：有关张大千收藏古画的故事或传说很多很多，但从没有听说大千以"巧取豪夺"手段谋求某一名迹的。事实上，大风堂数逾千件的藏品，没有一件不是以金钱购进或以等值的艺术文物交换而得。至于财源，在大千个人经济完全独立自主之前，购买金额较大的书画，他可向老家拿钱，但在老家经济转坏之后，所有购藏古书画的钱，就全部靠他自己了。

董源《潇湘图》——大风堂旧藏（现藏北京故宫博物院）。

挣钱只靠一支笔

大千赚钱的手段只有一个：他手中的那支画笔。

张大千早年画作就深受普遍喜爱，而且，盛势持久不衰，甚至直到身后。照理说，凭他一支画笔，他就可以过很优裕的生活，但他却因收藏古文物而经常一贫如洗。别人称他"贫无立锥"，买古画是他致穷的主要原因之一。

前文亦曾提到，大千假造古画的动机之一是"筹钱"。他之所以急着"筹钱"，应当也是为了需钱买古画的缘故。

有时，来不及筹钱，就只好向人借贷，甚至上当铺去典当求现金。前文曾记述他的老师曾农髯为他垫款八百元买古画的事。另一次，一九四七年，抗战胜利后，在北平，为了抢购"东北货"国宝《韩熙载夜宴图》及董源《潇湘图》等名迹，他曾急电在上海的门生曹大铁，嘱曹筹款一千万元寄去。据曹大铁后来记述其事说：他接到老师的借款电报后，立刻卖了黄金"焰赤一百一十两"，将款电汇到北平。一两个月后张大千从北平回到上海，找了曹大铁去，让大铁欣赏他在北平收进的名迹，大铁见了，为之赞叹不已。其中，除了《韩熙载夜宴图》《潇湘图》二图之外，还有宋人《溪山无尽图》卷、宋人《群马图》卷、元周砥《铜官秋色图》卷、元姚廷美《有余闲图》卷、明姚云东《杂画》六段等。大千随即问曹大铁，前所欠款，曹是希望归还现金，还是要古画。曹大铁即答说请老师赐给几件古画就好，大千遂拿了元人画三卷，明人画一卷给曹，曹大铁大惊，说太多了，不肯接受，大千勉强他收下。曹大铁回到家中，邀他的好友——名收藏家张葱玉来欣赏他所获宝物。不料，张葱玉看过之后，坚决要求曹大铁按照当时市价转让给他，结果，张葱玉按市价付给曹一千好几百万元。曹大铁留下一千万元，把多出的几百万元拿去还给大千，说是张葱玉买去那四件古画手卷的价款，曹已扣除自己的一千万元了，这多余的几百万元还给老师①。

这则故事，可以看出张大千固然常向朋友、老师、门人借钱买古画，但大千借钱必还，有时，还会付利息呢！

至于上当铺，大千毫不避讳说，他当年在大陆是当铺的"常客"。他曾对谢家孝说，当年（1937年），"七七事变"后，日军进占北平，他未及逃出，为了所收藏古书画的安全问题，他想到了当铺，他说："北平城里那些当铺的老朝奉，可真有些识货的鉴赏家，我的如意算盘是不仅可以押钱济急，而更妙的是避免日本人搜括，送到当铺里去保管。"大千对当铺的营运情形如此了解，可知他是常到当铺去求现济急的。

尽管大千那支画笔，有如印钞机一样的功能，为他聚集了"富可敌国"的收藏，可是，遇有紧急事故或其他特殊原因，他自己的画作不足以应急的时候，只有转让藏品，前文也曾述及，早年的几次"大进大出"，与他后半生浪迹海外那些年的"时进时出"，可说是大风堂收藏的一个特色。上千件的藏品，到他过世后清点遗物时，只有七十五件，"散失掉"的千来件名迹，除了历次兵火之灾，与他紧急逃离成都时留置在家中的那些藏画外，其余数百件名迹，都是经他亲手转让出去的。于是，引出了另一个令人"好奇"的疑问：大千在海外的这些年，是否真如那位跟他原为好友，后来却不知为何而反目成仇的朱省斋（朴）所说："大千近来在海外专营买卖中国古代书画事业，生意鼎盛，生财有术，大有斩获"

---

① 见香港《大成》杂志一二〇期第28页沈苇窗撰《大风堂弟子曹大铁》。

呢？（见朱省斋著《艺苑谈往》第327页）

其实，大千在海外，领着妻子儿女及门生等一大家子人，先后在巴西与美国辟建"八德园""可以居"与"环荜庵"，耗费资财无数，这些钱，绝大部分是来自他出让收藏的古书画，这是事实。（大千最后五年定居台湾，辟建"摩耶精舍"，却是完全靠他自己那支画笔了。）但若因此要说大千"在海外专营买卖中国古代书画事业，生意鼎盛"，那未免恶意中伤。至于说大千买卖古画，"生财有术，大有斩获"，那更是信口开河了。

收藏注重考据

大千买卖古画，由于时空不同，币值相异，究竟是赚钱还是赔钱，根本无从计算。不过，倒是有若干实际例证，可看出大千对古画收藏，除了因为个人喜爱，或者为了临摹仿效，或是为了研究考证等因素之外，对于藏品市场价格的增减高低，从来不在他考虑之中。

实例之一是大千收藏有一部元代赵孟頫（子昂）的《九歌图》册页（现藏美国纽约大都会博物馆）。这本名贵巨迹，是大千至爱的藏品之一，他曾将这册《九歌图》与他另藏的一件《赵孟頫临王右军东方朔画像赞》小楷，合成双璧，交由日本京都专门精制复印本的"便利堂"去复制了一百套，分赠同道友好。原画《九歌》共十一幅，是举世公认的赵孟頫真迹精品。

可是，大千购藏这本册页之后，经仔细逐页鉴赏研究，竟然发现其中《云中君》双开一幅的纸质、墨迹及笔法，均与其他各幅不一样，再深入鉴察，断定此幅不是赵孟頫亲笔，应是明末清初的高手模仿赵氏笔法画成补垫进去的，大千如果考虑到此册页的价值影响，大可不动声色，别人也不会注意，但大千提笔就在

《云中君》页的裱绫上写明:"此一页不知何时失去,为何人补画,以纸墨笔法辨之,当是明末清初人也。"

大千这样的做法,固然表明了他对一件古画真伪及断代鉴识的认真负责态度,但如此一来,那本册页的价值与价格就大大贬低了,这哪里会是一个以赚钱或牟利为目的的收藏者所该做的呢!

另一实例是大千将他以高价买进的一件公认为五代巨然的巨构,改断为"刘道士"作品的故事。

这件名迹,是大千在抗战胜利后,在北平向名收藏家蔡崇庵家人重金买来的,大家原都认定这就是五代大画家巨然的《万壑松风图》。

大千将新购的巨迹挂起来仔细审阅,却慢慢发觉这幅图的基本笔法及画风,虽然与巨然相近,但画中的山峦林木等细微处,却与大千及台北故宫博物院原来所藏的两件巨然画法完全不同,遂引起大千对此图作者身份的怀疑。经他深入研究及思索,最后断然推翻了前人所认为是巨然作品的论断,改而判定是和巨然同时代的"刘道士"的作品。

据大千在这幅五代名作上所作题识,他对此图作者身份发生怀疑后,经查阅资料,详加思考,忽然忆及与巨然同时的一位建康籍画家刘道士。巨然与刘道士这一僧一道,同为五代名画家董源的门徒,传说中只知道董源门下有这么一位姓刘的道士,大家均以刘道士称之,名字却失传了。传说董源门下这一僧一道两位高徒,作画时有一个怪习惯:两人都喜欢在自己的得意作品上,分别画上僧道模样的人物,以暗示作者身份。(唐宋时代画家作画,一般不作兴自题名款。)传说中,巨然喜欢把一位僧人画在画面左侧,刘道士却喜欢把一位道士画在画面左侧。这幅图左下有一身着红袍的老人,显然是一位道士。因之,此图应可据此而断为刘道士作品。

大千确认此图作者为刘道士之后,非常得意,认为自己又改正了一件古画作者身份的误判,他同时将此图另外命名为《湖山清晓图》,并在原画的裱绫上把他改判此画作身份的经过题识出来，又细心临摹了一张和原作一模一样的临本，更把这段题识写在临本的左上角。这幅足可乱真的临本，是大千的得意杰作之一，现仍由张师母徐雯波珍藏着。

这一幅原被认为是巨然作品的五代古画，大千最初是按巨然画件的高价买进来的，经他改判为刘道士作品，并且在画绫上题识指明他的改判经过之后，这幅画的艺术价值及市场价格自然都大大减低了，尽管刘道士和巨然是同时代的人物，而且同出于董源门下，但巨然的声望名气却比刘道士高得多，大千在这幅画的"买卖"上是赔钱了，这也就是名鉴识家杨仁恺在他的巨著《国宝浮沉录》中说，大千"不全是为金钱，而是从考订古代作品的真实性出发对待藏品，此种科学态度，尤堪钦佩"的原因。

这一幅画，后来，大千按刘道士作品的价格，在香港"赔钱"转让给另一位著名收藏家"金匮室主"陈仁涛。当时，收藏界对陈仁涛都称羡不已，因为，尽管刘道士的名气不及董源或巨然，但他毕竟也是五代一位名家。这幅画，毕竟也是"寥若晨星"的一幅五代古画呀！

可是，后来据说陈仁涛对这幅画究竟巨然乎？刘道士乎？甚至是否真为一幅五代古画乎？都起了疑心。也许陈仁涛认为，张大千仅凭画中有一红袍老人就断定那是一位红袍道士，又进而断定这幅画是刘道士所作，如此说法未免太牵强了一点，因之，陈仁涛在购进此图后，经过一番研究，决定放弃，遂又"削价"转让给旅居纽约的名收藏家王季迁。

王季迁购藏此画之后，有关此画的种种曲折遭遇，逐渐在文物收藏界传开。后来，事闻于大陆著名的古书画鉴定专家，也是大千生前老友谢稚柳，引起谢的好奇与兴趣，谢遂很认真地对此画详细审阅及研究。最后认定张大千的论断完全正确。谢并在杂志上撰文提出他对此画的审定结果，后又将他所撰文章收入他的文集《鉴余漫谈》中。至此，这幅《湖山清晓图》算是公认为五代刘道士的作品了。

一九九五年秋间,王方宇从纽约来台北,和我谈及这段文物收藏界的逸事,最后笑着说:"结果,竟然又是王季迁占了便宜!"

收藏印独具一格

台静农刻"环荜庵"。

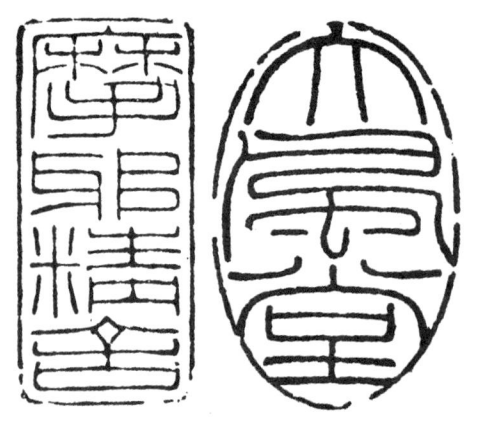

王壮为刻"摩耶精舍"方介堪刻"大风堂"。

"富可敌国"的大风堂收藏,其收藏印之独树一格,也可算是大风堂收藏的特点之一。

张大千本来就是一位喜爱印章而又讲究用印的书画家和收藏家,他自己曾说:他一生用过的印章,在三千方以上。大千的老友,名篆刻家陈巨来说,大千在抗战胜利后,从四川到了上海,准备开画展,曾托请陈巨来为他刻六十方印章备用。其他当代名篆刻家如方介堪、王福庵、简经纶、顿立夫等,没有不为大千刻过印章的。

张大千的收藏印,有一个特色,就是印面上明用"收藏"字样的很少,似乎只有"大风堂珍藏印"及"藏之大千"两印。(篆刻家王壮为及故友高阳认为,大千这一方"藏之大千"的印章中的"藏"字,有"藏之世界"而非"藏之私人"之意,语意双关,应是另有含义的。）有时，大千也将他的"斋馆印"如大风堂"八德园""摩诘山园""环荜庵"或"摩耶精舍"等，钤盖在所收藏的古书画上。至于古人或某些藏家常用的"宜子孙"或"子孙永保"之类的收藏印，大千绝对不用的。

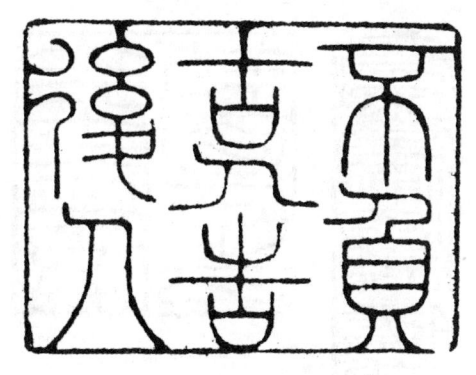

张祥凝刻"不负古人告后人"。

大千最喜爱的收藏印或鉴赏印，都是刻他慎选的古人或他自己所作的诗句，大多含意深远，各有巧思妙致。如"南北东西只有相随无别离"（细朱文印，顿立夫刻）；"球图宝骨肉情"（白文扁方形）；"至宝是宝"（巨型，张樾丞刻）等，也有专为他所喜爱的某家作品而刻制的，如"大千居士供养百石之一"，或"大风堂渐江髡残雪个苦瓜墨缘"，或"老董风流尚可攀"等都是。

另有两方收藏印比较特别：

一是"敌国之富"，这印文当然是从冯若飞描述大千收藏丰富的"富可敌国"之句而来，但大千老友名篆刻家王壮为却指出："所谓'敌国之富'，是表明这张书画甚至为过去皇室之所未有，可以和皇家收藏比富。"高阳更进一步指出："然则凡钤此印者，必无历朝内府收藏印，张大千'敌国之富'一印，抵得过'明昌七玺'，亦可以自豪了。"（见高阳著《梅丘生死摩耶梦》74页）

另一别具意义的收藏印是"别时容易"。这是取自南唐李后主"别时

球图宝骨肉情。 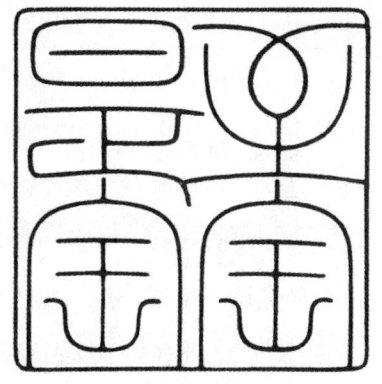　　至宝是宝。

大千居士供养百石之一。

敌国之富。

大风堂渐江髡残雪个苦瓜墨缘。

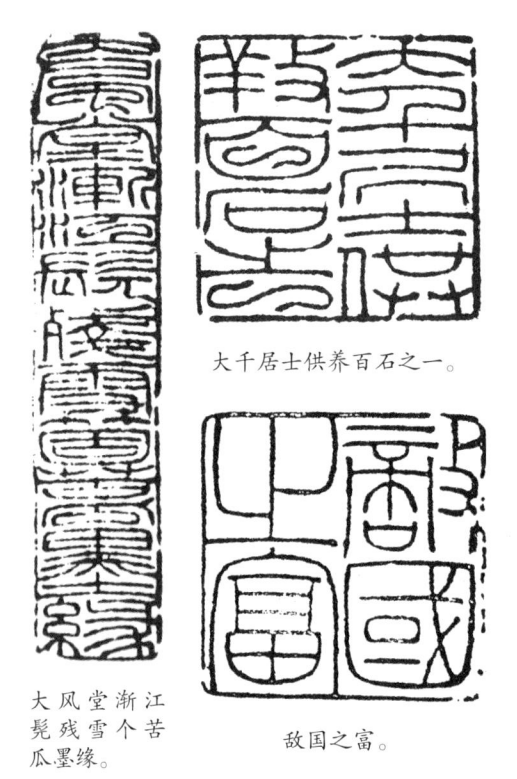

容易见时难"的词意,高阳说,这是大千让售古画时所钤的印章,"有此印即可知此书画由大风堂直接出让"。

一次,我和台静农先生谈到大千这方"别时容易"收藏印,我告诉静老:高阳说大千这方印章是让售古画时钤盖的,有此印即可知此书画由大风堂直接卖出。静老听后,几乎失声笑了出来,说道:

"高阳这话,说得太露骨了,未免把大千说成古董商人了。其实,这方印章,除了含有大千对藏品的深挚感情与藏品即将离手的心情感受之外,我想,还含有至深的意义,大千不会为了卖画而刻这方印章。我不知道大千这方印章是哪一年刻的,也许是在他多年费尽苦心收进了这些千古名迹之后,结果,有的毁于战火,有的迫于不能随身带走,有的甚至是由于他需钱孔亟,而一件一件经他自己之手让售出去,从这一页沧桑史中,他领悟到,人生在世,不管你拥有多少,到头来总是一场空……大千早年,几度要出家做和尚,最后虽然没有做成,但是对佛经佛学下过功夫,一生做人行事,受佛学影响很深。别时容易,也许并不一定是表示'见时难'的含意,也许他是认为这些收藏虽然收得很辛苦,虽然心爱万分,但是,只要有'能舍'之心,也就没有什么'难舍'之念了……"

台静老这一番话,是一九八三年四月间,大千过世后,我从东京回台北参加大千丧礼,一天下午,我去拜会静老,他一面慢慢品酌我特别为他从东京带来的四川泸州大曲,一面以低沉语调向我悠悠叙说的,我当时很受感动,没想到因为大千的一方收藏印，而引出静老对他刚逝去的老友一番人生领悟的道理来。

　　当天，我回到旅社，立即把静老的这一席话笔记下来。说来也真巧，我从台北回东京住所后不久，收到曾为大千记室的冯幼衡小姐托人带来她的新著《形象之外——张大千的生活与艺术》，书中有台静老为她写的"序言"，台

别时容易。

静老竟在"序言"中谈到了大千对他"敌国之富"的收藏态度与人生，和我上面所记的一段话大意相同，但由静老亲笔写来，当然要细致得多，谨抄录如下：

　　幼衡（在本书中）谈到大风堂镇山之宝董源的《江堤晚景》，要知大风堂镇山之宝岂止一件，多着呢！如顾闳中《夜宴图》、董源《潇湘图》、黄山谷书《张大同手卷》，都是大风堂至宝……大千拥有那些人间至宝，也以此自豪，因有"敌国之富"一印钤在那些名迹上，他愿"相随无别离"，却又有一印"别时容易"，往往两印同钤在一幅书画上，他又说："曾经我眼即我有"，这话好像是自嘲，其实不然，海内外中国名迹，他不特都经眼过，并且都记在心目中，例如他对故宫博物院名迹之熟悉，既能心中藏之，一旦斥去，更无惋惜，故云"别时容易"……他初到巴西，发现一平原，颇像故国成都，竟斥去所有（书画），开山凿湖，经营数年，居然达成一座中国园林。一旦巴西政府要此土地，则掉头而去，毫不留恋，虽说"我真不成材啊"，可是古往今来有如此襟怀的人么？唯其有如此的襟怀，才能有他那样突破传统创造新风格的盛业。

　　台静农先生上述的这一席话与这一段文章，应是大风堂名迹聚散的最佳注脚了！

　　张大千的收藏印中，还有一方印文是"曾经我眼即我有"。我曾和台静农先生谈论过这方印章的含义，静老认为，这可能有两层意思，一是大千自诩他的记忆力强，悟性高。静老说他当年曾陪大千到台中雾峰去看台北故宫博物院藏画，

那些画，大千从前在北平都看过，此次只是去查证几件古画上的一些疑点，大千每拿起一件画轴，未打开，就能说出画件的内容及题识题款等，令人不得不佩服他的记忆力之强。过眼之物，就能记入脑际如此清楚，当然就可说是"曾经我眼即我有"了。另一层意思，静老认为可能是大千对他的收藏品而言的，大千每收进一件名迹巨构，总要花一番工夫整理、鉴赏、研究、考证，如有个人心得或新发现，就会在画轴裱绫上或手卷拖尾上写下来，遇有特别欣赏的，就整幅临摹下来，他收藏过的巨迹如董源《江堤晚景》、刘道士《湖山清晓图》等，大千精心临摹还不止一幅。静老转述香港薛慧山说：他曾见大千对董源一幅画上的几棵老树，临摹了三十遍。这样的工夫扎下去，曾经他眼的画，当然就为他所有了。

八

几件名作的故事

（一）黄山九龙瀑图 　　　　　长江逆向西流
　　不打不相识 　　　　　（三）黄山前后澥图
　　西安赠画 　　　　　　　归来不看岳
　　温馨情谊 　　　　　（四）幽谷图
（二）长江万里图 　　　　　　惊艳
　　十天内赶成 　　　　　　　重逢
　　江山万里情

本篇所写的，是我所知道的有关大千先生四件名作的故事。大千艺术生涯六十多年，平生作品在万件以上，所谓名作，何止四件！四十件、四百件，甚或千件也不止。我所写的四件，不一定是因为"画"好，而是因为我觉得这四件画的"故事"值得一记。四段故事也并不是"一气呵成"写出来的，四件画的绘制时间有先有后，故事发生的时间有先有后，所以，我写作的时间也有先有后。四个故事并无关联，是四个单篇，只因都是写的有关某一幅画的故事，所以集结成一篇而已。

（一）黄山九龙瀑

《黄山九龙瀑》是大千先生赠给"少帅"张学良的一件名作。

大千先生和张学良缔交五十多年，二人相互敬重，彼此关怀。长久岁月与不凡的人生历练，在这两位传奇人物之间，交织成"生死不渝"的情谊。

大千先生早年即以假造足以乱真的石涛、八大书画而闻名，他和少帅张学良的交往，也是因为买卖假画而开始的。

张学良早年即对书画文物有浓厚兴趣，颇致力于书画收藏，藏品既富且精，他曾专程延聘书画文物鉴赏名家金息侯到东北去筹设"沈阳博物馆"，金息侯到东北看过张学良的收藏品后曾赋诗表示赞佩："晋墨（王献之墨迹）宋图（米南宫雪山图卷）元画谱（郭天锡山水等），粗文细沈压明清……"足见张学良收藏精富之一斑。近年在海内外各地出现的一些名贵古书画真迹上，常会发现"张学良鉴定印"或"临溟张氏珍藏"等印章，这些都是少帅早年旧物，多年烽火离乱，已是零星四散了。

不打不相识

当年，张学良随老帅进驻北平，在人文荟萃的故都，更收购了不少名贵书画，大千所仿制的石涛、八大精品，当然难免辗转进入了少帅的珍藏。后来，大千造假画的名气越来越大，少帅也逐渐发现他所购藏的石涛精品巨构，有好些都是张大千的手笔。一次，张大千到了北平，住在旅社里，忽然接到了张学良请吃饭的请帖。大千与少帅素无交往，见到请帖，心头不禁一惊。当时以少帅的势力，欲拒不能，但大千先生也得到友人警告，恐怕这是"鸿门宴"，少帅可能要找他算一算假石涛的画债。大千先生慎加考虑之后，仍然决定应邀赴宴，行前他也曾嘱咐朋友，如果他逾时未归，就赶快设法关照。

《黄山九龙瀑》。

不想，到了少帅驻居的顺承王府，但见宴席高张，嘉宾满座。少帅对大千一无芥蒂，待如上宾，大千这才放下心来。但在谈笑风生中，少帅也故意取谑了一下，拍着大千的肩膀，向其他宾客介绍说："这位鼎鼎大名的张大千，是仿石涛的专家，我的收藏中就有好多是他的杰作。"说完，纵声大笑。此后，直到终席，少帅未再提假画的事。

这是"二张"结交的开始。

在两人相交初期，少帅也曾在书画买卖上让大千吃瘪一次。不知道这是不是年轻好胜的张少帅有意给张大千一点"报复"？

有一次，大千在北平逛琉璃厂，在一家古玩店中看到一幅新罗山人的《红梅图》，大千十分喜爱，古玩店老板见是财神爷上门，索高价大洋三百元，大千立刻答应照价购下，并说明第二天带现金来取件。老板哪敢怠慢，连忙说：明天不劳八爷大驾了，我让伙计把画件送到府上。大千满怀高兴，继续逛到其他店家去了。

不料大千走后不久，张少帅带着几名侍卫也到琉璃厂逛店来了。踏进这家古玩店门，少帅一眼看中刚刚挂回壁上的那幅新罗山人画梅，命店家取下细看之后，少帅问价，店家答说"已有客人订掉了"。少帅"哦"了一声，继续问道：

"谁订的？多少钱？"

店家答说："张大千——张八爷订的，三百大洋。"

少帅略一沉吟，说道：

"我给你五百大洋，卖给我好了。"

店家不敢不答应，少帅命侍卫付钱，当场就把画带走了。

第二天，大千备妥了三百大洋，喜滋滋地等着店中伙计送画来，不想左等右等，直到黄昏时分，才见店中伙计空手而来，见了大千，打躬作揖，说是画被一位大买主买走了，掌柜的让伙计来向八爷赔礼。大千一听，怒火中烧，这是古物买卖中最忌讳的事情，店家、买家都太不给订货主面子。大千气冲冲地问道："哪个买走的？"伙计答是张少帅。大千一想，这就怪不得店家了，应怪少帅不讲交情。但接着又一转念,这样也好,正好和假石涛事件扯平,互不相欠,从此平等论交,彼此都交了一位好朋友。

此后,少帅忙于军务政务,大千也忙于作画及游历,两人相聚一块的机会并不多,但双方都非常珍惜这一段"不打不相识"的情谊。

西安赠画

他们曾在一九三五年秋间短聚了一次,那只算是偶然的遇合,却也发生了一连串的趣事,使得大千先生在多年之后还津津乐道地向朋友们谈及。

那时,张学良已经奉调离开北平,率军驻扎西安。那年十月初,大千先生游山玩水到河南洛阳,游过龙门石窟之后,几位艺术界好友(黄君璧也是同游者之一)相约,趁着九九重阳佳节,转到陕西华阴的西岳华山登高。事闻于当时"西安绥靖公署"主任杨虎城,杨氏和大千先生也是旧识,他电邀大千到西安小住,大千久闻杨虎城的"西安绥署"设于西安"皇城"之中,那是当年慈禧太后和光绪皇帝于庚子八国联军攻占北京时,避难西安的行宫,仿照北京紫禁城建造,颇值得一游。因之,大千接受了杨虎城邀约。杨氏亲自驱车到华山山麓,把大千接到了西安。

大千在西安玩了两天之后,准备离开西安返回北平的当天,张学良(当时少帅官职是"西北剿匪总司令部"副总司令)突然驾临皇城"绥署"拜访大千,并当面向大千索画,大千连声告罪,说当天一定要走,赶回北平去看余叔岩告别舞台演出《打棍出箱》,少帅的画,等回到北平画好一定寄奉。大千原以为少帅也是戏迷,而且,也知道大千和余叔岩是好友,绝不应该错过余叔岩告别舞台的演出,因而对大千的"告罪"一定会同意的,不想豪气干云的少帅听后纵声大笑:

"哦，那不要紧，画一定要画，画好之后，我用专机送你回北平看戏，保证两不耽误。"说罢，拉了大千上车回府。大千拗不过少帅盛情，只好到张府作画。

大千因为刚刚游过华山，对西岳的壮丽山景印象犹新，遂聚精会神画了一幅《西岳山水图》，气势磅礴，甚为得意。画好之后，为赶时间，遂手持大画到火炉边烘干，不料因为心急而靠火炉太近，火舌燎上了画纸，接着烧上了大千先生的长须，少帅及左右人等连忙灭火抢救，大千的胡子损失不大，画却烧毁了。大千看看天色已晚，索性定下心来，振笔再画，结果画成一幅更为雄伟的《华山山水图》，少帅高兴万分，设盛宴，为大千压惊、道谢并饯行。

大千回到北平之后，稍事停留，即以他最得意的石涛笔法，画下他最喜欢的一处黄山胜景，题名《黄山九龙瀑》；画上题诗：

　　天绅亭望天垂绅，智如亭见智慧水，

　　风卷泉分九叠飞，如龙各自从潭起。

诗后并有长跋：

黄山皆削立而瘦，上下皆松，前人如渐江、石涛、瞿山，俱于此擅名于世。渐江得其骨，石涛得其情，瞿山得其变。近人昌言黄山画史，遂有黄山派，然皆不出此三家户庭也。

　　　　　　　　　　　　　　　　　　　　　　大千居士再题

这幅画，无疑是大千平生最得意的杰作之一。画成后，他郑重其事地题了"汉卿先生"的上款，并写明"以大涤心法"写黄山九龙潭瀑布，说明作画时间是"己亥（一九三五年）十一月"。他是诚心画赠少帅的，一以补偿少帅购藏他的假石涛的亏欠；二以答谢少帅对他的以诚相待的关爱与盛情；三以纪念两人相见恨晚的结交与不平凡的友谊滋长。

少帅在西安收到大千从北平寄赠的画件时，应该是一九三五年十二月间，那恰是惊天动地的"西安事变"之前一年。

一九三六年十二月二十五日，"西安事变"结束，少帅只身随侍蒋介石夫妇飞离西安赴洛阳转南京，接受军事审判，少帅自此失去自由。此后数十年。随着家国烽火战乱，少帅在监管下播迁过一二十处地方，长年颠沛流离，与世隔绝，少帅的权势、地位、繁华、产业、亲情、朋友，都丢弃了、远离了。一九四九年，国民党迁台，少帅也相随来到台湾。

大千先生与少帅自从当年在西安一别，就未再见面，《黄山九龙瀑》赠画，也是他们俩最后的一次互通音讯。这一隔绝，竟达三十五年之久。直到一九七〇年少帅在台湾已经获得相当程度的自由，适逢大千应台北故宫博物院之邀回台参加"中国古画讨论会"，两位老朋友在张群及王新衡的安排下，才在台北又见了面。

三十多年隔绝后的重逢，双方都有恍如隔世之感，心情激荡，感触万端，自在意料之中。会面共餐之余，果然还有感人肺腑的情节：

在大千夫妇离台返美的那天，汉卿先生带了赵四小姐赶到松山机场相送。临登机前，少帅从赵四小姐手中取过一卷东西，交给大千说：

"一点小礼物，留作纪念。不过，你一定要等到回到家里才能打开。"

大千拱手道谢，上了飞机。沿途，对少帅这件"故作神秘"的礼物，很好奇，但仍遵嘱未打开查看。

温馨情谊

回抵家中，大千小心翼翼拆开礼物。展卷一瞧，真是意外又意外，竟是将近四十年前在北平琉璃厂古玩店，被少帅以"豪夺"方式买去的那幅新罗山人画的《红梅图》。大千事后向朋友们说：他当时简直呆住了，端着画，历历往事涌上

心头，年轻好胜时的狡狯顽皮，竟然还被受尽岁月折腾的少帅记在心里。这份情意、这份执着，能不令人感动么？难怪大千要老泪纵横了。

大千收少帅这份重礼，左思右想，找不出适当礼物回报，直到第二年年底，严冬酷寒之夜，大千午夜未能成寐，索性披衣到环荜庵园里看梅花，夜凉如水，适逢月食，引起大千无限幽思惆怅，回到屋里，提笔画下一幅意境超逸的《寒梅图》，并题上作画时的心境及作画经过：

辛亥（一九七一年）嘉平月十五日夜二时，环荜庵看梅，适逢月蚀（食），因成小诗，并画寄呈汉卿老宗兄哂正。

攀枝嗅蕊许从容，欲写横斜恐未工，

看到夜深明月蚀，和香和梦共朦胧。

诗与画都是专为答谢汉卿先生而作，大千每每谈起此事，总是用极富感性的语气表示：

"我何敢用我的画与诗来和新罗山人的杰作对比，只不过尽力而作，表示自己衷诚的心意罢了。"

在此事发生的前一两年，美国旧金山"砥昂博物馆"为了纪念大千先生七十岁诞辰，计划举办"张大千四十年回顾展"，展出大千三十岁到七十岁的画作，希望能找到每年一张精品参展。

张大千与张学良。

长江万里图。

　　大千得知此事之后，很高兴，愿意力助其成。只是，四十年的时段，要找每年一张代表作品参展，实在不容易，尤其是早年在大陆时期的作品，时隔几十年，大风堂的藏品年代并不齐全，唯一可行之道是向外国博物馆、美术馆以及现居海外的大千亲友及收藏家们去商借。在各方张罗凑集画件的过程中，一九三五年的作品付缺，大千顿时想起当年绘赠张少帅的那幅《黄山九龙瀑》，真可算是那一年的代表作。只是，时间这么久了，张少帅身经这么大的灾难折腾，国家社会经过这么大的破离战乱，那张画想必早已不再存在这世界上了。

　　及至汉卿先生把当年在北平购进的新罗山人《红梅图》送还给大千先生，遂引起大千盟弟张目寒的联想：少帅会不会把《黄山九龙瀑》也带了出来？于是，本着不妨一试的心情，张目寒托请张岳军先生去向汉卿先生打听。结果，大大出人意料，这些年来，少帅不仅把《黄山九龙瀑》一直带在身边，而且保存得非常完整。这幅画，大千当年画好裱好就寄给少帅，少帅得画后不出一年就失去自由，迄今三、四十年，《黄山九龙瀑》也跟着藏主被监管，与世隔绝，这么一件艺术精品，还从来没有见诸世面呢！少帅听说大千"四十年回顾展"要借画，欣然同意。

　　《黄山九龙瀑》这幅名作，首次公开与世人见面，不是在中国大陆，也不是在宝岛台湾，而是在美国旧金山。

长江万里图。

（二）长江万里图

《长江万里图》作于一九六八年，是七十岁的大千，祝贺老乡长"岳公"张群八十岁大寿而作的。

那年，在岳公诞辰逐渐接近的时候，台北朝野显要名流，以"副总统"严家淦为首，准备为岳公好好祝贺一番。可是，向来不做寿也不避寿的岳公，不同意任何铺张活动，大家都不知道如何是好。后来，张目寒想出一个主意，他向严"副总统"建议，由严家淦及几位军政大老与社会名流发起，大家联名托请张大千先生特地为岳公八十大寿画一幅大画祝贺。经张目寒向岳公请示，岳公欣然同意接受。严家淦遂趁着大千从巴西回台北过旧历年之便，当面托请大千作画，大千当然欣然应命了。大千受托之后，考虑了一番。他认为，祝寿，画大画不如画手卷，讨口彩，绵延长寿嘛！至于"画什么"，他认为：岳公早年从家乡四川扬帆出海，创下辉煌的丰功伟业，不正是苏东坡名诗句"我家江水初发源，宦游直送江入海"的最佳写照么！"画《长江万里图》给他老人家祝寿，是最恰当不过了！"

这就是《长江万里图》制作的缘起。

大千从台北回到巴西，他先忙着和家人及门生在八德园过他自己的古稀大寿，热闹了一番，并精心细笔画了一幅《古稀自画像》，题上一首自寿诗。然后，才摒除俗务，静下心来，绘制《长江万里图》长卷。大千在图成后的题识中说："穷十日之力而成此《长江万里图》，答诸君子之请，而敬公一觞也。"

十天内赶成

许多人后来看到图上此一段题识时,觉得奇怪,大千为什么要特别说明"穷十日之力而成此图"呢?是为了显示他落笔快速,十天就可以画成这么一个大手卷么?我想不会是如此。不过,大千题画,通常不会题一些虚浮无意义的话,他既然题得这样明白:"穷十日之力",必有他的用意或原因,只是我们不知道而已。

说来也很有意思,两年后(一九七〇年),大千重游东京,一次闲谈中,谈到他年前"赶画"《长江万里图》的事,我忽然想起"穷十日之力"的问题,遂问他当时为什么要急着这样"赶"?

真亏他对一些事情的细节能记得这样清楚,他加重语气答复我说:

"哼!那个手卷,非十天内赶成不可,耽误不得!"

据大千解释:他的生日是农历四月初一,张岳公生日是阳历五月九日,

张大千与张群共赏梅花。

相隔很近；岳公生日的阳历日子是年年固定的，大千生日从农历折算为阳历，却每年不同；那一年（一九六八年），大千生日折算为阳历是四月二十七日，比岳公早十二天。大千认为：他受众人之托，作画一幅为岳公祝寿，当然就要在岳公生日之前画好，他在过了自己古稀大寿之后才动笔画岳公的祝寿图，只剩十一天了，如果他在十天内赶不出《长江万里图》，就有负台北诸君子的嘱托，就是对岳公不礼貌，"哪有送生日礼还作兴过期补送的！"

大千真是一位尊重礼教的正人君子！这也算是《长江万里图》的一个小小秘辛。

《长江万里图》是一个大手卷，图高 53.5 厘米，长 1979.5 厘米。大体说来，这是一个高逾半米，长达 20 米的长卷，大千在大陆时期曾否画过这样的长卷，我不知道，但在他寄迹海外的三十多年里，这应该是最长的一个手卷了。

由于题材是他来来往往走过不知多少趟的长江，沿岸景物非常熟悉，所以，据大千对友人侯北人说："当时并没有起草稿，兴之所至，执笔陈写，沿江而下，心灵所至，每有所触及的地方，便落之于绢素之上。"（见香港《明报月刊》一九六九年十月号。）由于下笔洒脱，所以写来十分顺畅。这是他离开大陆二十年后的"忆游"之作，或"梦游"之作，景物位置的精确度容或不及早年写生写实之作，但幻景依稀，行笔流畅，却是早年作品所不及的。

《长江万里图》寄到台北之后，经由严家淦"副总统"在长卷"拖尾"部分作序，由精于作隶书的军政界耆宿赵恒惕题"引首"，装裱完竣，即由张岳公交台北历史博物馆公开展出。

《长江万里图》在展出之前，报纸上即屡有报道。得有机会"先睹为快"的一些资深记者，在报上撰刊出"看大千巨构，若故国神游"一类的描述，已使《长江万里图》形成"未展出，先轰动"的盛况。

江山万里情

大千在台北新闻界的至交好友羊汝德，当时在《联合报》上撰文推介《长江万里图》的艺术成就说：

张大千的豪笔，起于四川灌县的索桥，沿长江滔滔而下，经七省，汇百川以入海，奔流浩荡之势，直达至崇明岛外。满纸云烟，写尽长江的雄浑气象！

大千居士的绘事，早已蜚声国际艺坛，而他的纵横才华，在《长江万里图卷》上则更表露无遗。把万里江山在七丈多长的绢素上挥洒，使之尽入眼底，这不仅要有高度的绘画技巧和修养，还得要有丰富的知识和阅历。

在画面上，《长江万里图卷》是融合了水墨与青绿，于工笔中加写意。在构图上，则集合了我国前辈各派画家的画路，但也有张大千自己的面貌，就制作过程讲，这又不同于工笔画可慢慢推敲，细细琢磨，那是大千先生穷十日之力而成，但看起来是"一气呵成"，毫无"支离""断续"之感。

中国绘画的特色，是要求表现"意境"与"气韵"，意境是所谓"因心造境"，表现自我独特的面目；气韵则正如人之有"精神"。而绘图之"意境"与"气韵"，往往是相引相生。张大千的《长江万里图卷》，在这一方面是博得了人们心弦的共鸣，而令人回味无穷！

果然，《长江万里图》在台北历史博物馆展出的头两天，即涌进了六千多观众。随后，整个展览期间，人潮不断，展期延长了两次，才勉强结束。

值得特别一提的，是《长江万里》在展览期间，曾发生了一场"长江万里误西流"的风波，连带扯出了中国山水画卷的方向问题，始终无法获得圆满答案。

中国传统书画长卷，向例是从右向左屈曲延展调卷，画卷的"引首"自然就在右端的起首处。张大千画万里长江，自西蜀岷江索桥开始，顺着画卷开展的格式，从右向左延展，奔腾而下，沿途经灌县、成都、重庆，出三峡，过洞庭……

穿越七省，汇百川而入海。在画面上，是极其自然的"顺流而东"的走势。可是，从画卷自右向左展开的"格式"看来，却正巧和我们一般看地图的方向倒转过来了。通常地图，上方为北，下方为南，图左为西，图右为东。如以地图的"定向"为标准，画卷从右向左延伸开展，就是从东向西延伸推出，以此种标准来看《长江万里图》自灌县岷江索桥开始，自右向左延伸，就成了自东向西延伸，于是，长江不再是"顺流而东"，竟成了"顺流而西"了。

长江逆向西流

《长江万里图》在展览中期，正当美术界对大千的艺事造诣及表现手法等赞不绝口之际，一位颇有名气的业余书法家突然向新闻记者发表"张大千颠倒乾坤，万里长江向西流"的谈话。

这番谈话在报纸上披露之后，确也引起相当回响。许多曾经看过展览的人，起初并未注意到长江流向的问题，等到在报纸上看到"张大千颠倒乾坤"的消息后，连忙又赶到展览场去再看一次，却也为《长江万里图》的展览，造成第二波"人潮"。不过，报纸上随声附和"张大千颠倒乾坤"的批评的确也不少，有的甚至以刻薄语气吟诗填词加以嘲讽。最先"揭发"此事的那位业余书法家，竟然径自写信到巴西给张大千，希望大千提出解释，惹得大千极为不快。

其实，这是艺术与科学的分野问题。一件美好的艺术品，不能用科学标准去评定它的艺术价值。正如一项高科技的成品，不能用艺术眼光去评定其外形美丑一样。这种不同品类的是非之争，当然争不出圆满结果来。

这一场"长江流向"的争议，喋喋不休地闹了好几个月，甚至在《长江万里图》长卷的展览已结束后仍未休止。九月中旬，历史博物馆邀约了十位画家及艺术评论家举行座谈,希望艺术界在"长江流向"问题上,获致一个共识,以便结束此一场论争。结果,专家们充分交换意见后,得到的结论是:"艺术与科学迥异,不应该把《长江万里图》当作地图看。"

一场争议,就此不了了之。

岁月悠悠,这已经是三十年前的事了。"长江流向"的争议,已少有人记得。倒是岁月为我们证实了三十年前艺术界的共识是正确的,艺术与科学不能混为一谈,不能把《长江万里图》当作地图看。君不见,地理上的万里长江,不分昼夜地往东流,白浪滔滔,万古长存;而张大千所绘图卷上的长江,虽然误向西流,却也一样长存于艺术史中,丝毫无损于它的灿烂与光辉!

(三)《黄山前后澥图》

张大千在世八十五年,前五十年在大陆度过,后三十五年在海外及台湾。他的一生被这样分成两个阶段,是客观环境所使然,并非他的自愿。由于生活环境的不同,他在两阶段的艺术作风与作品,也有了显著差异。举其荦荦大者,诸如:

1. 大陆时期的作品,以临古仿古者居多,所有巨幅精细作品,几乎都是临仿之作;移居海外之后,创作多于临仿,

台北报纸所刊"长江西流"报道。

独自的风格更见确立。

2. 年事渐长，眼疾转剧，不能再作工笔，遂专事写意，技法更从泼墨而推进到泼彩；益以久居海外，接触西方文化机会较多，泼墨泼彩的山水画，更具抽象意识。

3. 大陆时期山水作品，多为实地写生，以"技"为重；移居海外后所作大陆山水，皆为"忆写"旧游之地，以"情"为重。由于心系故国，情浓于技，所以，大千不仅凭旧游之印象就可"忆写"长江、黄山、青城山，甚至，凭"神游"之感情，也可写出从未去过的《庐山图》来，诚如他在未完成的《庐山图》上所题诗句："信知胸次有庐山"也。

大千到海外之后，屡以连幅通景巨屏或长手卷写荷花或大陆山川，他随笔挥洒，先后创作了一系列震撼艺坛的巨幅，如《荷花通景》《青城山图》《长江万里图》《黄山前后澥图卷》及《庐山图》等。这几件巨构，无一不是"成如容易却艰辛"的作品，其创作缘起、绘制经纬或辗转收藏传袭的经过等，几乎都有传诵一时的故事，其中却以《黄山图卷》的故事最鲜为人知。其实，此中也有一番满含情义的曲折，值得向世人报道。

归来不看岳

《黄山前后澥图》是一件高 44.5 厘米，长 2071 厘米（将近 21 米）的大手卷；画的是安徽省境内以奇松幻云著名的山水胜地黄山。自前澥人字瀑入山起笔，山势亘连，绵延起伏，直到始信峰出山，沿途经由文殊院、慈光寺、清凉台、光明顶等，云烟变幻，奇松怪石交错，一一呈现于笔底，确是集大千所独创的泼彩泼墨及传统勾勒技法于一炉的皇皇巨构。

《黄山前后澥图》手卷绘制于一九六九年。大千七十一岁时的作品，原是画给比他小一岁的金兰兄弟张目寒七十诞辰的贺礼。值得注意的是此图绘制于张大千完成他的长卷杰作《长江万里图》后的第二年。《长江万里图》是画给他的老乡长张群（岳军）八十岁的贺礼。画好《长江万里图》之后，大千发觉自己虽届古稀之年，但创作力仍然旺盛，技法圆熟，十分得心应手。想及故国河山，论水，长江无疑是他的最爱；论山，则"五岳归来不看山，黄山归来不看岳"，自以黄山为最爱了。于是鼓起余勇，怀着沉郁的故国之思，忆写下他三十三年前的旧游之地，为盟弟张目寒祝寿。绘制完成，大千在卷末题上两首寿人亦自寿的诗：

　　阿兄七十新开一，阿弟今朝亦古稀，
　　各保闲身斗强健，真成济胜步如飞。

　　每忆黄山想惠连，曾攀绝巘俯诸天，
　　收京复国堪狂喜，把臂峰头看采莲。

展阅长卷，看图诵诗之余，谁都知道这是大千全力投入的至性至情之作的。

画成三个月之后，同年七月间，大千想到三十多年前游黄山时先后所作的《黄山记游诗》数十首，据大千在题识中指出，当年诗作，事隔多年，有的已经遗忘，有的却仍在记忆中，于是，振笔直书，以杯口大小的"大千体"行书，写下了当年纪游诗将近三十首，诗幅长度亦达668厘米。书画相连，装裱成卷；一卷之中，大千的诗、书、画"三绝"并陈，这在大千所作的传世巨构中，是绝无仅有的一件。

张目寒收到此图卷后，藏了七年，一九七六年间，突然中风病倒，瘫痪在床，不能行动，张大千原盼阿兄阿弟有朝一日"把臂峰头看采莲"的希望落空了。是

时，大千亦已回台定居，住在摩耶精舍，时常扶杖去探望目寒，但目寒已经丧失记忆，有时甚至昏迷不醒，大千看到亲如手足的盟弟竟然一病至此，不禁悲从中来，看一次，哭一次，阿兄阿弟的交情固然感人，但也使两家的家人担心大千悲痛过度，损及健康，尽量不让大千来探病了。

目寒一生担任政府公职，清廉自持，卧病退休之后，两袖清风，巨额的医药费用及家用开支等，很快就把目寒的半生积蓄及退休金花光了。大千得悉目寒的困境，立即解囊相助，按月以相当数额的现金赠送目寒家人，作为医药费用。大千并不富有，那一两年间，又因摩耶精舍购地建屋耗费特多，支应亦感困难。此时，又引出另一段朋友道义的感人故事。

事缘大千的老友——旅居日本横滨的华侨企业家李海天。得知张目寒长期卧病及张大千资助目寒医药费用的情形后，他立即向张大千表示，愿意按月馈赠目寒所需的医药费用，但请张大千保密，毋告知目寒家人，以免引起目寒家人的不安。大千有感于李海天的道义相助热忱，也顾虑到目寒家人对李海天慨然相助可能不便接受，因之，大千同意李海天的

张大千作画，张目寒立于后（中）。

安排，资助款项均由大千转送，并且不向目寒家人说明内情。相当时日之后，张目寒夫人以大千先生年事已高，健康也不是很好，手头并不十分宽裕，她实不便长期接受大千的资助，遂坚拒大千的馈赠。大千迫不得已，乃将实情说出，目寒夫人得悉李海天慨助的内情之后，更感不安，不仅不愿意继续接受资助，且就商于大千先生，如何答谢李海天的盛情。经大千提议，由目寒夫人以大千当年绘赠目寒的《黄山前后澥图》手卷转赠李海天，以示答谢。目寒夫人同意，并立即将《黄山前后澥图》送交大千先生代为转赠。大千告知李海天，李氏一再婉拒接受，并以"君子不夺人之所好"坚拒，经大千先生含泪告之："目寒已经昏迷不省人事，所剩时日已经不多，你就勉强接受我们兄弟感谢你的这番情义吧！"大千并当场展开画卷，指着图卷末端的一片字迹说："我已代目寒弟和雯虹弟妹写了题识，表明他们的铭感之忱，你就收下吧！"

大千的题识，是写给李海天和李夫人吴延信女士的，全文如下："海天仁兄、延信夫人以予从弟目寒卧病三年，慨然以重金相赠为

大千先生与旅日企业家李海天合影。

药饵之需，家人铭感，无以为报，谨以此卷为献，以志高情盛德，非敢云报也。六十八年十月二十八日，八十一叟爰翁题记。"①

大千的这一段题跋，是一九七九年农历十月写的，大千自署"八十一叟"，说来也真凑巧，这正是大千绘作此卷之后的第十年，回想当年画成之后，大千题诗：

　　阿兄七十新开一，阿弟今朝亦古稀，
　　各保闻身斗强健，真成济胜步如飞。

而今，阿兄老态龙钟，扶杖步履艰难；阿弟更是卧病昏迷，危在旦夕，快步如飞之约，已永无实现之日。自难怪大千思念后，不禁老泪纵横了。（结果，张目寒在大千此一题识写成后不过三个月，即以八十一岁高龄去世。）

（四）幽谷图

这是大千先生在二十世纪六十年代中期所作最成熟的泼墨泼彩巨构之一，也是大千自己非常满意的一件作品。

一九七〇年五月间，我在东京接到大千先生从美国来信，说他将于六月初到东京，准备小住几天，休息休息，并处理一点杂务，然后去台北参加故宫博物院

---

① 事隔十余年之后，香港《大成》杂志社的社长沈苇窗先生谈及他当年目睹张大千写此一段题跋的情形说："……记得那天是我亲眼看他写的，写得很简洁，写时老泪频挥，足见大千是个重感情的人……"——见《大成》杂志236期。

主办的"国际中国画研讨会"。

　　我为大千订好旅馆，等候他到来。

　　可是，大千还未到时，一天，忽然接到裱画师"黄鹤堂"主人目黑三次电话，问我是否知道台北故宫博物院将举行"中国画研讨会"之事，并问大千先生是否要去参加。目黑表示，他很希望能跟大千先生一起去台北参加此项会议，他不是去"研讨"，而是想去看看故宫博物院所藏中国古画的装裱规格等。我告诉他大千先生不久就会到东京，他可当面要求大千先生带他去，我想没有问题的。

　　不出两星期，大千先生和师母到了东京。我向先生提起目黑想去台北的事，大千说：

　　"正好，我正要找他；带了不少东西来，要他好好裱一下。"

　　目黑应约到旅社时，大千拿出两三个大卷筒，取出筒内的画。我很意外地发现，并不是古书画，而是大千自己的作品。大千似乎很满意他带来的画件，特别转身对房间里的其他几位朋友说：

　　"一起过来看看吧！有几张好画。"

　　大家凑近围在大桌前，目黑帮着大千把画幅一张一张摊开，大约有七八幅，全部是青绿大泼彩山水画。

惊艳

这是我第一次看到大千的"纯泼墨泼彩"山水,但见画面一片艳丽的青绿,偶有一两张墨色稍重,有的稍见撞粉,不见笔墨。我印象最深的一点是:所有的画面都是"泼"得满满的,中国画特征的"留白"完全不见了,连署款的一点点空白都不见。

其中一幅,不像其他各幅那么宽,却特别长。起初,我以为是手卷,全幅展开后,才知是超长的条幅,基调是淡墨,两处峭壁中的一个狭窄山谷,图幅中部一小滩水汪汪的淡色石青,两侧几处红点。画面充满了令人看不透的神秘感。

这就是以后公开展览时被称为"大千泼彩技法圆熟期杰作"的《幽谷图》。

我原以为是大千近一两年的作品,及至凑近一看,左侧中间一小块淡色处,却写着"乙巳十有一月朔"。乙巳是一九六五年,果然是他一九六〇年代早期几次畅游欧洲,深切感受

《幽谷图》

了西洋抽象画法浸润后的产物。瑞士深山幽谷的神秘绝妙景色,想必给他留下了强烈印象。

此后不久,我因事回台北,偶然遇到当时台北历史博物馆馆长何浩天。何馆长告诉我:我们驻巴黎联合国教科文组织的代表郭有守回去大陆之后,郭留在法国及比利时的一部分文书文物都运回台北来了,其中有不少张大千画给郭有守的大小画作,都已拨归台北历史博物馆接收,台北历史博物馆一下就增加了不少张大千的画作云云。我要求何馆长让我看一看大千在欧洲所作的这些画件,我当时正致力于追溯大千接受西洋抽象画影响的源起。

何馆长接受我的要求,约定时间到历史博物馆去看画。

我把大千画给郭有守的大小画件,仔细看了一遍,果然让我发现了两件我深感兴趣的东西。

一是大千作于一九六二年的一本十二开山水册页,全册水墨淋漓奔放,景象迷离苍茫,应是大千最早期泼墨山水的得意作品之一。

另一件是一小幅(纵 33 厘米,横 11 厘米)的泼墨深山幽谷奇景,构图和我在

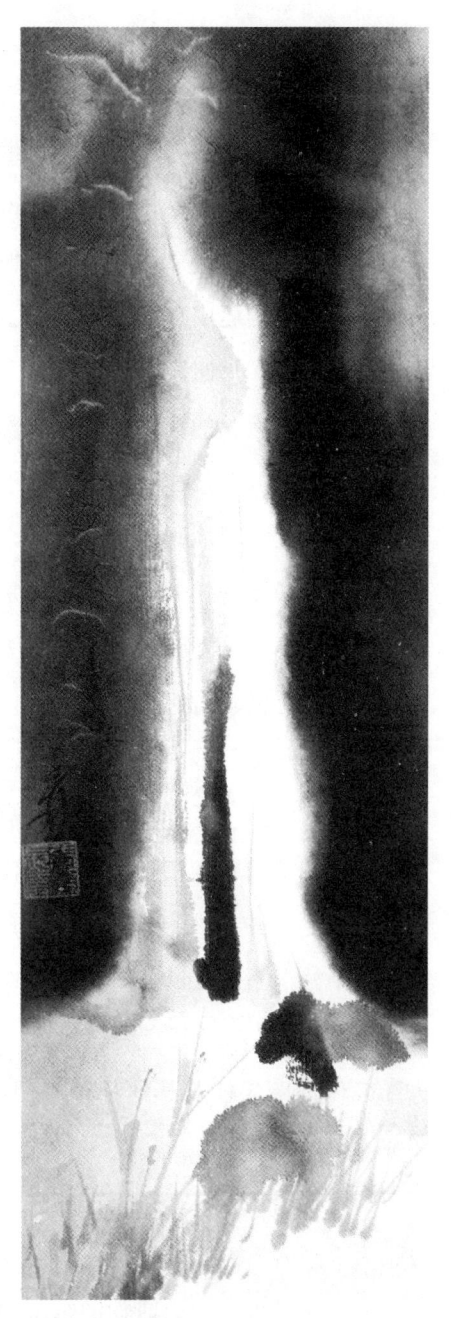

一九六二年张大千所作泼墨《幽谷图》粉本(现藏台北历史博物馆)。

东京所看到大千交给目黑装裱的《幽谷图》几乎一模一样,墨韵极佳,但不及《幽谷图》石青、石绿、红白交映之光彩艳丽。毫无疑义,这小幅泼墨的幽谷图,是大千四年后所作泼墨泼彩超长型《幽谷图》的草图或粉本。

泼墨泼彩的画而能依照粉本画得大致不差,可见大千对于石青、石绿已能完全控制,运用自如。一九六八年,他在台北对门人匡仲英说:"我最近已能把石青当作水墨那样运用自如,而且得心应手,这是我近来唯一自觉的进步!很高兴,也很得意!"(见谢家孝著《张大千传》第282页)

我在东京所见的这一幅泼墨泼彩《幽谷图》,一九七〇年只是惊鸿一瞥,当时匆匆别过,再见它时,已是四年之后。虽然,初见与重逢的地点,都是在东京,但两次相晤的大环境则完全不同了。

一九七〇年初见《幽谷图》,是大千先生亲自带来东京装裱,大千当时眼睛毛病很糟,据说刚在纽约看过眼科医生,动了一点小手术,眼球还不固定,和他握手时,他会低声告诉对方:"手臂请不要太摇动,摇动太厉害,我的眼球会掉出来。"吓得我们都不敢用力握手。大千眼睛虽然不行,但腿脚尚健,体力还好。大家看画时,他还可以指指点点,解说他的泼墨泼彩画。当时,台湾方面和日本还有正式外交关系,在东京有"大使馆";在关西大阪热热闹闹举行的"世界博览会",参加的是"中华民国"。大千本来还想去大阪博览会场凑凑热闹,结果因眼睛不好,不敢太劳动,只好待在旅馆里休息。但这也是大千先生最后一次在日本停留了。此后两年——一九七二年九月,日本和"中华民国"断绝外交关系,大千亦以健康欠佳及其他种种不便,以后,过境日本偶或有之,但已不再停留小住。

一九七四年七月,东京银座高级宽敞的"中央美术馆"举行了一次大规模的"张大千画展"。此次展览是由台北历史博物馆与"日华民族文化协会"联合主办,展品除了台北历史博物馆馆藏的张大千作品外,并由历史博物馆向张大千借了几十件大风堂自己收藏的精品来参展,大千本人并未到场,但从大风堂借来参展的作品，倒是件件精彩，《幽谷图》是全场最抢眼的展品之一。

重逢

　　这是我第二次见到《幽谷图》，经过精致裱装的泼彩泼墨画面，较之四年前初见时更耀眼，画轴高悬在宽敞典雅的展览室里，幽谷两侧的峭壁似乎更显得高耸入云，谷底深处的迷蒙气氛也似乎更幽静、更遥远。展期中的一天午后，我陪着日本著名画家林武入场观赏，这位油画名家在《幽谷图》前流连许久不肯离去，反复地说：大概只有水墨才能画出这种轻灵意境来，油画与水彩都很难做到。

　　由于此次展览是日本与台北"断绝外交关系"后第一次大规模的文化艺术交流活动，展出地点是东京银座最高雅的中央美术馆，展出画家是与日本素有渊源、享有高知名度的张大千。因之，此次展览，确有"未展先轰动"的气势。

　　此次展出的画作，除了历史博物馆的馆藏品外，其余都是向大风堂借来的。所以，展品全部是"非卖品"。同时，按照美术馆展出的规定，展品不许拍照。在展览期间，参观者以主办单位未印制画册发售，要求准许摄影的几乎每天都有，甚至有要求购买展品的。一般的参观客提出购买要求，主办单位当场就婉拒了。一次，由于要求购买展品者的身份特殊，让主办单位十分为难。

　　当时，被人看中而要求让售的，就是抢眼的《幽谷图》。看中《幽谷图》的是当时日本政府的通商产业大臣，日后担任日本首相的中曾根康弘。

　　中曾根对《幽谷图》真可说是一见钟情。据说，他那天到场参观，先在全场浏览一遍，然后回到《幽谷图》前，细细欣赏了很久。中曾根当时是日本政坛炙手可热的人物，也是极懂艺术欣赏的政治家。当场，他就向陪同他参观的主办单位人员探询，《幽谷图》是公家机关藏品还是私人藏品？陪同人员答以系向画家本人借来展出者。中曾根即要求主办单位向张大千探问，在展览结束后，《幽谷图》可否割爱给他珍藏？并希望尽快答复他。

当时，我不在场。傍晚时候，"驻日代表处"的一位朋友找到我，嘱我马上打电话向大千先生探询。我打了电话，但大千先生婉拒了。

若干年后，中曾根做了日本首相。他所领导的自由民主党"中曾根派"重要成员托人找上我，请大千先生画一幅画为中曾根首相祝寿。适巧大千先生托人从台北带了几件近作在我处，我请他们到我处选画。他们来了二人，看画后，二人意见不一致，一人看中一幅传统山水，一人看中一幅古松，迟疑不决。我建议他们带三幅画去让中曾根首相自己选择，两幅是他们二人各自看中的，另一幅泼彩泼墨山水是我建议的。他们欣然带去了三幅画，结果，中曾根选的是我建议的泼彩泼墨山水。

我听说，大千先生画过好几幅《幽谷图》，但我只看过这一幅。在我印象中，这一幅应该是大千先生保留在手中最久的，似乎直到他过世后才转让出来。这是否表示这是他最满意也最得意的一幅《幽谷图》呢？

九

恨不相逢未娶时

未完成的画扇
遥寄相思未了情
恨不相逢未娶时
纯情的红粉知音
瓯香馆里情意深

未完成的画扇

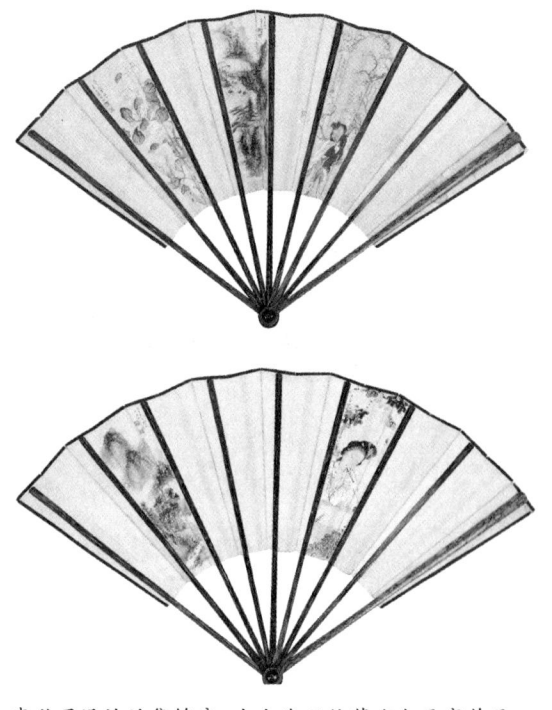

李秋君设计的集锦扇,由上海五位著名女画家作画。

一九九六年七月间,一位经营古董书画业的朋友从香港来,先以电话问我:有一柄集锦折扇,上款是张大千,只是,扇面尚未画完,不知我有否兴趣一看。我答说既与大千先生有关,当然要看。

及至我看到扇子,颇感失望。原来是一柄宽幅集锦扇,扇面由扇骨分成每面八小格,两面共十六小格,本应该分由十六位书画家每人分别作书画一格,山水、花鸟、人物,或各体书法,各展所长,集成一扇,是设计颇为特殊的一种书画扇。但是,我所见到的这柄集锦扇,十六小格之中,只有五格是画好了的,一面三格,另一面两格,其余十一个小格均为空白,整个扇面尚未成形。我看了看扇面上的五件小画,两件山水,两件仕女,一件花鸟,果然都题有大千的上款,也许是大千请书画界朋友为他画的,却因故未能求齐,所以空下这许多小格。我看几幅小画还不错,卖主索价不高,遂把扇子买下。

两三天后,晚间无事,我把扇子在灯下仔细展阅,两件事引起我的注意:

一是扇面上作画的五位画家,全是二十世纪三四十年代上海享有盛名的女画家。其中,如在扇面上画梅花仕女的周炼霞,不仅绘画、书法享誉一时,而且是一位美艳女词人,上海艺术界称她为"金闺国士炼师娘"的。与周炼霞隔一空格画山水的顾青瑶,出身书香世家,是晚清著名画家顾逸鹤的子侄辈。书画均佳之外,亦精篆刻,是少有的多能女性艺术家。另一面画仕女的陈小翠,是海上艺文世家陈定山的妹妹,也是上海艺文界及实业界大老"天虚我生"陈蝶仙的爱女。其余画花鸟的黄荃征,与另一位画山水的鲍亚晖,都是书法、绘画齐名的上海女书画家。当然,大千先生和她们五位都熟,但就常理推断,大千不大可能专求女画家为他画一柄集锦扇吧!但五件画作上,都题有大千的上款。画件都是真迹,周炼霞的那幅仕女图上,还有题识:"人与梅花一样清。"可见是专为喜爱梅花的大千而画的精心之作。难道真会是大千向她们求画的么?

另一个引起我注意的疑点是:周、黄、鲍三位在画件上都题了作画年份,写的是"己卯冬",己卯是一九三九年,正值抗战期间,大千先生根本不在上海,因避战祸而回到四川成都去了。这又是怎么一回事呢?

我推断,这柄题有大千上款的折扇,其来源只有两个可能:一是有人假冒大千之名,向五位女画家求画;一是大千托人代向她们求墨宝。可是,仔细想想,冒名求画是不可能的,大千和这五位女画家都熟悉,谁敢如此大胆冒大千之名?但是,如果说是大千托人代求,他也不可能托人专向女画家求墨宝吧?

遥寄相思未了情

我沉思了好一阵,忽然脑际灵光一闪,得到答案了!这柄扇子是大千先生视为"唯一红粉知音"——上海"中国女子书画会"会长李秋君代为求画的。扇上

大千先生在成都画扇赠李秋君遥传情意

作画的五位女画家，都是李秋君所领导的"中国女子书画会"会员，也都是李秋君的好友。

而且，更可能的是，这柄扇子是身在上海的李秋君，为了向远在大后方四川的张大千表达思念之情，而向她的一群闺中画友在一柄集锦扇上每人求画一件，以遥寄相思的。李秋君以求画人身份，准备留待最后一个空格时，再由她来殿后。这也就说明了这柄扇子上已有上海五位女画家的墨宝，而张大千的"红粉知音"李秋君却付阙如的原因。

有了这个发现，我不禁对这柄尚未完成的画扇格外珍惜起来。同时我把大千当年在大后方成都的有关资料全部拣出来，希望能找出一点有关线索。

结果，真是喜出望外，被我找到大千在同一年——一九三九年七月所画的一个扇面，正是画给李秋君的，扇面上有李秋君的上款。这一来，整个故事就连串起来了。想必是大千在成都游山玩水，画了几幅好画，心中很得意，却发觉身边少了一位欣赏他艺事的知音，不禁怀念起远在上海沦陷区的李秋君来，遂画了这个扇面，遥寄相思。李秋君收到大千的画扇，自是感念不已，遂设计了这柄集锦扇，以表达上海沦陷区艺文界朋友们对大千的怀念。如此一来，这两柄画扇，竟是大千和李秋君因战乱隔离，而相互遥寄相思的信物了。

大千送李秋君的这个扇面，非常精彩，画的是峨眉三顶。小小的扇面上，峨眉三座主峰雄伟鼎立于左右两侧，形成中间的烟云弥漫地带，小中见大，气象万千。横列在上方扇缘的题词，更是涵义深远：

> 峨眉屹然霄汉，终岁在云岚烟霭中，
> 须用北苑南宫法求之，
> 庶几行其天机离合之趣，
> 秋君大家视此何如在沪时作也。
> 大千蜀西青城山中寄。己卯七月。

原来，大千回到四川，重游峨嵋，发觉不用北苑南宫之法，画不出峨嵋的妙境。有此心得，遂专诚画此扇面，遥寄知音，以分享艺事进境之乐，并遥寄无限相思情意也。

我很奇怪发起制作这柄集锦扇的女主人，为什么不把它求画齐全？按理说，"女子书画会"中的书画高手如云，而且，当时名气最大的几位闺阁画家如周炼霞、陈小翠、顾青瑶等都已经求到了，要把全扇凑齐并非难事，为什么会中途停顿了下来？莫不是发起画扇的女主角有意留下这一柄未完成的画扇，借以纪念她和男主角之间的那一段不会有结局的爱情么？

恨不相逢未娶时

张大千一向给人的印象是一位多情风流种子。他有四位夫人，还有异国女友，谁还会想到他竟有一位终身相敬相爱，而不涉肌肤之亲的红粉知音呢？

张大千（中）与李祖韩（左二）、李秋君（右二）及画家周炼霞（左一）、顾青瑶（右一）合影。

大千与秋君同岁，大千大四个月。两人从二十二岁结缘，却因"恨不相逢未娶时"而未能结婚。结果各走极端，秋君以名门才女而终身未嫁，大千却风流才子一般地到处留情。他们是否各以不同方式来宣泄他们被命运之神捉弄的不满呢？这，没人知道，也没有人问过他们。不过，在他们初次结缘后五十年，以及在他们天各一方不能相见的二十年之后，李秋君在上海过世的噩耗传来时，年逾古稀且疾病缠身的张大千，竟致"惊痛之余，精神恍惚，若有所失"，并在写给秋君七弟李祖莱的长函中，哀痛自陈："偶思七十子之徒，于夫子之殁，心丧三年，古无与友朋服丧者，兄将心丧报吾秋君也！呜呼痛矣！"

大千自一九五〇年以半百年纪离开大陆之后，在大陆留下了一大家子人——三位夫人，十来个儿女，一百多名门生，无数的亲朋好友，他常常谈起在大陆的亲友，但我有一个强烈印象，在所有留在大陆的亲友中，他最怀念的人是李秋君。许多谈话场合，本与李秋君毫不相干，谈着谈着，大千就会说起李秋君来。我第一次听到李秋君这个名字，大概是二十世纪六十年代后期，也许是大陆"文化大革命"刚发动的时候。在日本，一次，我收进一柄折扇，画面是岭南派大师陈树人画的花鸟，反面是一位署名"亨颐"的书法。那时候，我刚涉事书画不久，对书画家名字所知有限。我让大千先生看这扇子的时候顺便问他："这位亨颐是谁？"大千不假思索就说："经亨颐，他也能画，书法也好。"大千先生大概看见我对"经亨颐"似乎并不很在意，遂接着说："他是廖承志的岳丈。"

这就引起我的注意了，廖承志是大陆方面在二十世纪五十年代前后和日本联络并办交涉的最高负责人，是革命先烈廖仲恺的哲嗣。由廖承志我想起了廖仲恺夫人何香凝。那一阵子，大陆正在大肆渲染说张大千曾送了一幅巨荷精品给毛泽东，而且说明这幅巨荷是张大千在香港托何香凝带去北京的。于是，我说："经亨颐和何香凝是亲家喽？"

"对！"大千似乎知道我怎么会忽然想起何香凝来，遂接着说："何香凝不错，很照顾老朋友。秋君也是靠她照应，所以在大陆那边没有吃什么亏。"

我没有听清大千说的是谁，大千又说了一遍。我后来再向大千在东京的几位老友打听，才知道大千在上海有这么一位"红粉知音"。

纯情的红粉知音

对李秋君其人其事，倒是看了谢家孝兄的《张大千的世界》一书后才弄清楚的。据大千对谢家孝讲述：

张家和宁波名门望族李家是世交。所以，他到上海后，和李府的上一辈李薇庄二伯父及李秋君的大哥李祖韩就常相往来。不久，和李府的三小姐秋君也熟了。李家三小姐是才女，诗词书画都不错。她和大千年龄相近，志趣相投，所以相处得很好。

在他们二十二岁那一年，一天，李家二伯父忽然把祖韩、秋君兄妹和大千一起叫到身边，郑重地对大千说："我家秋君，就许配给你了。"

大千一听，慌了手脚。因为，大千早婚，此时不但已经有了太太，而且有了两个孩子。大千连忙双膝跪下，禀明原委，并为辜负老人家的盛意而叩头道歉。

李祖韩画扇。

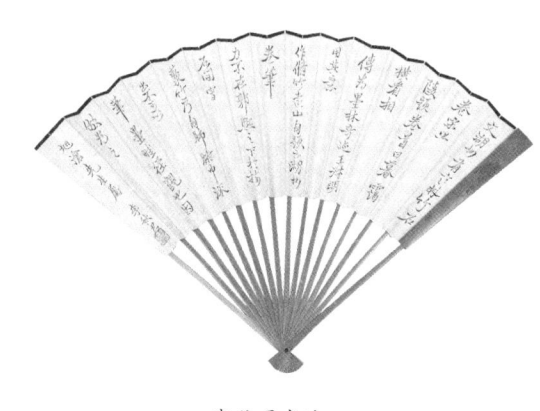

李秋君书法。

当时，在场诸人都十分尴尬，大千勉强把场面应付过去，原以为李府以后不会再欢迎他，他也不便再来走动了吧！

出乎意料的是，李家二伯父及李祖韩兄妹以后对他仍然照样欢迎，仍然相处得十分自然。他和祖韩、秋君兄妹仍然谈书论画，甚至比以往更亲近了一些。

最令大千意外的是，大家以后都未再谈过婚嫁的事，大千待秋君如妹，秋君对大千如兄。但秋君却一生未嫁。

张大千一生，娶了四位太太：原配曾庆蓉，二夫人黄凝素，三夫人杨宛君，四夫人徐雯波，又在朝鲜及日本分别交过两位几乎被纳为小妾的女友，其他逢场作戏的飞香艳遇，想亦不在少数。可是，他和李秋君的一段悲欢离合，却是他所经历的最富浪漫色彩的一则爱情故事。甚至，严格一点说，这应该是他一生中仅有的一次纯情的浪漫故事吧！其他，他的一妻三妾二女友，恐怕都不是"爱情"的结合，更谈不上"浪漫"了。

李秋君这位名门才女，自从早年经父亲向大千提亲，而因大千已使君有妇以致无缘结合之后，表面上，她若无其事地和大千保持着亲近交往，不让此尴尬事在她和大千之间，以及大千和她父兄与家人之间，留有任何芥蒂。骨子里，她却执着地守住自己选择的专一之爱，大千不愿违背或挣脱传统礼教束缚来和她结合，她也因门阀及自尊的关系而不愿大千抛妻别子和她结合。于是，她采取了那似旧却新——

也可说是似新却旧的观念，来处理自己的终身大事；她从不过问大千的婚姻关系或男女关系，却把大千当成自己的男人；她一生未嫁，因为她坚信自己已"嫁"给了张大千。但她和大千之间，却如大千向谢家孝在《张大千的世界》一书中所说："绝无半点逾越本分的事，连一句失仪的笑话都从来没有说过，她对我是关切、爱护，我对她是敬重、感激。"

李秋君画扇。

这种柏拉图式的精神恋爱，是苦是乐，是悲是喜，非当事人是不知道的。何况，即使是当事人自己也不一定明白。

故友高阳在所撰《梅丘生死摩耶梦》一书中，论及李秋君对张大千的一番情意时说："除了没有了名分以及燕婉之好以外，李秋君处处以张大千的嫡室自居，且亦恪尽其内助之责。李秋君'守'的是一种变相的'望门寡'。中国的传统，凡守'望门寡'者，会无条件地获得亲属的尊重与优遇。李秋君的父母兄长，便是以这种眼光来看待她的。"

瓯香馆里情意深

张大千以"敬重与感激"来表达他对李秋君的情意，这实在是最适当不过的字眼。他自认不配用"爱"字来描述他对李秋君的感情。他和李秋君的这一场柏拉图式恋爱，是他最津津乐道的，直到晚年仍是如此。他很得意有这么一位"红粉知音"。(他似乎不愿意用"红粉知己"来称呼李秋君,他认为那不够尊重。)张大千认为李秋君是一位了不起的"奇女子",她不在乎世俗对她的诬蔑与误会,时间与事实终于为她赢回了大家对她的敬重。大千说:当年发生那桩"提亲不成"的尴尬事之后,他非常"内疚",秋君的父兄也很担心她能否承受这个打击。可是,出乎大家意料,她对大千一如往常,毫无异样。起初,大千及秋君的父亲和大哥祖韩都认为秋君只是暂时掩饰其事,慢慢地就会和大千疏远的。不想,秋君对大千的这种"一如往常"的亲近态度,竟然一直保持了下来,没有改变。以后,张大千只要到了上海,就仍如往常一样被"强邀"住在李府,而且和往常一样地被接待着。大千生动地描述往事:"……李府大家庭的规矩,财产划分,各人在外赚了钱,也要提出一份缴为公用。我是住在李府上的常客,我在他们家就是三小姐的客人。三小姐拿私房钱多缴一份,三小姐的车子车夫给我使用,而我的穿着,都是三小姐亲手缝制。照顾衣食,做我爱吃的菜,那更不必说了。李家兄弟为我请客加菜,都要特别声明,否则就插不上手,轮不到他们的份。"

李秋君画《仕女》。

当然,李秋君以名门闺秀之身,敢于如此大胆作为,除了她个人的本性高洁、意志坚定之外,她父亲对大千的爱才,以及秋君大哥祖韩与大千的深厚交谊都有关。尤其在秋君老父薇庄公过世之后,大哥祖韩当家,大千和李府更是相处如一家人了。祖韩、秋君兄妹都是书画行家。祖韩别号左庵,尤以刻竹闻名沪上。早年我在东京曾收集到李祖韩摹仿西周匋鼎铭文所刻的扇骨一副,刻技之高,赢得艺评名家罗振玉及褚德彝等的高度赞扬,咸认为祖韩可以列名于"竹人传"。李秋君的书法、绘画都不弱。老辈名作家陈定山在他的名著《春申旧闻》中对于李祖韩、秋君的家世及书画造诣曾有详细描述:"上海商业世家,子孙鼎盛,无逾镇海小港李氏。李氏昆仲五人,云书为长,次为薇庄,早殁,子辈尤为秀发。祖韩、祖模皆负盛名于时。而祖韩及其女弟秋君,尤好书画,喜近文士。祖韩与余创中国画苑,秋君亦与余妹小翠创中国女子书画会以相抗衡……秋君为吴杏芬老人高足,山水卓然成家,颇近吴秋农、陆廉夫;画仕女则兼采张大千意法,写生作古装美人,神采生动,几夺大千之席,故大千为之磬折不已……"

李秋君写得一手秀丽的恽南田体书法,大千印画册时,常由李秋君为他题签。张大千的一些得意画作,也经常请李秋君题跋。大千在抗战胜利后精心绘制的《九歌图》,是他最得意的一件白描人物画卷。画成之后,大千特别拜求他最心仪的三位书法家为他在每一折画页上录下《九歌》的原辞。三位书法家是溥心畬、谢无量、李秋君。大千《九

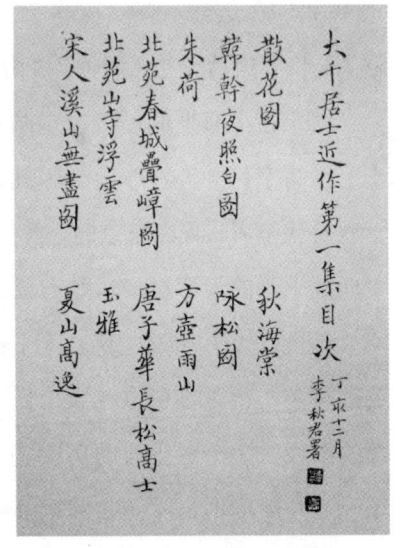

李秋君为大千先生画册题签。

李秋君为大千先生画册写目录。

操吴戈兮被犀甲车错毂兮短兵接旌蔽日兮敌若云矢交坠兮士争先凌余陈兮躐余行左骖殪兮右刃伤霾两轮兮絷四马援玉枹兮击鸣鼓天时怼兮威灵怒严杀尽兮弃原野出不入兮往不反平原忽兮路超远带长剑兮挟秦弓首身离兮心不惩诚既勇兮又以武终刚强兮不可凌身既死兮神以灵魂魄毅兮为鬼雄

右国殇

李秋君

李秋君为张大千所作《九歌图》录写原辞。

歌图》长卷最后三折《河伯》《山鬼》及《国殇》的原辞，就是李秋君楷书抄录的。

大千在上海期间，大风堂画室就设在李秋君的画阁"瓯香馆"里。由于住在李府，写字作画亦在李府。因此，当时上海曾传说张大千在上海所作画件，有由李秋君代笔者。我在东京时，曾向大千先生当面询问有无其事，大千笑着否认说："向她求画的人那样多，她自己都忙不过来了，哪里有工夫来为我代笔！"

不过，大千却说，秋君除了在书画上不会为他代笔之外，其他所有与书画有关的事务，秋君都可以代大千做主。求画者通过秋君，必可如愿以偿地得到所想要的画件。大千在上海的历次展览会，大千自己都是只管画画，其余装裱、张罗场地、布置场地、卖画收钱以及一应开支杂务等，都由祖韩、秋君兄妹负责。每次都办得井井有条，不用大千费心。

九 恨不相逢未娶时　249

　　李秋君获得张大千最大的"授权",是她可以代大千收门生。凡是她决定可以收的门生,张大千一定同意。大千如果不在上海,秋君可以代表大千接门生帖,受门生的叩头大礼。大千常常说:"收门生,拜了她,就算数!"门生称她师娘,她也答应。她要大千把两个女儿心瑞、心沛过继给她,还为她们改了名字,按李家子侄辈的排行命名。因此,大千和她有了"亲家"名分。她叫大千"八哥",大千称她"三妹"。大千说:"上海滩上的一些小报,喜欢绘声绘影地乱造一些闲言闲语,我觉得很对不起她。让她受了委屈,她却毫不在乎,对这些诽谤谣言不理不睬。我到了上海,就一定住她家,随来随去,就和自己家里一样……"

　　李秋君和张大千这一段高贵纯洁的爱情,当年在上

张大千画赠李秋君五十岁生日的《秋水春云图》。

陈巨来刻"百岁千秋"印,祝张大千、李秋君五十岁寿诞。

海文艺界获得大家一致称颂祝福。一九四八年夏秋之交,秋君、大千同度五十岁生日时,上海文艺界好友们为他们俩安排的祝寿活动,尤其是一些知心好友们致赠的别出心裁的礼物,更让大千在数十年后仍念念难忘。

张大千和李秋君同年出生于公元一八九九年。大千的生日是农历四月初一,秋君的生日是农历八月二十四,大千稍长四个月。

一九四八年初夏,大千在四川和家人、门生等,过了五十岁生日后,于八月下旬,离四川赴上海,专程为李秋君祝寿。他特地绘制了一幅青绿细笔山水,题名《秋水春云图》,款书"写颂秋君三妹亲家五十生日",作为贺礼。

上海文艺界朋友们见大千到了上海,遂趁兴发起为秋君与大千合庆百岁大寿。

寿诞之日,除了摆设盛宴之外,文艺界朋友们又个别设计了精致礼品作为贺礼。在琳琅满目的礼品中,最为两位寿星心仪心爱的一件贺礼,是他们两人的好友、金石篆刻名家陈巨来以一方高约七厘米的方形鱼脑冻印材刻制的印章。这方印章,印材的滑润精美还在其次,最难得的是陈巨来慧心独具想出来的印文"百岁千秋",既把大千、秋君两人的名字纳入印文,又值两人五十诞辰,合为百岁大寿。妙语天成,贴切万分!

大千、秋君两位寿星见到陈巨来这方印章时,喜不自胜,当场即宣布两人将合作绘制画作一百幅,钤上这方印章,分别致赠那天在场亲友,以作纪念。

大千在海外这些年,不时在香港、东京等处见到一些大陆画家的作品,他曾示意朋友们代为注意李秋君的近作,希望看看"三小姐"离别后的作品。他不止一次提到"百岁千秋"这方印章,并曾嘱咐我注意日本书画文物市场上有否出现钤有这方印章的书画。不过,说也奇怪,从我在东京首次听大千谈及"百岁千秋"这方印章,直到今天为止的二十多年时光中,我见到李秋君的书画不下二三十件,见到大千早年在上海所作的书画更多,却从来没有发现过钤有此一印章的书画。

老人常常念及:经过这些年动乱,这方印章恐怕已不在人间了,他自离开大陆,再未见过这方印章。不料,在大千过世后十多年,一九九四年秋天,北京荣宝斋首届大拍卖的

一九七一年的李秋君。　　一九四七年的李秋君。

三厚本拍卖目录寄来,在"印章文玩"项下,"百岁千秋"这方印赫然在目,参考价格是五万五千人民币,约合新台币二十万元。我曾托友人代为竞标,希望能在参考价格以内购得。不想,竞标者众,超出参考价甚多,我所托的友人只好放弃了。

此印究竟为何人标得,我不知道。但愿是张大千或李秋君的旧友不惜重价标去,再转赠四川内江的"张大千先生纪念馆"永久保存吧!果能如此,此一印章也算得到适当归宿了。

再说,当年上海百岁庆宴后不久,北方战局逆转,大千和李祖韩、秋君兄妹谈到大局,知道上海、南京终将不保,大千亟需赶回四川,安顿家小,再计划避难香港或印度。

大千当然也知道,此次告别,何时再能回上海来,就很难说了。他把自己在上海的所有未了事务,郑重托付祖韩、秋君兄妹代为照顾处理。秋君眼见大千从此将浪迹天涯,此后也许永远不会再回到自己身边,她丝毫不避嫌疑,向大千的年轻夫人徐雯波说:"大千是国宝,要好好照顾他啊!只有你是名正言顺可以照顾他的,将来在外面,我就是想得到也做不到了!"

果然,就此一别,大千和秋君再也未能见过面。

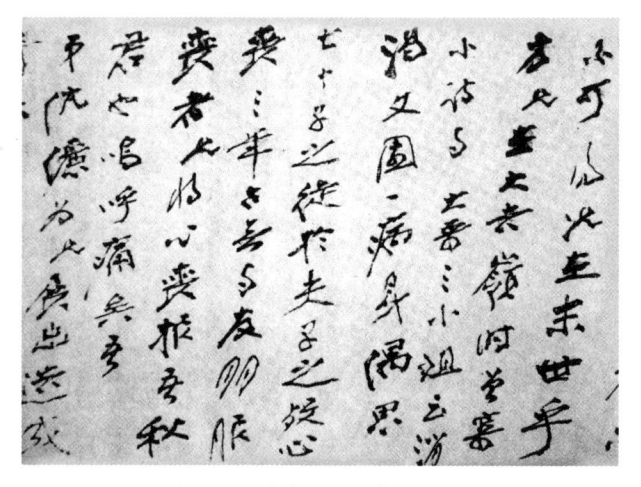

大千居士哀悼李秋君函部分原文。

李秋君的七弟祖莱夫妇一直住在香港，港沪之间多少能通些讯息。秋君的大哥祖韩在二十世纪六十年代后期在上海病逝，消息辗转传到香港，祖莱通知大千，大千难过了好一阵子。祖韩过世不到三年，又传来秋君的噩耗，此时，大千全家刚从巴西搬到美国，大千健康状况很差，眼疾尤其厉害，家人不敢把秋君过世的消息告诉大千，一直瞒着他。直到一九七一年四月，一次，张师母徐雯波不小心说漏了嘴，大千在知道真情后大恸，立即提笔给香港的李祖莱写了一封长信，一字一泪，表达他的哀痛悼念之情。试看下面这段信文（函中，大千自称"兄"，称祖莱夫妇为"弟及弟媳"；三小姐为秋君，八嫂为大千夫人徐雯波，葆萝为大千公子葆萝）：

"……自四月初一贱辰前，身体即感不适，屡欲作书奉告，辄以困顿辍笔。三小姐（秋君）捐帏，八嫂葆萝（指张夫人徐雯波及大千令郎葆萝）秘不令知。一日，偶谈及此番港上展出，感其盛况不减二十年前大哥（祖韩）、三小姐处置，惜大哥已归池壤不及见，而三小姐陷在上海，亦不得闻此消息，良以为憾。八嫂忽喟然曰：'三小姐亦不复可见矣。'兄怪问之，八嫂与葆萝始以见告，惊痛之余，精神恍惚，若有所失！以兄为国之宝一语，乃始自三小姐。兄年五十时，初与八嫂结褵，居祖模康乐新村。一日，三小姐来，执兄手付八嫂手曰：'此国之宝也，我侪当极力保护之！'三小姐诚为兄（大千自称）生平第一知己，自二十二岁于云书大伯府中一见倾佩，订为兄妹，三十年间，饮食、衣服、疾病、医药，无不关切周至。以此亦颇为兄受谤，而三小姐亢爽之情，初无所计，且令心瑞、心沛二侄女寄名膝下，为之命名，瑞为名玖、沛为名玫，从尊府排名也。似此豪直，求之古之闺房亦不可得，况在末世乎！方兄在大吉岭（印度）时，曾寄小诗与大哥、三小姐云：'消渴文园一病身。'偶思七十子之徒，于夫子之殁，心丧三年，古无与友朋服丧者，兄将心丧报吾秋君也。呜呼痛矣！……先数日得岳军先生函云：'与吾饕餮辄生嗔！'君家兄妹天边远，从此应无诫劝人！今大哥、三小姐先后弃我而去，老病一身，真无诫劝人矣。忆在三小姐画室，午夜同煮咖啡，以兄渴疾不能食糖，大哥、三小姐亦为之摒而不食；端午节有客馈送洞庭白沙枇杷，亦相戒不许入口，其爱护之深，可以见矣！兄之于三小姐，视之若妹，敬之若师，今与弟通信，犹如见秋君，望宝爱此信，以见我两家交情耳……"

李秋君逝世后这些年，朋友们都不敢在大千面前提起她，以免引起他的伤感。

二十世纪七十年代后期，大千迁移回台湾定居之后，一次，我从东京回国，去看望他，闲谈中他忽然问及最近在东京见到李秋君的近作否，他隐约透露想为李秋君印一本书画集，我答应回东京后为他搜集李秋君的作品。不久，大千老友杨隆生在东京画肆买到一柄李秋君的画扇，准备送给大千。

杨隆生兄买到的这柄李秋君画扇，画面上写明是"甲午"年画的。甲午是一九五四年，是秋君在中共统治上海五年后的作品，是大千亟盼见到的东西。

过了几个月，隆生兄有事回台北，邀我同行。我们遂一起到摩耶精舍献宝。

我和隆生抵达摩耶精舍时，客厅里已有香港来的沈苇窗和徐伯郊在座，我们道明来意，隆生兄拿出折扇奉上，大千先生听说是李秋君的画扇，立刻面有喜色。接过扇子，未及打开，两手端着扇子向隆生兄拱手道谢，然后才慢条斯理地打开折扇，仔细端详扇面的书画。

大千看到扇面上的山水画时，脸上表情的变化是显而易见的。他稍微一看，就露出惊愕的表情，并长长地"嗯——"了一声，接着又是满脸困惑神色。在场诸人都已看出是扇面上的画作有问题，我抢先趋前问道：

"怎么样？扇子有问题吗？有人伪造三小姐的画？"

大千未置可否地"嗯——"了两声，忽然像是有了新发现似的慢慢点着头。把扇子递了给我，向大家说道：

"你们看看这扇面有什么问题没有？"我接过扇子，顺手就递给了正走近的徐伯郊兄。（伯郊兄出身书画文物世家，伯郊的尊人是我国古籍版本学权威徐森玉先生。）

伯郊兄接过扇子展阅，我们都围挤在他身边，聚精会神地看着那一幅气象不差的扇面画。伯郊兄显然也未看出扇面画的问题何在，说道：

"不会有人假作她的画吧？这画很不错呀！"

大千未答话，此时，适巧张师母徐雯波走近，大千扬声招手向张师母叫道：

"快来，快来，看看这把扇子。三小姐画的扇子。"

张师母走近，接过扇子，看了不到一分钟，就向大千叫着说：

"是你画的嘛！朗个三小姐签上了她的名？"

大千听了大笑，高声说道：

"还是我太太高明！一眼就看出是我画的。"

大千从张师母手中接过扇子，继续说道：

"当年，在上海，住在李府上，画室也在李府，有时空闲一点，画了些扇子，留在那儿，都没题款……大概有人向秋君求画扇，她懒得动手，拣出我的一把，签上她的名，就拿出去滥竽充数了。"

大千揭穿谜底，我们才恍然大悟。我接过扇子来仔细看着，果然是大千的手迹。

好一桩艺坛轶闻！真想把那柄扇子索取回来。想想大千在艺坛成名甚早，画价高昂，数十年来只听说有人冒大千之名，假大千的画去骗人骗钱。普天之下，拿了张大千的真迹，却签上自己名字去"充数"骗人的，大概只有李秋君有此资格并有此魄力吧！

十

张大千自写尘埃貌

名家题识早年画像
百年几见眼中人
自画扮钟馗
自画像闹双胞
大千部分自画像诗词

名家题识早年画像

张大千是古今中外画家中画过"自画像"最多的一位，据对张大千艺术潜心研究多年的傅申博士估计，张大千一生所作的自画像在一百幅以上（见美京《张大千回顾展目录》第51页）。我自一九七八年大千先生以一幅八十岁自画像赐赠给我时开始，即着意搜集他的自画像作品及资料。二十多年来，我所收到、见到、读到、听到的大千自画像，已有七八十幅。看来，傅申的估计是绝对可信的。

其实，早在我着意搜集大千自画像的资料之前，就曾有好几次机会接触到他的这类作品。最早的，应该就是他那件传播甚广的《大千己巳自写小像》，己巳是一九二九年，大千三十一岁。这幅画像之所以"传播甚广"，不仅是因为作者的艺事精湛、笔墨高明，而且是因为这样一位年轻画家的自画像，竟然能得到三十多位艺术界辈分极高、声名卓著的名流题识。其中如名书画家陈师曾的父亲、被尊奉为诗坛泰斗的陈三立、词坛宗师朱强村、四川诗坛长老赵熙、张大千的老师曾农髯、老辈画家黄宾虹等，甚至当时尊为国民政府主席却以书法名世的谭延闿、曾任北洋政府交通总长亦以书法名世的叶恭绰（叶公超的叔父）与早年活跃于北洋政府政界的湖南才子杨度等，都有题识，足见大千的确是早年有成，当时的艺事修为及名望都已成气候了。

另一幅受到注意的大千自画像，是一九六八年，大千七十岁，他精心绘制完成之后，装裱成轴，送请文艺界好友们题识。本来，大千交游满天下，他古稀画像的题识，应该比他三十岁画像的题识更见琳琅精粹。但他此时寄居南美巴西，当地侨界艺术人士少之又少；散居香港及欧美各地的友人相聚不易。因之，他古稀画像上的题识者，大多限于寓居台湾的艺术界高手名流。画面上，神采奕奕的白发白须老翁占去纸幅的大半，右上方有大千的自寿诗及题识：

> 七十婆娑老境成，观河真觉负平生，
> 新来事事都昏聩，只有看山两眼明。
> 大千居士七十矣，自写尘颜，并拈小诗题其上，戊申四月摩诘山中八德园。

画纸上，与大千款识并立的只有年事长于大千的张维翰与张群，其余二十多人，都是题志在四周的裱幅上，包括刘太希、程沧波、梁寒操、黄君璧、刘延涛、王壮为、李嘉有等。记得，诗书名家王壮为在次韵大千自寿诗题志之后，曾在某杂志上为文记述其事，王壮老曾将大千己巳画像与古稀画像两者上的题识做一比较，颇有"今不如昔"之慨叹。其实，二十世纪三十年代的平津京沪，人文荟萃之都，升平盛世之时，是艺术创作的最佳环境，其盛况，自非二十世纪六十年代烽火余烬的宝岛一隅所能企及。

大千的这两幅自画像，相隔四十年，分别代表了中国近世艺术文化发展史上的两个时代，是最值得珍藏的两件艺术品。现均珍藏于大风堂。

百年几见眼中人

大千先生赠给我的自画像，是一九七八年八十岁时画的；画在一张日本色纸上，淡笔白描，至为传神；画像是七分侧面，他老人家脑后的稀疏白发和垂胸的大胡子，都非常突出地显露了出来，是一幅"神气活现"的画像。尤以此画构图简单而别致，画像及款题集中在画纸右侧的下半角，约占画面五分之二的地位，其余全部留白，因之，画面虽小，却极见从容舒展；画笔疏淡，却以浓墨题识及署款，题识借杜翁名句："眼中之人吾老矣"；署款"戊午春，爱杜多"①。

当时我正于役日本，大千先生定居台北。我兴高采烈地捧了大千自画像回东京，装框挂在东京寓所客厅里。过了大约半年，一天，我忽然想到：这是大千先生八十整寿的自画像，不应该这样"等闲"对待吧！我应该像大千先生对他自己三十岁及七十岁的自画像一样，敦请海内外艺文名家在画像上题咏一番，为他老人家祝寿才是。

于是，我把画像送到东京装裱店，重新设计，在画像上做了一个宽大的白色硬纸框，并在画像上方留一空白小方块，准备请名家题像赞。装置妥当，在次年春天有便回国时，硬把画像连同框架带到台北，尽十天之力，逐一拜访了好几位八十岁以上的艺术界耆宿，拜求在画像上题咏。最可贵的是得到高龄九十且为大千先生所最敬重的老乡长张群（岳军）先生题了像赞：

万劫且栖尘外土，百年几见眼中人。

天才以大千自画像嘱题，为题像赞如右。六十八年夏张群。

其余还有四位，是八十七岁的丁治磐、八十三岁的陈定山、八十二岁的黄君璧和八十岁的台静农。当时，大千先生闻知此事，非常高兴，尤其听到我念诵陈定公的题诗："大千居士吾老弟，今年大寿八十一，再过九年九十岁，看君白发能添几？"大千先生大笑着说：

"你净找比我还老的人题诗，我只好乖乖听训喽。"

自从得到大千赐赠的这幅自画像之后，我开始着意搜集他的自画像作品及资料。

在搜集过程中，颇有一些有趣的意外发现，值得在此一记。

本来，我以为大千的自画像应该都是他绘赠亲友或自己藏存的纪念品，不可

---

① 张大千作画常以"爱杜多"署名，许多人不明其义，据王壮为《石阵铁书室丙辰日志》四月三十日条："问大千以杜多之义，云即头陀，唐人译为杜多。"

能有"市场价值"。不料,我的此一想法大谬,近年国际闻名的艺术品拍卖公司苏富比与佳士得都曾拍卖过大千的自画像。收藏家们对大千自画像的兴趣,显然并不比他们对大千青绿泼墨山水或大笔荷花的兴趣为低。一九九二年十月,苏富比在香港的拍卖会,目录中列有大千一九二八年(戊辰)自画像一件,画幅不大,画面简单,只有侧面下半截面孔,浓须而不见头发。我因这幅画像是我所见到的大千最早年的画像,所以极感兴趣。目录上所列参考价格是三万至四万港币,我重托香港友人代我就参考最高价去竞标,结果竟未标得,被另一位有心人高价夺标了。

另一次是一九九四年前后,我在台北一家画廊发现大千一九六二年(壬寅)的一幅自画像,上款是熊式一先生,这也是一件"名作",曾在好几本画册上出现过,是一幅七分侧面像,背景是一株古松,画笔细致生动,极为传神。这是我并不熟悉的一家画廊,探询之下,索价很高。我和店主在议价时,另一位顾客却向老板娘照定价把画买走了。有了上述两次经验,我才知道大千自画像原来也是藏家们的"抢手货"。

自画扮钟馗

另外,还有一个十分有趣的发现,是我于一九八一年初在台北"国父纪念馆"参观"张善孖百岁诞辰纪念展览会"时,在张善孖的一幅朱笔虎画上发现有这样一段题识:"大千每于重五节,戏以钟进士貌己像以应友人之索,余亦于是日画虎以贻同仁……"云云。如此说来,大千所画的钟馗像,其中许多都是他的自画像了。经此提示之后,我扩大了对大千自画像搜集的范围,注意搜集他画的钟馗像,果然发现大千喜欢玩此狡狯。有时,他甚至在画面的题识中明白指点出来,如他在一九三二年（壬申）所画的一幅《钟馗图》，乌帽红袍装扮下的钟进士，竟是大千的须发面貌，题诗曰：

> 乌帽红袍底样妆，
> 无人不笑此君狂，
> 世上漫言皆傀儡，
> 老夫粉墨也登场。

另一钟馗画中题句：

> 小儿见之而笑，小鬼见之而逃，
> 不是天师画像，聊同进士拿妖。

另外还有在一九三三年（癸酉）画赠郑曼青的一幅扇面画中，乌帽红袍打扮下的大千，手持长剑挥舞，题句是：

> 驱蚊则灵，驱鬼无效，
> 大千发狂，曼青发笑。

大千自娱娱人的艺术，的确是高人一等。

综观大千数十幅自画像，着实令人惊愕于他在艺术修为上的多才多能，与他在创作构思上的多彩多姿。就我所搜集到的六十多件作品真迹或照片、图片中，我们可以看到中国传统人物画像技法上的工笔、白描、写意、泼墨泼彩，甚至梁风子的减笔狂涂，以至迹近新潮漫画的各式各样笔法，他都曾使用过。而且，从最早的一九二八年作品，到最后的一九八〇年作品，五十多年中，不同的年岁，不同的笔法，却无一不是轻灵生动，技法圆熟的作品。我们称之为"多才多能"，实在不算过誉。

同时，以"自画像"如此单调的题材，六十多件作品，居然被他处理得各有不同意境，各有别样趣味；画像有正面，有侧面；有全身，有半身，甚至只有下半截的侧面脸孔。画面上，有的有背景，其背景取材与结构必与画像协调相称；有的无背景，则是大幅画面留白，却留得另有一番意境。偶尔，为了表达不同心境或情趣，他把自己扮成钟馗，或扮成苏东坡，或扮成托钵扶杖的乞食老者；或是在画里加上其他人物或动物，巨型洋犬与灵巧猿猴，都曾在他的自画像上出现。许多画面上，他保持了中国水墨"诗、书、画"三绝的传统，均有配合画面内容的诗词或题识，甚至有意趣天成的白话题句，如"我和我的小猴儿"。他的自画像如此"多产"，却能为收藏家们所争相购藏，可见不是因为"物以稀为贵"而见重于收藏界，主要还是由于他的自画像作品看来不乏味、不枯燥，更不呆板，具有其独特艺术趣味的缘故。

张大千之所以这么喜欢作自画像，一生之中，画了这么些多彩多姿的数十幅乃至百来幅，主要原因当是他在人物画上有基础，而且从小就对人物画有兴趣。另一个原因可能是他发现自己的长相很"入画"，浓眉、大眼、狮子鼻、高额头，加上一把大胡须，真是最佳的模特儿。干脆就画自己吧！

此外，另一个原因，是他所作人物画，以女性居多，这当然是因为女人比男人"入画"，有美感。可是，男人不能以"美"取胜，而应在气质上以"奇"取胜。在大千眼里，够得上"奇"的男人实在太少，他在一首题画诗中，曾有"眼中恨少奇男子，腕底偏多美妇人"之句。大千画得最多的男人，只有两人，一是宋朝的苏东坡，一是他自己。这是否暗示，在大千眼中的"奇男子"，只有苏东坡和他自己呢？这也许是他喜作自画像的原因之一吧！

由于他在人物画上具有足堪自信的造诣，而且，他也画了这么多的自画像，所以，他从未要求别人为他画像。但是敢于"班门弄斧"为他画像的同行画家却不少，每隔一阵子就会收到一两件。大千对他的画像以及别人为他所作的画像，偶尔会做一些批评或指点。旅美学人陶鹏飞博士（少帅张学良的女婿）曾在香港《大成》杂志上撰文说，大千先生曾告诉他："很多人画我的像，都比我画得好，

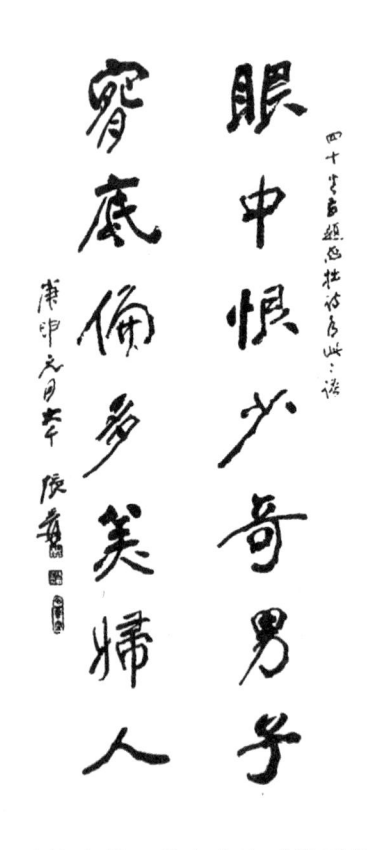

我只觉得头上几根短头发，我自己画的最像。"这是大千自负之处，别人总以为他的面相最大特征是那一大把胡子。其实，大千曾说："胡子不难画，可是，并不是脸上有一把胡子的就是张大千。我另外有特征，如果把握不准，那胡子就不一定是张大千了。"

大千自画像之所以有别于他人为他所作的画像，是否就因为别人对他头上那几根短发画得不及他画得好？这很难说。不过，大千自画像，有一个特点，倒是不可不知的。

大千自画像的容貌，必与他画像时的真实容貌相符。这一点，他自己非常注意，却往往为其他画家所忽略。别人为他画像，因为只注意他的胡子，以为只要画上胡子就像张大千了。其实他的头发、眼神、面庞胖瘦等，均与岁月流逝有关。他六十岁时的画像，如果画的是五十岁时的容貌，他就认为这画像不及格了。

大千自画像，并不定时，也不限定是每年一张，或每隔多少时间就画一张，他完全"随兴"。兴致来时，一年之内会画好几张；如果兴致不好，就多少年未作自画像。不过，不管是何时所画，大千必守一个原则，也就是画他着笔时的容貌。我曾把他不同年代的自画像，与他那一年代的照片对比来看，无不相符。因此，每见到他的一幅自画像时，只要看画上的容貌神情，不需要看他题识所写年代，就知道是哪些年代的作品了。如果是同一年内的作品，或是相距时间不远的作品，那两件作品上的容貌神情，一定相差不多，甚至会一模一样。如他六十岁那一年（己亥·一九五九年）所作的两幅自画像，一幅作于夏天，一幅作于年末，相隔不到半年，于是，两幅画上的须发容貌衣着等，完全相同，甚至画上所题诗句及题词也都一样，最后竟致闹出真伪之辨的风波来，这也算是大千自作"双胞像"一桩趣闻吧！

自画像闹双胞

记得一九八一年春间，旅居日本的一位林姓侨领，经人介绍，从一个可靠来源购得大千六十岁自画像一幅，据说，这幅画像曾在巴黎张大千画展中展出过。林先先生购画后，兴高采烈地回到东京，曾约请朋友们到他家中欣赏。我也曾应邀去看过，侧面半身，两手交握置于胸前，神采奕奕，画得十分传神，线条笔墨也极生动，的确是一件难得的艺术品。看过这幅画像的朋友们，都为林先生高兴。

过了大约半年，一天，林先生打电话邀约我到他家，他拿出一本台北历史博物馆出版的《张大千书画集》给我看，其中第一幅画就是张大千六十岁的自画像。我一眼看出，就是林先生半年前所购的那一幅，遂向林先生说：

"他们竟然把你的画印进画册去了？"

林先生却满脸焦灼地答说：

"很像，但不是我的那一幅呀！"

说着，林先生拿出他的画轴挂上，让我比较着看。两相对照，真把我吓了一跳，两幅画像几乎一模一样，看不出多少差别。两者同样是侧面半身，双手互握置于胸前，面部的表情，脸上的胡须，脑后的黑发都一样，甚至，衣衫上褶痕，耳朵外形及耳内的筋骨勾勒，都丝毫不差。显然，其中一幅是模仿另一幅画成的。画上题有长诗及款识，题诗的位置不同，但诗句和款识却完全一样。都是大千的那首自寿诗：

> 如烟如雾去堂堂,弹指流年六十霜。
> 挟瑟每怜中妇艳,簪花人笑老夫狂。
> 五洲行遍犹寻胜,万里投荒岂恋乡。
> 珍重余生能有几?且揩双眼看沧桑。
>
> 大千居士年周六十矣,自写尘貌,并赋此诗,时在三巴之摩诘山园。

两件画作上钤盖的是同一方印章,篆书阳文的"大千父"。唯一不同处,是林先生的画上所署年月只有"己亥"二字,画册上的一件所署年月却为"己亥嘉平月"。己亥是一九五九年,嘉平月是腊月,即十二月。

仔细比照两幅画像后,我对林先生说:照常理判断,这两幅画如此相像,则必有一假,或两者均假,而两者俱真的可能性是没有的……我尚未说完,林先生即抢着说:"我这幅绝对不假,我是从可靠渠道买来的。"

可是,画册上的那一件,既敢在历史博物馆最新出版的画册上的第一幅画件位置刊出,怎么可能是假画呢?大千当时定居台北,他一定会看到画册;如果册中有假画,大千绝不会视若无睹的。

在疑惑迷惘中,我奉劝林先生去找那位介绍他买画的人,直接去请教大千先生。过了一阵子,林先生从台北回东京,很高兴地对我说,去看过大千先生,结果,两张都是真的。据说大千告诉林先生:"两张都真。我模仿自己的画,当然惟妙惟肖,何况画的是我自己。"

于是,大千六十岁这两幅十分相似的自画像,并行于世,都是真迹。幸亏当时大千尚在人世,由他一言九鼎,免除了一场真假之争。

此外,我曾见过有文字记载却无图片的自画像有十来幅——

三十四岁:一九三二年,张大千三十四岁生日,在上海家中大宴宾客,客人都来了:吴湖帆、谢稚柳、李祖韩、李秋君兄妹、郑曼青、吴一峰、郎静山……大千趁着微微醉意,画了一张自画像。这是一幅正面立身像,大家一看,齐声喝彩，也纷纷提笔在手，在画上题诗题款。徐悲鸿先生也在画上题诗一首：

其画若冰雪，其髯独森严，

横笔行天下，奇哉张大千。

（见杨继仁撰《张大千传》第 133 页）

四十一岁：一九三九年，大千四十一岁，在重庆；大千作自画像扇子赠谢稚柳。

四十八岁：一九四六年，大千四十八岁，在成都所作；大千侧身坐在椅子上，神采焕发，无衬景，此为罕见的全身坐像。画藏叶浅予处。

五十六岁："一九五四年冬，在东京，大千说：我三分钟给你画一张画。在一张日本色纸上，一挥而就，真是不到三分钟就画成了一幅自画像。"（见"张大千九十纪念展王方宇所提论文"）

五十九岁：一九五七年，大千五十九岁，在美国旧金山画赠王天循，图中有杨柳为背景。

六十余岁：据资深外交官陈雄飞大使说，二十世纪六十年代早期，大千在巴黎举行画展，送给陈大使一本画册，大千在画册封面内页空白纸上，随手用钢笔画了一张自画像，完全用西洋素描手法，精彩绝伦，可惜那本画册被人借去，一直未归还他。

六十八岁：以自画像赠侄女心仁（四哥文修之女），上题"独立苍茫自吟诗"，丙午（一九六六年）春二月作于大风堂。（见李永翘撰《张大千年谱》三，第 66 页）

六十九岁：一九六七年，大千六十九岁，在旧金山，画赠王天循，以双松为背景。

七十岁：一九六八年，岁次戊申，七十岁，自画像赠张目寒。（见台北故宫博物院《张大千先生诗文集》卷三第 166 页）

无年代：题赠吴汉莲世讲自画像册页。

> 汉莲世讲出示大风堂诸门人所赠其画,
> 俱卓然有成,老夫眊矣,无能为世,
> 勉写尘貌,聊以为念。
> （见台北故宫博物院《张大千先生诗文集》卷七第250页）

无年代：裱画师黄弘恂藏有大千先生同黑宝宝在一起的自画像一幅，全以淡墨粗笔画出而神采生动、精神奕奕的杰作。（见孙家勤撰《师恩似海》）

大千自画像的另一可贵之处，是他在大多数自画像上都有题诗题词，多数是他自己所作诗句及词句。大千作了数十幅或近百幅自画像，所以他也作了数十首题咏自己画像的诗，大千诗才高妙，他的自画像题诗，却也值得一读。

在此谨录大千部分自画像诗词于后：

三十岁

小儿见之而笑，小鬼见之而逃。不作钟馗画像，聊同进士拿妖。

文修四兄之嘱，弟爰。丁卯（一九二八年）三月

三十二岁

无端佳节又端阳，乌帽红袍底样妆，酒后狂言君莫笑，好凭粉墨共登场。

三十四岁

乌帽红袍底样妆，无人不笑此君狂。他年谢却人间世，合向终南作鬼王。世上漫言皆傀儡，老夫粉墨也登场，天中假得菖蒲剑，长为人间被不祥。

壬申（一九三二年）午日戏写此纸，借作虎艾之饰，聊同避兵之符。大千居士。

三十五岁

骇人则灵，驱鬼何效，破扇招摇，仰天大笑。

大千居士戏题，博君华吾兄哂正，时癸酉（一九三三年）十一月重来广州。

四十一岁

十载笔头一破冠，峨峨不为笑寒酸，

画图留与后人看。

久客渐知谋食苦，还乡自觉见人难，

为谁留滞在长安。

民国二十七年在北平为谢稚柳画扇

五十六岁

自研隃糜自写真,自甘流落老风尘,
披图别有观河感,须鬓新来白似银。
酒面生红未是春,虚夸轻步尚扬尘,
一双青白看山眼,渐觉芙蓉辨不真。
甲午十二月自写尘貌

五十七岁

休夸减笔梁风子,带挂宫门一酒狂。
我是西川石居士,瓦盆盛醋任教尝。
石恪有三酸图,见山谷诗集。
梁风子未必有此,呵呵。
大千先生狂态又作矣。

五十八岁

衣冠甚伟须眉真,编策随身杖履轻,
何必待人补泉石,自将闲处著先生。
丙申夏孟蜀人张大千爰巴黎旅次。

五十九岁

隔宿看书便已忘,老来昏瞀更无方,
从知又被儿曹笑,十目终能下一行。
丁酉七月写并拈二十八字,
大千居士年五十又九矣。

六十岁

吾今真老矣，腰痛两眸昏，

药物从人乞，方书强自翻。

径思焚笔砚，长此息丘园。

异域甘流落，乡心未忍言。

如烟如雾去堂堂，弹指流年六十霜。

挟瑟每怜中妇艳，簪花人笑老夫狂。

五洲行遍犹寻胜，万里投荒岂恋乡。

珍重余生能有几？且揩双眼看涂桑。

大千居士年周六十矣，自写尘貌，

并赋此诗。

己亥（一九五九年）嘉平月，在三巴之摩诘山园。

六十岁

弹指流年六十霜，故乡虽好未还乡。

人生适老更何方？

挟瑟共惊中妇艳，据鞍人羡是翁强。

且容老子饮壶觞。

六十七岁

还乡无日恋乡深，岁岁相逢感不禁。

索我尘容尘满面，多君饥饱最关心。

乙巳（一九六六年）七月重游比京，

子杰四弟索予自画像，

予年六十有七，弟亦六十六岁。

俱垂垂老矣，掷笔慨然。俱爱。

六十七岁

借来笠屐作春游，惹得妻儿笑不休。
自道平生无雨具，略同坡老在儋州。

七十岁

七十婆娑老境成，观河真觉负平生，
新来事事都昏聩，只有看山两眼明。
大千居士年七十矣，自写尘颜，
并拈小诗题其上。
戊申（一九六八年）四月摩诘山中八德园。

七十一岁

阿兄七十新开一，阿弟今朝亦古稀。
各保闲身斗强健，真成济胜步如飞。

七十四岁

老夫七十新开四，两眼尘生愧等伦，
好在得心能应手，不须对镜始传神。

七十四岁

苇窗索我尘埃貌，退笔粗疏眼更花。
那得心情著泉石，故山挂梦已无家。
壬子秋日大千居士环荜庵写
七十有四岁。

七十五岁

左持破钵右拖筇，度陌穿衢腹屡空。

老雨甚风春去尽，从君叫哑破喉咙。

癸丑（一九七四年）四月初一日翁七十有五岁，
环荜庵题。

七十七岁

新声别纂焚香记，误笔翻成归妹图。

敢乞岁朝蓝尾酒，待充午日赤灵符。

七十九岁

涂鸦涂己自凝神，敝帚堪嗤也自珍。

自是无聊更无赖，嗜痂又有姓刘人。

太希道兄从予案头搜得废纸，装成索题，
可谓爱而忘其丑也。戊午元月二十六日弟爰摩耶精舍。

八十岁题八十自画像

眼中之人吾老矣。

戊午（一九七八年）春爰杜多。

无年代：题赠郭有守大千狂涂

与子成二老，来往亦风流。费幺妹说："一个是四哥，一个是八哥。"
子杰您看对不对？其十一题老友。

无年代：题赠郭有守大千狂涂

我同我的小猴儿，入眼荒寒一洒然。爰。其十二题自写小像

张大千历年自画像（二十八岁—八十四岁）

二十八岁

三十岁

当代名家数十人题识的张大千三十岁自画像。

274　五百年来一大千

无年代。

十　张大千自写尘埃貌　275

张大千常以己貌画钟馗。　　　　　　　　张大千喜以己貌画钟馗。

三十九岁

三十八岁

最写实的一幅自画像。

溥心畬题像赞的大千三十八岁自画像。

一九三七年,三十九岁的张大千(左四)与友好游雁荡山。

十　张大千自写尘埃貌　277

四十七岁

四十七岁，钟馗兄妹图。

两幅相隔两年的自画像，右图作于丁亥一九四七年，四十九岁；左图作于己丑，一九四九年，五十一岁。大体相似，但也稍有不同。

十　张大千自写尘埃貌　279

四十九岁的张大千自画善孖与大千。

五十六岁

五十八岁

十　张大千自写尘埃貌　281

五十九岁

五十九岁

282 五百年来一大千

六十岁

六十岁

十　张大千自写尘埃貌　283

六十岁

大千简笔自画像

六十岁的张大千,摄于六十岁的自画像前。

十　张大千自写尘埃貌

六十一岁

286　五百年来一大千

六十三岁

六十二岁

六十岁的张大千。

十　张大千自写尘埃貌　287

六十三岁

288　五百年来一大千

六十三岁

十　张大千自写尘埃貌　289

六十四岁

六十四岁

张大千六十七岁貌。

十　张大千自写尘埃貌　291

六十七岁

292　五百年来一大千

十　张大千自写尘埃貌

七十岁

七十谤誉者埃成观河　其觉员平生辦朱事之
郡昏腾风气省山两眼　明七十矣上半七十矣自写
塵顏着指小诗題上　戊卯の月摩诘山中人潑
圖

寿大千兄七十　于佐伟

向写其真信自成通靈妙筆
本天生是翁豐綠人草慶七十　
浤心眼天明　伪传蓟先韵并题

张大千先生本人。

十　张大千自写尘埃貌　295

七十一岁

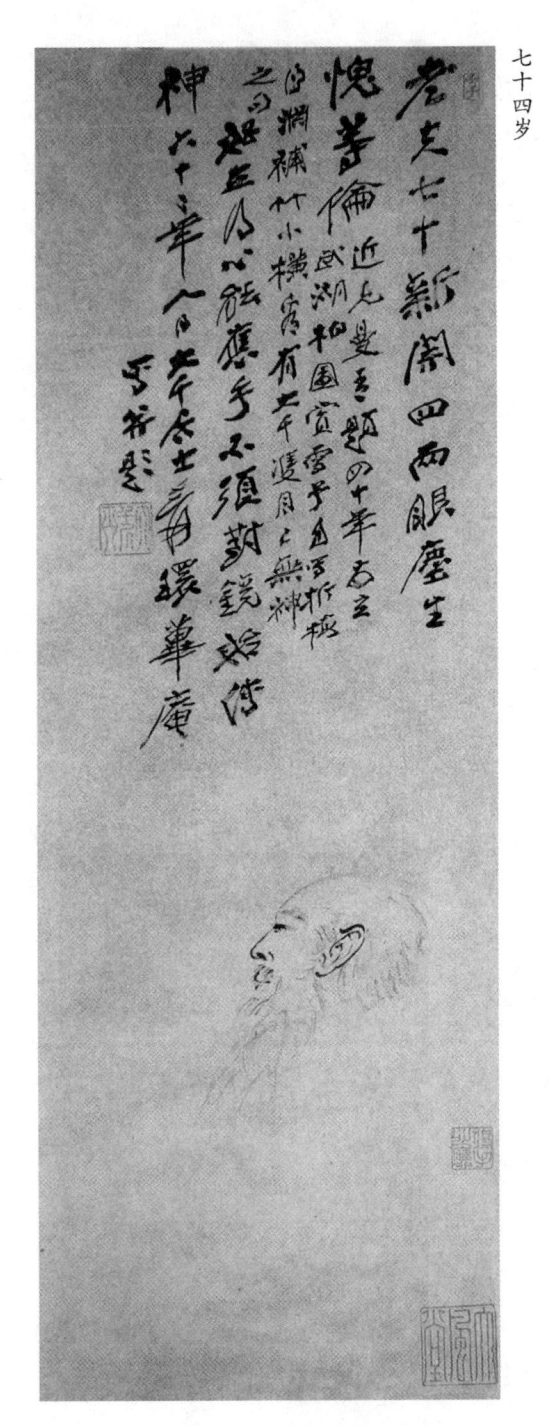

七十四岁

老夫七十新开四西眼尘生
愧无伦近无复吾题四十年面立
因渊补竹小横窝有上千渡月上无禅
之四孤立风心骁癯手不须封镜始洁
神人十年人台大十岁者環華廣

296　五百年来一大千

七十四岁

七十五岁张大千自画乞食图。

七十五岁照片。

十　张大千自写尘埃貌　297

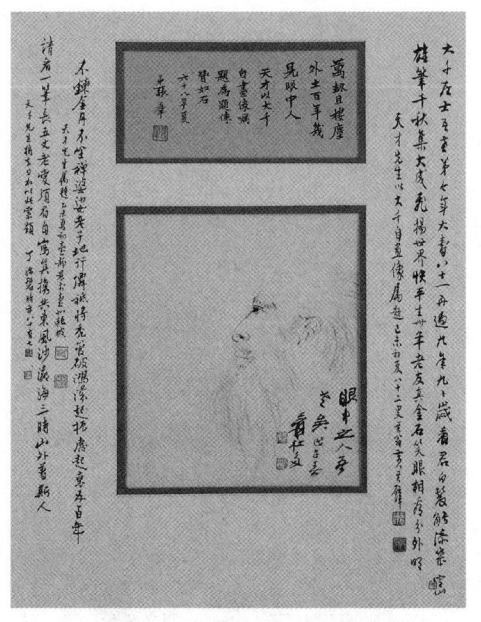

八十一岁，张大千赠本书作者的自画像（其上有张群作像赞，及多位诗文界前辈题诗）。

七十七岁

钟馗归妹图。

298 五百年来一大千

八十二岁

八十岁

十 张大千自写尘埃貌 299

八十四岁

无年代

十一

张大千奇才异能

篆刻
左手书画
书画鉴定　诗词
摄影　描
西画　素调
烹　杂学

徐悲鸿尝以"五百年来一大千"一语,赞许张大千在艺事上的成就,曾有人认为徐悲鸿此语似嫌夸大其词。其实,综合大千多彩多姿的八十五载尘世生涯,其"能事"之多,确是出人意表,以其"能事"的广阔面而言,徐悲鸿的赞语,他是当之无愧的。他的画,从传统临摹出发,勤修苦练,加以天分过人,终于有了自己的面目。他的创作,无论山水、人物、花卉、翎毛,都有突破前人窠臼的成就,诚如他在一幅泼墨钩金的红莲画作上的题词所说"无人无我,无古无今"。他在画艺上的奋勉创新,自我期许有如此之甚者;再而,从绘画延伸到一般所谓"诗书画三绝"领域,张大千在书法与诗词文藻上的造诣,也足以和他的画艺相得益彰。

本章拟记述张大千在他"本行"的中国传统水墨画艺之外的一些奇才异能。这些"才、能",有的或与书画间接有关,有的却与书画毫无关联,其广博繁杂,真使人惊讶于他何以能事如此之多。兹谨就个人所知者,分述如次。

大千早年所刻,晚年一直在用的几方自刻印章。

篆刻

大千先生精于篆刻，老辈书画家们大多知道，但社会一般人知道的却不多。这是因为大千在书画方面的名气太大，篆刻成就为画名所掩；加之，他在壮年以后，专心于画事，很少奏刀，但他直到晚年，在画作上最常用的几方印章，如"大千唯印大年"、"千千千"（三千大千）、"春长好"、"大千世界"等，都是他自己的得意作品。黄君璧先生晚年最喜欢用的两枚白文名章，是大千刻赠他的。

世人但知大千先生在书画上成名很早，二十几岁就已扬名于上海、北平等人文荟萃之都。但我常有一个想法：大千在篆刻上的成就，会不会比他绘画上的成就还要早一些？因为，在一九七二年前后，大陆"文革"正闹得天翻地覆之际，中国文物古董因红卫兵"破四旧"而大量倾售到日本，我在东京一家古董店的一堆破旧印石中，发现一方张善孖的印章，是一颗两面印，印文一面是"张泽印信"，另一面是"善孖"名号，边款是"善孖二哥清玩，戊午冬弟柄"；边款字体颇像大千先生书法，上款又称善孖为"二哥"，自有可能是大千的作品，但却署名"柄"，大千似乎没有这个名号，同时款刻年代是戊午，一九一八年，大千只有二十岁，不可能有此篆刻成就吧？我当时买下了此印，其后有便回台北时，便携此印石去摩耶精舍看大千先生，请他过目，大千一见，喜形于色，

大千二十岁为二哥张善孖所刻，为大千最早的艺术作品。

大千早年自刻"以介眉寿"印（上），不慎失落，去台湾后请台静农仿刻（下），此印是大千为人作祝寿画之常用印。

一面把玩端详，一面说道："我很早的东西喽，你哪里弄到的？"我迫不及待地问道："为什么署名柄？"大千微笑着说："你忘了我的真名是正权？"我当时似懂非懂，却因喜获此印，十分高兴，也顾不得追问"真名是正权，为何要署名柄"了。事后回想，大千先生以"权柄"二字相连，也许这就是他最早的一个别号吧。

后来，我把此印交王壮为、王北岳等名家过目，大家都惊异于大千早年篆刻的成就，王北岳还在台北出版的《艺坛》杂志上为文介绍："……张柄当系大千先生初名，而戊午为民国七年，时大千先生不过二十岁……印文曰：张泽印信、善孖。印风大类徐三庚，白文笔姿流动、风神潇洒，朱文朴厚。"二十岁时的作品，就能得到当代篆刻名家王北岳如此推崇，大千当时在书画方面恐怕还没有这样程度的成就吧！

一次，故友张心白（在台北执业的牙医师，业余篆刻家）向我借阅这方印章，并告诉我说：他的一位浙江同乡许老先生藏有五方大千早年刻的印。心白让我看他所拓印下来的五方印面及边款，我大吃一惊，这五方印刻得好工整，和我所有的那方印完全不同，如果不看边款，还真不相信是大千奏刀的。

五方印都是这位许小仙先生的收藏印，刻于戊辰年（一九二八年），大千三十岁的作品。心白说：这位许老先生只身在台，孤苦伶仃，也未听说他有亲眷在大陆。后来，一次许老需钱，托心白代他让售所藏文物，篆刻界朋友们争购大千所刻的五方印，结果，心白自己留下一方，我分得一方（印面是"许氏有墨慶墨宝",边款只有大千二字），其余三方也分散了。

我拿了我收藏的两方印去给台静农先生看。台老说：大千早年就能刻印，而且刻过不少，除了大千自己所用的印之外，他二哥与曾、李两位老师的印，也有大千刻的。静老说："大千早年还卖过印哪！早就有职业水平了。"

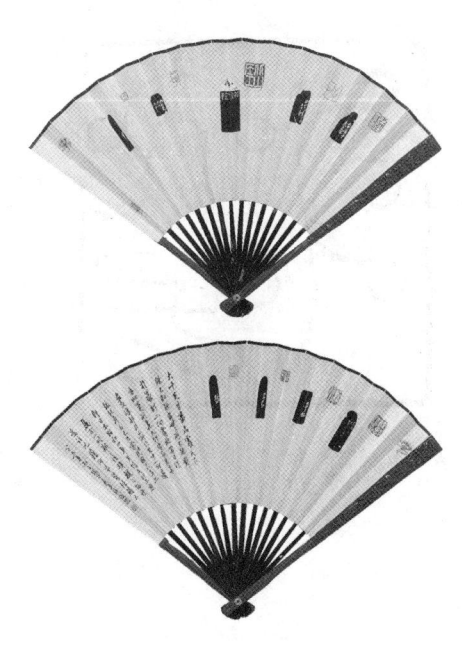

一九八〇年前后，老友杨隆生兄在东京买到大千所刻的九方印，都是刻给一位名叫峰邨北山的日本人的。我曾问过大千，峰邨北山为何许人，大千说是他的学生，跟他学书法的。我向隆生兄借来这几方印，钤在一柄折扇上珍藏着。

大千居士为日本友人峰邨北山所刻印（作者藏扇）。

大千的篆刻，绝对有专业水平，而且，早年所刻印章也不在少数，可惜多已散失，未能收集成一印谱。上海书画出版社一九八七年曾出版一薄本《大千印留》，只收有四十六方印，大多数是刻给他自己或兄弟家人的。我所持有的那方"张泽印信"章，赫然也在《印留》之中。可惜这本《印留》所收的印章，只有印面，边款未拓，我们无从知道这些印章的制作年代，倒是书中的作者简介里，对大千先生的篆刻源流，略有提及："……（作

张大千早年印谱《大千印留》。

大千自刻"大千父"。

者）在去敦煌前，还精于篆刻，初学赵次闲（之琛）流派，后参汉篆文字入印，时出新意，境界极高，以后勤于绘画，竟无暇奏刀，故他的作品流传极少"云云。

另台北《印林》双月刊在一九八八年十二月出版一本《张大千专辑》，搜集了四十三方印，其中少数和《大千印留》雷同。两书相加，还不到一百方印。这是我所见过仅有的两本大千刻制的印谱了。

左手书画

在大千先生生前，甚至早在我拜识他之前，就曾听一位老辈书画家说，大千擅于仿造古画，仿得可以乱真，他仿造古人书画时，都是用左手执笔，所以他造出来的古画，看不出丝毫张大千本人的笔意云云。此一说法，听来颇有道理，但我却一直心存怀疑：大千先生真有这样大本事，左右开弓，右手画自己的画，左手画古人的画么？及至我在东京拜识了先生，并朝夕陪侍伴游，相当熟悉之后，一次，我开门见山地问他是不是真能用左手作画？起初，他似乎不愿作答，又像是不屑作答，好像未听见我的问话似的，未加理会。我故意刺激他一下，说道："有人说您仿古的画都是用左手画的。"这话果然引起他的注意，问我：

"为什么？"

"因为用左手，看不出您自己的笔意。"这句话倒把大千先生引笑了。他说：

"外行话，左右手不是一样的么！"

他未再说下去,我也不便再问了,至少,他已承认他是能作左手书画的。

其实,我这样问他也并不是毫无根据,据他的老友朱省斋说:

> 大千对于模仿各家书法,尤其签署,更是神乎其技,三年以前,我与他同客东京的时候,有一天晚上饭后,他兴高采烈,在许多朋友面前,当场表现了他的绝技,他以左手写了"子贞何绍基"五字,那简直与真迹一模一样,丝毫无异。当时国立东京博物馆的考古科长杉村勇造也在场,看了之后,不禁目瞪口呆,有若木鸡。(见朱省斋《画人画事》第22页)

只是,在他有生之年,我从未见过他的左手书画,也未再听过他谈及左手书画

张大千早年左手所作山水画(一九八五年八月一日《人民日报》海外版所刊)。

的事。直到他去世两年多之后,在一九八五年八月一日的《人民日报》海外版上,刊出一则新闻,标题是:"新发现的张大千左手画",还附有图片,图片不十分清楚,但新闻文字却描述得很详细:

> 此幅水墨山水画系纸本,纵七十二厘米,横四十厘米,画面左上端峰峦矗立,山巅小树数株,木叶渐脱,下端怪石嶙峋,江畔有一长者策杖伫立,作行吟状;画面右侧烟霭迷蒙,远山隐现;天际飞鸿数行,沐浴着夕阳的余晖……画面留出大片空白,给人以水天一色,咫尺千里之感。整个画面纯属焦墨和浓墨笔道,不作皴擦点染。用墨沉厚,意境深邃,耐人寻味……画的右上角,作者自题:鲁唯

乡兄强左手作画,殊不成形也。署款大千,下钤(白文)张爰、(朱文)大千二方印……

这是大千左手书画的实物确证,从新闻图片及文字描述中,可以看出大千早年在左手书画上也已有了很高的成就。

随后,在香港出版的《大成》杂志上,看到大千早年的门生巢章甫所写的题名《记大千居士》的文章,其中有一段话说:

先生擅左手书,神似高南阜,更擅以双钩法拟古刻及古名家书……然皆偶尔游戏,不轻示人,余侍师门垂十数年,亦仅各一见及也。

又四川省社会科学院出版社出版、李永翘著的《张大千年谱》中"一九二〇年,二十二岁"一章中,亦有如下记载:

先生还常用左手学书,下笔速如风雨,而神态无不逼真,书法与右手无异。但此仅为偶尔游戏,除在知心好友前炫露一番外,平时从不轻易示人。

足见左手书画确为大千的"秘技"之一,也许他认为这属雕虫小技,所以不轻示人,作品也就不多见了。

书画鉴定

大风堂的古书画收藏,举世知名;人谓大千先生"富可敌国",此处所谓"富",不是财富,而是指他收藏品之富。大千不玩金铜瓷陶等类古董,专收书画。书画藏品能够又精又多,除了财力之外,更重要的是鉴赏眼力。许多人以为大千因为书画精绝,所以鉴赏力也不同凡响,其实,这是两回事。写字画画与鉴别审定二者之间，虽有相互关联，但并无必然关联；书画鉴定名家并不一定能执笔作画。大千两者俱精，但他既以绘画为其专业，我们遂只好把他的鉴赏眼力称为他专业以外的一项特殊"技能"了。

张大千对他自己的古书画鉴识能力，非常自信，甚至以此自豪。曾在摩耶精舍担任大千秘书的冯幼衡小姐，在她所撰《形象之外——张大千的生活与艺术》一书中说：大千先生曾经很具体地讲过他"看画"的本事，他说，他看元代"四大家"王蒙、吴镇、倪瓒、黄公望的画，一眼就能分辨出是谁的作品；至于明代沈周、文徵明、董其昌画作，他可以很容易就辨别出真伪；清初的石涛、八大，那更是他的专长，他只要一看八大山人签名那四个字，就可判定是哪一年的作品，他所判的年代，不会有三年出入。他对自己看画的"眼力"，是充满自信的。

大千于一九五四年在巴西为出版《大风堂名迹》而亲撰的《序言》中说：他对于古书画的鉴识，"一解纸墨，便别宋元；间抚签贉，即区真赝。"甚至大言不惭地说："世尝推吾画为五百年所无。抑知吾之精鉴，足使墨林推诚，清标却步，仪周敛手，虚斋降心，五百年间，又岂有第二人哉！"

大千这几句话，实在有异于他一向自谦的本性。因为，他所指的这四位人物，都是中国文物收藏史上赫赫有名的大家，墨林是项墨林（名元汴，字子京），明朝的大收藏家；清标是梁清标（字蕉林），明末清初人，以富于收藏、精于鉴赏闻名；仪周是安仪周（安岐），朝鲜人，大盐商，藏品又精又多，亦精于鉴赏；虚斋是庞虚斋（字莱臣），清末至民国的上海名收藏家。大千既然自诩鉴赏眼力能使这四位名家"推诚""却步""敛手""降心"，那是毫无疑义地自认为"五百年来第一人"了。

在《大风堂名迹》出版之后五年，一九五九年，大千再度对文物收藏界投出一枚震爆弹：他针对台北"故宫"精选精印的《故宫名画三百种》发表了一篇《读后记》，对"故宫"所精选的若干"名画"之断代与画家推定，提出了不同意见。

《故宫名画三百种》的印制，对当年刚从大陆播迁来台的"故宫"来说，可是大事一桩，做得十分认真。没想到出版不久，就被张大千泼了冷水，艺坛为之震撼，自属意料中事。

当年，台北故宫博物院和"中央博物院"还没有正式合并，两院文物都聚藏在台中北沟，由政府主管部门组织了一个"联合管理处"来管理。一九五七年，"联管处"常务委员会为推展中华文物艺术，决议将两院所藏名画名瓷等文物，精印出版，以广流传，遂成立一个"特别出版小组"来规划，推理事长王云五、理事王世杰、叶公超、张其昀、罗家伦等五人筹备进行。出版小组又推定收藏古书画有名的王世杰负责精选两院所藏名画三百件付印。

王世杰从"中央博物院"、"故宫博物院"的藏品中，精挑细选，选出了唐、宋、元、明、清名画共三百件，命名为《故宫名画三百种》，委由日本大冢巧艺社承印，以珂罗版印刷，于一九五九年出版。出版后轰动一时，各方公认为是"故宫"迁台初期，印刷最精、选件最严的一部大书。

这部书在日本印刷时，大千刚巧从巴西到日本作一年一度的旅游，怀着先睹为快的心情，到印刷厂取来一册，把书中的图片仔细地审阅了一遍。当然，其中画件绝大部分是大千从前就看过的。这一次，他看得很细心，并随手做了笔记。

大千回巴西后，写了一篇三千多字的长文，对"故宫博物院"这部大书加以评介。

为这部大书作书评，大千丝毫不敢大意。他先将中国画的源流做简单介绍后，再不厌其详地抄列了三百种名画中之最负盛名者一百多件，指出这些久享盛名的古画，"皆古人之真迹，画坛之瑰宝，悬诸日月而不刊者也。"间或并在这些列名的巨迹下，简单说明其可贵之处及其艺术价值。最后，才提出精选的三百画件中，有十八件在断代或作者考据上"小有问题"。大千在谈到这一部分画作时，遣词用字已是十分小心，简略指出"其人其时略有出入"。唯因这人、时"略有出入"的十多件古画中，不少是我国艺术史上声名震烁的名迹，如《唐人萧翼赚兰亭图》一向被审定为唐画，大千却认为是"晚唐稿本而宋人摹之"；如韩干《牧马图》也是久获认定的唐朝画,大千却认为是"宋人笔";又如关仝的《山溪待渡图》,大千从画风上研判,认为不可能是关仝所作,而是燕文贵的作品;又如巨然的《秋山图》,大千改判为梅道人手笔等。其中另有一幅原被认为元人画的《宫乐图》,大千却认为是"唐人真本"。这是唯一一件唐朝古画被误认为元人画者。不过,大千也特别说明,此画之错,不怪"故宫",是"历代鉴赏家"都错把它"委屈"为元人画的,大千称之"斯为异事"。

大千显然也预想到此文一出,必然会给国内外古书画收藏界带来一阵震撼,尤其是台北"故宫"朋友们所受冲击一定更大。因此,他反复表明发表此文的动机,绝不是故意找碴,或吹毛求疵,他之所以"不惮为之别白者,盖欲证前人所已明,而补其所未至。其精确而不疑者,得吾说而益著其精。其时与人小误者,得吾说乃益见其真。此辨章学艺之事,非敢轻心以掉之也"。

只是,尽管如此,实际负责选件的王世杰,仍然有了相当强烈的反应。王世杰虽然没有直接对大千所批评的各点有所答辩,却也撰文对张大千的鉴识眼力,提出了很不客气的批评。

王世杰曾撰文说:

张大千毕生致力于画,亦毕生致力于收藏。他的收藏,现在虽多已散失,但他前后多年收藏之富,确是惊人。历代烜赫名迹,经其收藏者甚多。在近百年中,恐无人能出其右。即裴伯谦、庞虚斋诸人的收藏,以量言,或出其上,以质言,或尚不逮。大千有天才,有如此丰富的私藏与其他许多公私收藏,供其阅历,而他又是一位能画、知画技,而善别纸绢笔墨的人,所以他更成了一位有优异能力的中国古画鉴赏家。他自信为五百年来第一位鉴赏家。他本是一位谦和而不爱自夸的人。但他在他的《大风堂集》的自序中,却自誉其精鉴,足使墨林推诚,清标却步,仪周敛手,虚斋降心。这几句自誉,却不免使他的朋友有异议,因为大千虽然天分高,阅鉴多,自己会画,有超过以上诸鉴家之处,可是他似乎并不十分用力作考据，并不严格实行胡适之的"大胆假设，小心求证"的方法论。他评古画或跋古画，其因徇友朋之请而故意夸张失实者，固不能据以指斥其鉴赏不精，其非徇人请而仅因未尝"小心求证"以致评判失实者，亦数见不鲜。此则不能使人曲谅矣。项墨林、梁清标诸人，于此亦或不能降心屈服。可是尽管如此，大千实亦往往能看出他人所不能看出之点，故得失亦尽可相偿。（录自谢家孝著《张大千传》第284页）

我曾婉转问过大千：为什么徐悲鸿说他的画是五百年来一大千，他表示不敢接受。可是，谈到鉴赏，他却自命为五百年来第一人？

大千没有直接答复我，却婉婉转转讲了许多话，总结他的意思，却是很清楚的。他认为，自己创作的好坏，没有一定标准，各人看法不同，某甲可以把你的作品捧上天，某乙却可以把你的作品批评得体无完肤。一件艺术作品的评价，完全决定于观赏者的主观意识，并无客观标准。俗话说，"文章是自己的好"，人人都会认为自己的作品是最好的，谁会服气谁是五百年来第一人？

可是，鉴定眼力却不同了。所谓鉴定，是鉴识一幅画的真伪，或研判一幅无款古画的年代或作者是谁。这些鉴识、研判或推断的结论，完全决定于客观因素，鉴赏者的主观意识发生不了作用，任何主观意识都改变不了客观事实。一幅画，真就是真，假就是假，事实只有一个，这是绝不能改变的。

照大千的说法，他在艺术方面的种种成就，都有可能被别人否定掉，但他的鉴识能力，却是谁也否定不掉的。

诗词

中国书画艺术,有所谓"诗书画三绝"之说,也就是说,一幅画,除了画的本身要好之外,题画的诗,与题诗的字,都要一样水平,才算得是最高境界的成就。

由于"书画同源",所以画好、字好的人,还不太难求。但诗词与书画在技法上是毫不相干的。书法、绘画均佳,诗词也能有相同水平的就难了。这就是许多有名的画家往往在作品上题写古人或他人的诗句来撑场的道理。

张大千的题画诗词,写过不少,他画作上的诗词,几乎都是他自己的作品。大千显然也很喜欢作诗填词,在他的《诗文集》中,常可见到一些有诗无画的诗作,可见他并不是为了题画才作诗的。通常,以画为主的诗人,我们称之为"画家诗人";以诗为主的画家,我们称之为"诗人画家"。大千以画行世,虽也能诗,我们通常只能称他为"画家诗人"。其实,据一些诗词专家们说,如就大千在诗词上的造诣与成就而论,"诗人画家"这个头衔,他也是够资格的。

大千一生究竟写过多少首诗,或填过多少阕词,确数无人知道,甚至概算也无把握。台北"故宫"编的两大本《张大千先生诗文集》,卷一到卷三是诗,卷四是词,据说仍不完全。

大千虽以绘画闻名于世,但他的诗词,却颇为诗坛大老名家所称许。向以评诗严峻闻名的老诗人周弃子,对大千的诗作,却有"褒过于贬"的

为鉴定书画意见不一而几乎翻脸的一对老友——张大千(左)与王世杰(右)。

评断。周弃子在他所撰《未埋庵杂文稿》书中，有一篇题名《张大千题画诗》，其中说及：

> 余每观大千之画，尤爱读其题诗。严格言之，大千诗功不甚深，律不甚细，详其体格，应是江湖小集中人。然因画寄意，借题发挥，莫不吐属风流，情感浓厚。而作者身世怀抱，亦即朗然凸出于诗中画中，于此仿佛察觉作者之脉搏与呼吸。如谓大千为大艺术家，则其题画之诗，必占其所具诸条件中之相当比重。斯固余一人之私言，然亦自信绝非瞽说也。

台北故宫博物院曾于一九九三年举行"张大千、溥心畬诗书画学术讨论会"，由东海大学中文研究所讲座教授汪中主讲"论大千居士的诗"。汪教授简述大千学画学诗的背景及经过：

> 大千居士生长在传统文化的家庭中，从小受兄长和姊姊之笔墨熏陶，自然书画诗词都有根底。继游上海，得师李梅庵、曾农髯，久居苏州网师园中，接交文士，见闻日广，画名大著。诗书画本来是旧时文士所习染兼备，大千之诗以题画为多，四川自古多才士，大千更慕东坡之为人，东坡又承太白、少陵之后而益宏大，大千或不耐苦吟，也不想以诗传，可是天才横溢，功力自深。

汪教授对大千在诗词方面的成就，综合作结论说：

> 大千一生成就最高，当然要数他的绘画，写字作诗，大多是配合他的画作。虽然如此，他的诗已经不是一般画人所能做到的了。

至于填词方面，大千所作虽然不如他的诗作那么多，但亦获诗词家们的称许。书法名家黄苗子以大千所填的两阕《浣溪沙》词来介绍大千在词上的成就。黄苗子撰文说：二十世纪三十年代初，张大千住在上海，当时四川正在军阀混战中，大千画了一幅《巫峡清秋图》自题一首《浣溪沙》：

井络高秋隐夕晖，片帆处处忆猿啼，
有田谁道不思归。
白帝彩云天百折，黄牛浊浪路三迷，
音书人事近来疑。

另一阕是一九五八年，大千六十岁，在巴西画了一幅自画像，题《浣溪沙》一首：

弹指流年六十霜，故乡虽好未还乡，
人生适志更何方？
挟瑟共惊中妇艳，据鞍人羡老翁强，
且容老子引壶觞。

黄苗子说：

如果说上一阕是"七宝楼台"的梦窗一路，那么，下一阕却近于"格调天成"的周美成。这都说明大千词学方面，是下过功夫的。（见香港《大成》杂志一二五期黄苗子撰《张大千的艺术修养》）

张大千毕竟以画成名，是专业画家，诗词只是他"业余"的遣兴或题画之作，如果他早年弃画而专攻诗词，也许亦能成为一位名诗人呢！

Chin-San Long (1967) by Dr Chang Ta-Chien 作者像（张大千先生摄）

大千居士"孔子门前卖孝经"，为摄影大师郎静山摄影。

摄影

大千先生非常"上相":络腮长胡,大眼睛,狮子鼻,加上那一身唐装袍褂,拍照下来,真似神仙中人。他喜欢被人照相,外出游山玩水时,见到好景致,也会指使别人为他拍摄下来作为画稿。但他生前,我从未见他摸过照相机,一次,在王之一兄处见到一张照片,是大千手持一台单眼相机,正在为郎静山先生拍照,我还以为大千不过是在扮演模特儿,摆摆样子罢了。我的印象中,一直以为大千是不懂摄影的。直到一九九一年冬天,我从台北去美国华盛顿参观沙可乐美术馆主办的"张大千回顾画展",筹办此次大展的傅申博士告诉我:他发现由我所提供参展的一幅大千仿渐江山水扇面,竟是以大千早年摄制的影集内一张黄山风景照片为画稿,而以渐江笔法画成的。我听后大为吃惊,这是我第一次听到大千早年拍摄过山水照片,而且还印制过影集。

后来,我在李永翘著的《张大千年谱》中,见到张大千在一九三一年三十三岁的时候,和他二哥善孖及几位门生二游黄山,大千兄弟带了照相机、三脚架等摄影器材,一共拍了三百多张照片,下山后,交由专业摄影名家邹静生冲洗晒印,成绩极为可观,大千选了十二张精品,印成影集,题名《张大千黄山摄影画册》,分赠亲友。其后,张大千选了一张《黄山云海》去参加比利时万国博览会影展,还荣获了"摄影金质奖"。据当时为大千冲洗黄山照片的邹静生说:大千所拍摄的三百多张照片,没有一张不够水平的,取景构图均极佳妙。邹静生认为,张大千具有一位专业摄影家的基础及潜力。

多年后,听说郎静山先生保存着一帧大千为他拍摄的照片,那是一九六七年,郎老到美西克密尔拜访大千,两人相偕到海滨松林游览,并拍摄照片。郎老说:"那天,因光线限制,我很少有几张得意的。"但大千却趁郎老在步行找景的时候,拍下一帧《郎老觅景图》。夕阳西下,海滨的古松衬托出郎老瘦长的身影,的是一帧佳作。大千也很得意,将照片放大后题了一段话:"丁未八月朔,与静

十一　张大千奇才异能　317

山兄同游克密尔为摄此影,真俗所谓孔子门前卖孝经也。书发一笑,大千弟爱。"

另据傅申博士所提资料显示:大千先生在二十世纪三十年代中期,还印制过一册《华山影集》。但到了二十世纪三十年代末期,大千对摄影的兴趣逐渐减低失落,不再见他有摄影作品问世了。这时应该就是他决心专注于绘画,把篆刻、摄影等其他技艺一一放弃了。张大千一生出版了数十百本画册,可是有多少人知道他早年还出版过摄影集呢?

西画素描

水墨画以临摹入门,西洋画则以素描为基本功,大千先生似乎从未受过西画训练,但我却看过他的素描速写,大家风范,曾使在场目睹诸人赞叹不止。说来,这又是一次极为难得的"奇缘"。前面曾提到过一九六八年三月间,大千先生从东京飞至福冈,拜访一位书道会长原田观峰,去鉴赏原田从大陆购买的中国书画;大千在原田寓邸忙了两天,事毕后,原田招待大千一行到熊本温泉休息游览。次日上午,原田和他的两位门徒驾车引导我们去附近游山玩水,进入山区之后,大千先生对沿途山峦景色赞赏不已,一再指说"熊本山水和本州岛山水完全不同",赞美"这一带山水雄伟壮阔,真像

张师母雯波夫人卧室中的私房画。

大千居士亲自下厨督导做牛肉面。

大千先生讲究美食，偶尔也亲自下厨大显身手。

中国大陆的山水"。大千先生途中说了两三次：

"将来一定要到熊本来住上个把礼拜，好好画一画这儿的山水！"

我们一行到了一个小山坡上，大千驻足举目四望，看到一处山景，上有白云蓝天，下有丛树溪流，大千注视了一阵，忽然转身向随行众人说：

"哪一位带了相机，请代我把这处景致照下来。"

说来真是不巧，同行七八人，竟没有一个人带照相机。大千颇感失望，却流连着不肯离去，顷刻，他再转身问说：

"哪一位可有纸笔？让我把它钩描下来。"

有人从车上拿来一张白色卡纸，一支签字笔。大千接过纸笔，迟疑片刻，转头低声向身旁的张师母说：

"把你画眉毛的眉笔借我一用。"张师母从手提包内拣出她的化妆小盒，拿出一支精巧眉笔递给大千，大千接过眉笔，左手托着卡纸，聚精会神地在卡纸上，手不停挥，画将起来。同行诸人，一个个又惊愕，又好奇，又期待，大家在默默欣赏大千用夫人的眉笔为熊本山峦写生。不到十分钟工夫，大千的眉笔素描写生画稿已经完成。我这才领悟到所谓"能者无所不能"这句话的真理！那幅简笔素描，线条生动流畅，擦抹柔和有致，简直就是一位西画名家的手笔，哪里像是出自一位用惯毛笔作水墨画的画家！在大伙赞叹声中，大千把卡纸郑重交给了张师母。当年还没有复印机，我们竟无法把这幅罕见的大千手迹留下一个复制本来。

事隔三十年后，一九九七年夏间，台北故宫博物院筹办"大千先生百年纪念大展"，秦孝仪院长嘱我多搜集大千的一些稀奇画作参展，我想起了这幅张师母眉笔所作的山水素描，当时，张师母适在台北，我即向张师母求借，不料师母说："那幅画，后来被人借去看，竟没有还给我，现在事隔太久，是谁借去的，我也记不得了。"

不过，张师母却说：她台北寓所的卧房内，挂有一幅"外边人见不着"的好画：一幅西洋画法的速写，是二十世纪五十年代迁居南美初期，在阿根廷"昵燕楼"内画的。大千在画上题著："四月十九日听歌写此，略得形式，观察未能深刻也。爰。"就大千题词看来，大概画的是阿根廷歌女吧。

烹调

张大千是著名的美食家，他不仅懂吃，而且会做。高贵菜肴如鱼翅、海参、鲍鱼；家常菜如红烧肉、狮子头、荷叶包鸡等，都有大风堂的独门烹调法，甚至牛肉面，大千也常自夸海内外第一。

大千早年卜居北平颐和园或苏州网师园的时候，都有他亲自下厨掌锅的记录。其后寄居海外及晚年定居台湾，大风堂都有专业厨师掌管炊事，遇有嘉宾老友来

大千居士画赠江兆申,摩耶精舍的"牛肉面"都题到画上去了。

访,张师母也会下厨。大千直到晚年,兴致来时,还会披挂上阵,亲自到厨房指指点点。看来,他从早年就练好了的烹调技艺,在他中年专注于绘画之后,竟一直没有放弃。

年前,台北《民生报》上还登了一段短文,记述摩耶精舍"老管家"庄嫂追忆大千先生亲自监厨烧牛肉面的往事,据庄嫂说:

老太爷健在的时候,吃牛肉面可是一件大事。通常,前一天他就会通知厨房,请厨师备好材料。第二天,大师亲自下厨监看,厨师则完全遵照他的指示动作。摩耶精舍的牛肉面一定有两种选择:清炖或红烧,红烧牛肉面所用的豆瓣酱,一定要由专人从冈山订制回来。此外,面也与众不同,大千先生指定一定要用加拿大买回来的面条,这种面久煮不烂,弹性、口感特别好。牛肉面不吃则已,一煮一定是二十人以上的份量。呼朋引伴坐一张大圆桌,人人吃得满意……

"老管家"庄嫂其实并不老,只是在摩耶精舍服务资格老,已有十多年了。庄嫂到底懂得"行规",上文只讲大风堂牛肉面材料的讲究及吃面的盛况,烹调法却是一字未提,大风堂独门技艺是不让外传的。

大千对他亲自督工烹煮的牛肉面,非常自傲,督工也非常认真,在吃牛肉面的那一天,即使在作画,他心里也会念着厨房里的牛肉面。记得,一九八一年三月里的一天,我从东京回台北,去摩耶精舍看他,他正伏案作画,抬头看见我,

第一句话就是：

"你有口福，中午在这儿吃牛肉面。"

我本有他约，但不忍拂老人好意，只好答应。我凑近桌边看画，画已完成，六尺全开的山水，画面左上角已经写好题识。大千说：

"快好了，我在右下角收拾一下。"

我走过去看画上的题识，看到一半，不禁失声笑了出来，说道：

"嘿！摩耶精舍的牛肉面都题到画上去了！"

大千也得意地笑了。

大画上的题识是这样的："七十年岁辛酉，三月十七日，兆申道兄见过摩耶精舍食牛肉面，极赏于烹煮之工，于惶惶无所对，极半日之力写此谅正，仅报奖誉之厚属。大千漫写。"

这幅画，在江兆申兄生前，一直挂在他埔里别墅的正厅墙壁上。

当然，张大千擅于烹煮的并不仅限于牛肉面，大风堂在发鱼翅、泡海参与粉蒸牛肉等等名肴上都有与众不同的诀窍。大千如果要设宴请客，菜单一定是他自己拟订，而且还要按出菜顺序亲笔把菜单写出来，以示慎重。

说到大千亲定亲写的菜单，数年前，还发生过这么一桩惊动艺坛及食坛的事件：

话说一九八一年二月二十日，农历元宵节的第二天中午，张大千在摩耶精舍以大风堂名肴宴请张学良夫妇。菜单是大千先生亲自拟订的，大千手写菜单共十四道菜，有：干贝鸭掌、红油豚蹄、菜薹腊肉、蚝油肚条、干烧鳇翅、葱烧乌参、干烧明虾、

大千居士亲自督导蒙古烤肉。

粉蒸牛肉等，最后还有煮元宵、豆泥蒸饺等甜品。当日摩耶园里垂丝海棠盛开，享佳肴、赏名花，宾主共乐，尽半日之欢。

张学良宴后要把大千手写的菜单留作纪念，遂请大千加以题识，大千就把宴客日期、客人名单等题志加上，并且签名钤印，成为一件别致墨宝。张学良珍视这菜单，遂加以装裱，大千又在菜单后的空白处，画上一小撮萝卜茎及五棵带须的红萝卜，接着横列几棵大白菜，最后题上一首诗及一段跋文。家常宴客的菜单，遂成为一件别致的艺术品。

十余年后，张学良移居夏威夷，他把留在台北的艺术收藏委托国际拍卖公司苏富比公开拍卖，大千手写的这份菜单也在其中。本来，苏富比公司以为这不过是一份普通菜单，艺术价值不高，遂定"参考价格"新台币二十五万至三十万元，约合美金一万二三千元。不想，标卖之时，竞投者众，你争我抢，一阵哄抬结果，达到"参考底价"的八九倍，竟以新台币二百五十多万元得标，几达十万美元。此事给台北艺坛及食坛都带来很大震撼，在大风堂佳肴的烘托下，大风堂艺术品价格都提高了好几倍了。

杂学

上面所述各项各节，多少都有点"专业"意味。其实，大千身怀绝技，最令我心折的，却是他的"杂学"知识，大千因为书读得多，路跑得多，博学多闻，记忆力好，遂使他饱藏一肚子奇奇怪怪的知识，成为"摆龙门阵"的高手。

犹忆当年我在日本，因为在那儿驻留过二十多年，遂被朋友们封称为"日本通"，国内各界亲朋好友到日本旅游观光，我义不容辞地成为导游。有时，遇上些好奇心特强的朋友，提出一些预想未及的偏僻问题，弄得我下不了台。东京的明治神宫与日本皇宫是外来游客必到之处，单在这两处地方，我就被人问"倒"过好几次。有的问题，当场未能回答，事后查查资料或向日本朋友请教就可得到答案，有的却是查书问人均无头绪，不知如何是好。

记忆中，有一个我久觅不获答案的难题，却是大千先生给我解围的。有一年冬天，陪朋友到日本皇宫参观，皇宫前面的辽阔广场上，种了日本全国各地"进贡"给天皇的最美好的松树，每到冬天，这些松树的树干上，就四围捆上一丛稻草。这个景象，我看了十来年，从来没有想到围捆那些稻草的理由何在。那天，经这位好奇的朋友提出，我答不上来，当时支吾过去，事后，决心要找答案，问来问去，所得答复，都是似是而非。后来，适逢大千先生到东京，闲谈中谈到松树，我顺便提出这个久久未获正确答案的问题，大千先生早已知道答案，他立刻就说：

"那是防虫害的，冬天，树虫怕冷，都躲到树干上的稻草里，并在稻草里下蛋，次年春暖花开季节，园丁只要把松树干上的稻草拆下烧毁，树虫及虫卵全部烧死，虫害就没有了。"

后来我找机会向园艺专家求证，果然。

通常，陪他出游一次，必然在一些小知识上有所收获，我学会了如何区别黑松与锦松，也学会了如何选择美观实用的宜兴茶壶。尤其最令我这个广西人惭愧的是：荷叶包粉蒸肉是广西菜，只有广西做得最地道，这也是大千先生告诉我的。

图书在版编目(CIP)数据

五百年来一大千／黄天才著.—北京：商务印书馆，2015
ISBN 978-7-100-11287-1

Ⅰ.①五… Ⅱ.①黄… Ⅲ.①张大千(1899～1983)—生平事迹 Ⅳ.①K825.72

中国版本图书馆CIP数据核字(2015)第103331号

所有权利保留。
未经许可，不得以任何方式使用。

五百年来一大千

黄天才 著

商务印书馆出版
(北京王府井大街36号 邮政编码100710)
商务印书馆发行
山西人民印刷有限责任公司印刷
ISBN 978-7-100-11287-1

2016年1月第1版	开本787×1092 1/16
2016年1月山西第1次印刷	印张21

定价：48.00元